综合客运枢纽设计指南

ZONGHE KEYUN SHUNIU SHEJI ZHINAN

《综合客运枢纽设计指南》课题组 编著

人民交通出版社股份有限公司
China Communications Press Co.,Ltd.

内 容 提 要

本书重点围绕综合客运枢纽中不同交通方式间如何实现高效衔接和便利换乘的核心公共服务功能，针对综合客运枢纽的选址要求、空间布局、衔接设计、交通组织、导向系统、安全应急等关键技术环节，提出了枢纽设计中应当关注的主要内容、基本原则、设计要点与部分关键技术指标，以利于促进我国综合客运枢纽的健康发展。

本书对从事综合客运枢纽项目规划、设计、研究工作的专业人员具有一定参考价值，也可供行业管理、教学培训等工作人员参考阅读。

图书在版编目(CIP)数据

综合客运枢纽设计指南/《综合客运枢纽设计指南》课题组编著．—北京：人民交通出版社股份有限公司，2015.10

ISBN 978-7-114-12419-8

Ⅰ．①综… Ⅱ．①综… Ⅲ．①旅客运输—枢纽站—设计—指南 Ⅳ．①U115-62

中国版本图书馆 CIP 数据核字(2015)第 179859 号

书　　名：综合客运枢纽设计指南
著 作 者：《综合客运枢纽设计指南》课题组
责任编辑：杨丽改
出版发行：人民交通出版社股份有限公司
地　　址：(100011)北京市朝阳区安定门外外馆斜街 3 号
网　　址：http://www.ccpress.com.cn
销售电话：(010)59757973
总 经 销：人民交通出版社股份有限公司发行部
经　　销：各地新华书店
印　　刷：北京鑫正大印刷有限公司
开　　本：720×960　1/16
印　　张：12.25
字　　数：233 千
版　　次：2015 年 10 月　第 1 版
印　　次：2016 年 5 月　第 2 次印刷
书　　号：ISBN 978-7-114-12419-8
定　　价：40.00 元
(有印刷、装订质量问题的图书由本公司负责调换)

编写委员会

Bianxie Weiyuanhui

主编单位：交通运输部规划研究院

参编单位：上海市政工程设计研究总院（集团）有限公司

主　　编：王压帝　张　胜

副 主 编：李鹏林　张立彬

编写成员：齐　岩　孙瑞华　孙相军　战国会　朱苍晖
柳丽娜　王永华　覃增雄　黄　岩　汪　超
高　明　曹　佳　谭先林　汪　煜　何　明
陈宇毅　褚浩然　李　伟　朱　超　赵　凛
孔　哲　张晓光　刘　晨　李　悦　方怡沁
杨　霞　杨　伯

前言

Qianyan

我国交通运输已经进入各种交通运输方式融合交汇、统筹发展的新阶段，综合交通的关键是推进各种交通运输方式从分散、独立发展转向一体化、集约化协调发展。综合客运枢纽作为综合交通运输体系的重要组成部分，是各种运输方式之间及其与城市交通之间实现有效衔接和一体化客运组织的关键节点。综合客运枢纽的建设对区域内交通网络通达性的改善作用重大，对各种交通资源的集聚、整合效应明显，它能够吸引大量区域经济活动集中在枢纽周边地区，强化枢纽所在城市的集聚、辐射和带动能力。

近年来，随着高速铁路、高速公路、民航机场及城市轨道交通在全国范围内的快速发展，在公共交通优先发展的背景下，为进一步提高旅客出行和换乘的服务水平，大容量、高效率的综合客运枢纽得到了快速发展。据不完全统计，截至2014年年底，我国已经投入运营的综合客运枢纽已有40余个，已完成立项批复，处于设计、建设进程中的有100余个。相对于快速增长的建设需求，我国综合客运枢纽的发展面临着技术规范不够健全、设计建设标准无章可循等问题，综合客运枢纽在设计过程中亟须具体的发展理念、服务功能和技术规范的指导。为了加快综合客运枢纽的发展，交通运输部于2011年编制了《"十二五"综合客运枢纽建设规划》，有力推动了综合客运枢纽的建设。在2012年实施的"公交都市建设示范工程"与2015年实施的"综合运输服务示范城市"建设中，均将综合客运枢纽作为重要建设内容和支持重点。2015年交通运输部正式发布《综合客运枢纽投资补助项目管理办法》（交规划发〔2015〕35号），明确了综合客运枢纽项目的技术和服务功能要求。为了从技术层面指导我国综合客运枢纽的建设发展，提高综合客运枢纽设计水平和质量，交通运输部下达了《综合客运枢纽设计指南》研究课题。

综合客运枢纽设计方案是实现规划理念与设想、践行项目建设思路的重要技术支撑。当前，我国综合交通运输管理体制正在逐步完善之中，综合客运枢纽内部各类交通运输方式站场尚不能完全做到统一规划、统一设计、统一建设，各交通运输方式独立的站场设计规范在一定时期内仍将继续执行，综合客运枢纽涉及不同交通运输方式之间衔接整合的技术指导亟待弥补。因此，本阶段提出的设计指南，定位于立足提升不同交通运输方式间实现便利衔接换乘的核心服务功能，对综合客运枢纽在空间布局、衔接设计、交通组织、换乘服务等方面提出功能设计要求，以指导枢纽的建筑设计，促进综合客运枢纽服务水平的逐步提升。

本书由交通运输部规划研究院主持编著，上海市政工程设计研究总院（集团）有限公司参与编著。其中，前言、第一章由王压帝、李鹏林编写，第二章由孙相军、李鹏林编写，第三章由齐岩、战国会、柳丽娜、王压帝、李鹏林、朱苍晖、汪超等编写，第四、五章由李鹏林、孙瑞华、王压帝、张胜、战国会等编写，第六章由覃增雄、黄岩、李鹏林编写，第七章由王永华、朱苍晖、高明编写。全书由李鹏林统稿。

本书是在《综合客运枢纽设计指南》等课题研究成果的基础上总结提炼而成。在课题的研究过程中，全程得到了交通运输部原总工程师周海涛、交通运输部运输服务司副司长李志强两位领导的悉心指导，蔡团结、刘美银、战榆林、叶宇海、冯立光、关笑楠、郑宇等同志给予了大力支持。

交通运输部水运科学研究院刘占山，江苏省交通运输厅惠先宝，住房与建设部城市轨道交通工程中心沈景炎，上海机场集团刘武君，北京市交通委员会陈金川，上海市城乡建设与交通委员会朱建豪，成都市交通运输委员会陆辉，深圳市交通运输委员会刘松，清华大学王丽方，长安大学张三省，中国城市规划设计研究院孔杰、王昊，中国民航科学技术研究院胡华清，铁道第二勘察设计院集团敖云碧，铁道第四勘察设计院钨金晖，中南建筑设计院李钫，北京市城市规划设计研究院郭春安，北京市交通发展研究中心李先，江苏筑森建筑设计集团邱亦，澳大利亚GHD公司李绪龙等专家在课题研究的各阶段及本书编制过程中，提供了诸多建议，在此致谢。此外，编写组在本书编写过程中引用了众多综合客运枢纽项目的案例和图纸，在此一并对相关规划设计单位致谢。

综合客运枢纽是近年来我国综合交通运输体系建设与发展中出现的新事物，其设计理论与实践也在不断发展，参与本书编写的人员的认识也在不断提升，限于研究水平有限，本书中难免存在诸多不足之处，有些观点和参数可能也存在一定的争议，敬请行业内外的专家、学者和领导批评指正。

编著者

2015年3月

目录

Mulu

第一章　总则 …… 1

第一节　综合客运枢纽的概念及特征 …… 1

第二节　类型与级别 …… 2

第三节　功能空间构成 …… 4

第四节　本书研究内容 …… 5

第五节　枢纽设计流程 …… 6

第六节　设计理念与原则 …… 7

第七节　总体设计管理 …… 8

第二章　选址要求 …… 10

第一节　研究目的 …… 10

第二节　研究思路 …… 10

第三节　影响因素 …… 11

第四节　互适性分析 …… 12

第三章　空间布局 …… 13

第一节　设计内容与目标 …… 13

第二节　主体设施空间布局 …… 15

第三节　功能空间组织 …… 27

第四节　衔接交通设施布局 …… 46

第五节　不同类型枢纽空间布局设计关注要点 …… 51

第四章　衔接设计 …… 64

第一节　目标与内容 …… 64

第二节　设计接口界面划分 …… 65

第三节　换乘设施设计 …… 69

第四节　衔接车道边设计 …… 84
第五章　交通组织 …… 94
第一节　设计内容 …… 94
第二节　外部交通组织 …… 94
第三节　内外交通组织 …… 101
第四节　内部交通组织 …… 109
第五节　慢行系统交通组织 …… 133
第六节　标准与要求 …… 135
第六章　导向系统 …… 140
第一节　系统功能 …… 140
第二节　导向标识形式及种类 …… 140
第三节　设计流程和基本原则 …… 143
第四节　导向标识设计的标准化、系统性 …… 146
第五节　导向标识设置要点 …… 151
第六节　成果评估 …… 167
第七章　安全应急 …… 169
第一节　设计内容与总体要求 …… 169
第二节　监测预警系统 …… 174
第三节　应急响应救援系统 …… 175
第四节　设备配备 …… 178
第五节　组织方案要点 …… 180
参考文献 …… 182

第一章　总　　则

第一节　综合客运枢纽的概念及特征

一、概念与属性

由于社会上对综合客运枢纽的概念、认识不统一，本书所研究的综合客运枢纽重点关注综合运输网络上衔接两种及以上运输方式与城市交通的转换场所，主要服务于不同方式、不同方向间的旅客中转及承担城市对外客运与城市内大容量客运交通间换乘功能的综合客运枢纽。

综合客运枢纽的概念表述为：在综合运输网络的特定节点上，将两种及以上对外运输方式与城市交通的客流转换场所在同一空间（或区域）内集中布设，综合运用自动化、信息化等现代先进技术手段，使各种运输方式的基础设施、技术装备、运输组织等实现有机衔接而形成的具有一定规模的一体化客运服务系统。

综合客运枢纽是重要的公益性交通基础设施。

二、特征与要求

综合客运枢纽一般应符合以下四项基本特征要求：

（1）“方式综合”，即综合客运枢纽一般应由两种及以上运输方式的站场有机整合形成，是承担区域内大容量客流转换的主要节点；

（2）“空间整合”，即强调不同交通方式的功能设施在空间上的无缝衔接，并具备完善的外部集疏运网络，确保枢纽客流车流的快速集疏；

（3）“功能融合”，即综合客运枢纽要兼具交通与城市服务功能，更好地服务于大众，实现以人为本的目标；

（4）“服务优质”，即综合客运枢纽应通过建立协调、先进的管理机制，科学运用信息化等手段，推进一体化客运组织，使不同交通方式间的旅客享受到安全、便捷、舒适、高效的换乘服务。

第二节　类型与级别

一、类型划分

综合客运枢纽内不同客运方式的运营特点、功能作用、换乘关系以及技术标准是影响枢纽设计的关键因素，为有针对性的指导设计，指南依据综合客运枢纽内主导客运方式的不同，将综合客运枢纽划分为四种类型：航空主导型、水运主导型、铁路主导型和公路主导型综合客运枢纽。

专　栏　1-1

综合客运枢纽主导方概念

综合客运枢纽一般涵盖两种以上对外运输方式，指南将在综合客运枢纽形成过程中起到关键作用的运输方式认定为主导方，围绕主导方形成的综合客运枢纽即为主导型综合客运枢纽。在构建综合客运枢纽的过程中，其他交通方式均需要重点围绕主导方展开衔接设计研究，主导方站场的规划建设条件对其他交通方式站场建设具有较大的约束性。

说明：主导方未必是综合客运枢纽中承运客流量最大的运输方式。识别和界定主导方的关键，可以理解为：在构建综合客运枢纽过程中，由于一些特定条件的制约，需要优先考虑衔接配套的运输方式，即为主导方运输方式。如在城市繁华地区需要通过对既有站场设施的改造来构建综合客运枢纽，被改造的主体可以认定为主导方；某种运输方式的站场受天然地理条件约束，优先存在于某个位置（如沿海、内河等港口码头），或者站场选址的客观约束条件和控制性因素相对较多，需要其他运输方式配套对接方能形成综合客运枢纽（如航空对空域、净空等要求），或者是某种方式的集中发送、到达量较大，需要借助于其他运输方式的集疏配套（如干线铁路、城际铁路），方能形成综合客运枢纽，以上运输方式均可认定为主导方。

需要说明的是，对于同一客运方式，其技术特性也存在较大差异，如机场可进一步划分为枢纽机场、干线机场、支线机场；铁路可进一步划分为普通铁路、高速铁路、城际铁路等；水运码头也可划分为沿海港口码头、内河港码头等。以上特征对项目功能定位、设计思路和技术指标的确定要求也有所不同，在枢纽设计中，应在以上通用性类型划分基础上，结合项目实际，进一步关注和分析不同类型综合客运枢纽的设计影响因素。

二、级别划分

客流规模,尤其是综合客运枢纽内对外运输方式旅客发送量及枢纽内各交通方式间的换乘量是指导综合客运枢纽设计的重要参数。

本书参考国内各单一运输方式客运站场分类分级标准,以综合客运枢纽设计年度的各对外运输方式旅客发送总量和枢纽总换乘量为依据,将综合客运枢纽划分为以下四个级别,供设计人员参考。

专 栏 1-2

综合客运枢纽对外运输方式发送量

主要指综合客运枢纽中承担城市对外交通方式站场(机场、铁路、城际轨道、港口客运码头、公路客运站等)对外旅客发送量之和。一般以日均发送量为衡量单位。

综合客运枢纽总换乘量

指利用枢纽进行出行、换乘的客流总量,是衡量综合客运枢纽总体换乘需求以及作业能力的关键指标。

枢纽总换乘量 = 枢纽对外交通总发送量 + 枢纽城市交通总发送量

= 枢纽对外交通总到达量 + 枢纽城市交通总到达量

根据需要可分为年均、日均及高峰小时换乘量。

本书参考国内各单一运输方式客运站场分类,以枢纽对外客运发送总量和总换乘量为依据,将综合客运枢纽划分为以下四个级别,供设计人员参考,详见表1-1。

综合客运枢纽级别划分 表1-1

级别 指标	特大型	大型	中型	小型
枢纽对外运输方式旅客发送总量(万人次/日)	≥20	[10,20)	[5,10)	<5
枢纽总换乘量(万人次/日)	≥50	[20,50)	[10,20)	<10
主体表现类型	以民航枢纽机场、铁路特大型车站为核心的综合枢纽		以铁路大型车站、民航干线机场、邮轮母港、城际轨道枢纽站为核心的综合枢纽	以一般铁路车站、客运港口或公路客运枢纽为主体的综合枢纽

注:级别确定时需综合考虑发送量和换乘量两项指标,二者中取高值作为确定依据。同时强调,不同类型的综合客运枢纽的建筑规模和服务水平的参数取值应区别对待。

第三节 功能空间构成

按照服务功能差异,综合客运枢纽内部主体功能空间大致可分作五类:

1. 站房功能空间

站房功能空间是指综合客运枢纽内部各客运方式站务用房及为旅客提供相应站务服务的功能空间,是完成候车(机、船)、售票、行包安检、托运等功能的建筑空间集合体。站房功能空间的具体表现形式根据枢纽主导方式的不同而呈现不同形态。一般情况下主要包括航空、铁路、公路、水运等对外交通方式的站房设施,如航站楼、铁路站房、客运码头、长途客运站等。站房功能空间通常由上述交通设施中的一种或几种组合构成。

2. 换乘功能空间

换乘功能空间是指各交通方式间相互转换的功能空间,换乘功能空间的具体表现形式包括换乘楼梯、电梯、换乘通道、换乘大厅、换乘广场、换乘夹层等,以及承担人、车转换功能的出发、到达车道边等。

3. 交通功能空间

交通功能空间主要是指枢纽内部相关交通工具行驶与停放的道路与停车场。交通功能空间的具体表现形式主要包含与枢纽主体建筑体直接衔接的集散通道、轨道车场、各类机动车停车场地(停车场、停车库)、非机动车通道及相应停车场。

需要说明的是,综合客运枢纽设计中,一般对于主导方式本身接入、引出的相关衔接设施,如铁路线路、铁路机务段、综合维修工区、轨道交通线路、航空飞行区、外围集疏运高速公路等,均属于主导方式线网专业设计范畴,不作为本书讨论的枢纽交通功能空间。

4. 辅助性服务功能空间

辅助性服务功能空间是指为旅客提供必要的辅助或后勤服务的功能空间,主要包括咨询处、行包托运寄存处、医疗室、洗手间等各类服务空间。

5. 商业及娱乐功能空间

商业及娱乐功能空间是旅客进行商业消费、休闲娱乐等活动的功能空间,包括购物、餐饮、影视、网吧、商务办公等功能空间。

综合客运枢纽的核心功能是提供交通换乘服务,势必会带来大量的人流,从而增加了综合客运枢纽的商业开发价值和需求。此外,综合客运枢纽作为城市人流的聚集区,从促进居民交通出行便捷以及减缓对城市交通组织压力的视角考虑,一般情况下枢纽的内部、上盖和周边区域内会形成配套的商业开发等功能空间。以上综合开发导致的客流对综合客运枢纽交通建筑的使用和承载力是有要求的,在枢纽设计中必须提前一并考虑。本书内容主要侧重于综合交通换乘服务过程中的交通需求以及为之配套服务提出的交通建筑设计要点,对经济开发与交通功能区之间组合形式未做深入讨论,在此特予以说明。综合客运枢纽功能空间基本构成概念示意图见图 1-1。

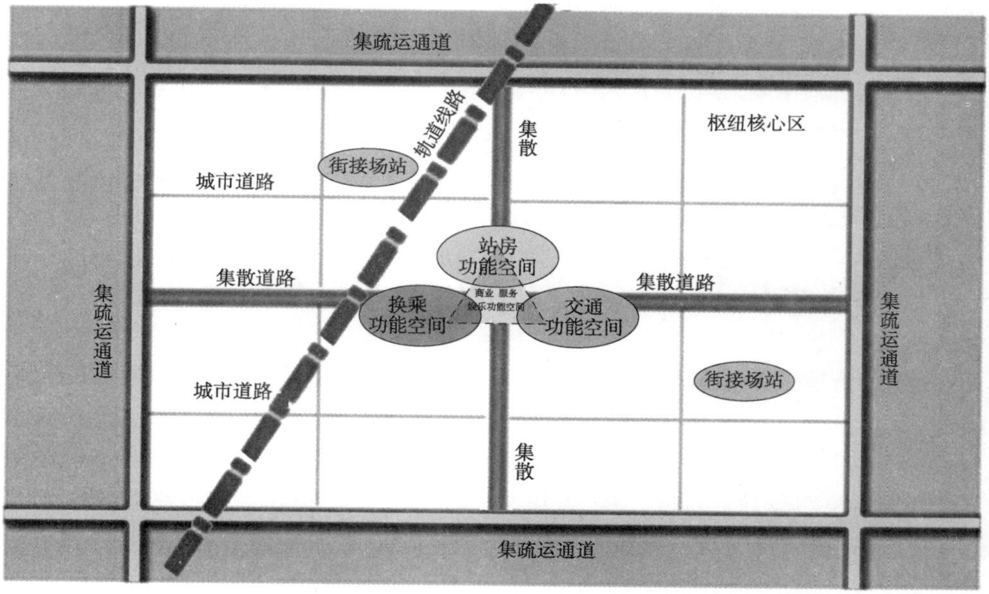

图 1-1 综合客运枢纽功能空间基本构成概念示意图

综合客运枢纽设计中,通常将站房功能空间和换乘功能空间统称为综合客运枢纽主体设施,将交通功能空间称之为衔接交通设施。

第四节 本书研究内容

本书重点关注综合客运枢纽换乘功能空间与交通功能空间设计,围绕不同交通方式间如何实现便利衔接换乘的核心服务功能,对综合客运枢纽的建筑设计提出要求。

设计是实现规划理念与设想,践行建设思路与方案的重要技术支撑。在现行管理体制下,民航、铁路、公路、城市轨道交通、常规地面公交等各类单一交通方式客运站场均可按自身行业的设计规范执行，但当不同交通方式衔接在一起构成综合客运枢纽时，为实现综合客运枢纽的换乘便捷、集约高效的设计目标，使之真正成为综合交通运输网络中的客流转换中枢，就必须摆脱各自为政的传统客运站场设计模式，应更加关注和完善涉及不同交通方式间有效衔接的公共换乘区域部分的设计，这是影响整个综合客运枢纽服务功能实现的关键。

本书侧重于指导综合客运枢纽的方案设计，包含概念方案设计及规划方案设计。

枢纽方案的优劣直接影响枢纽系统功能的实现、建设费用的控制、设施衔接的便捷程度等。综合客运枢纽方案设计的重点是功能空间的布局与组织、换乘空间设计、衔接交通组织等。

综合客运枢纽方案设计阶段还会涉及枢纽内部各交通设施站址的优化、比选工作，需要根据外部条件的分析判断确定最终选址，对此本书一并进行研究。

另外，本书将综合客运枢纽中的交通导向和安全应急两大要素作为方案设计时的重要考虑因素，虽然这些内容需要进行专门的技术讨论与设计，但作为设计人员尤其是方案研究人员，在前期方案制定时要有明确的指导原则，尽可能完善、稳定方案，顺利推进综合客运枢纽的整体设计进程，避免后期产生重大调整。

基于以上考虑，本书为规范行业管理及设计人员对综合客运枢纽的认知，提出了综合客运枢纽设计的目标、理念和基本原则，围绕影响枢纽衔接换乘服务水平的选址要求、空间布局、衔接设计、交通组织、导向系统、安全应急等关键环节，提出了在上述设计环节中应当关注的主要内容、设计原则、设计思路与方法及关键技术指标，以利于促进综合客运枢纽的健康发展。

第五节　枢纽设计流程

本书针对综合客运枢纽核心区，给出设计流程图（图 1-2），供设计人员参考。本指南所指的综合客运枢纽核心区，特指体现综合客运枢纽核心交通服务功能的建筑综合体，有别于围绕着综合客运枢纽所进行的综合开发体。

综合客运枢纽设计流程图涵盖了方案设计阶段涉及的主要内容及基本流程。对综合客运枢纽设计过程中所依据的项目功能定位分析、交通需求预测、设施规模测算等内容，可同步参见由交通运输部规划研究院课题组编制，人民交通出版社出版的《综合客运枢纽项目可行性研究指南》，在此，不再赘述。

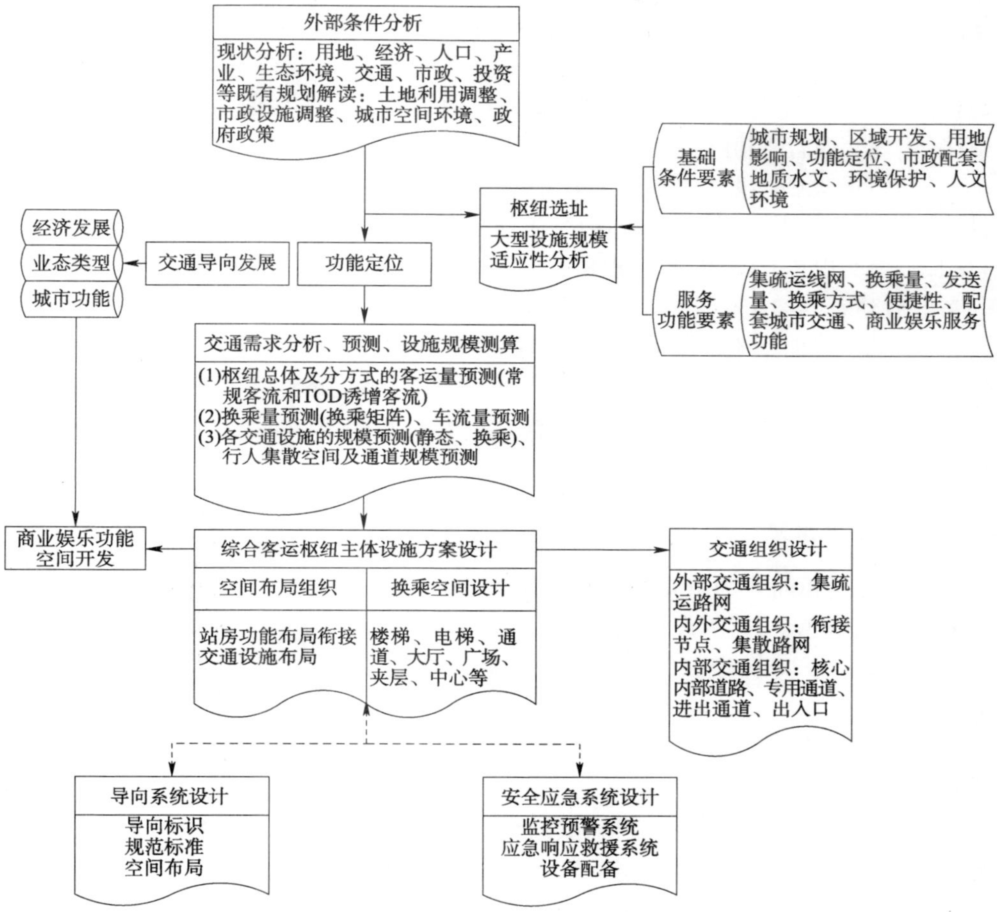

图 1-2 综合客运枢纽设计流程示意图

第六节 设计理念与原则

一、设计理念

综合客运枢纽建设发展应遵循的最基本理念，即“以人为本”。将“以人为本”理念更好地体现在综合客运枢纽系统功能中，需要做到五个一体化：

(1)规划设计组织一体化。综合客运枢纽的规划建设涉及多个部门，必须要在规划选址、方案设计上做到组织协调统一，相互积极配合，才能保证各枢纽设施集约布局、有效衔接、资源共享、换乘便捷,实现一体化客运服务功能。

(2)交通运行流程一体化。无论是车流组织,还是人流组织,均要求注重交通运行在流线设计上体现一体化,保证旅客在不同交通方式、交通工具转换间的无缝衔接,体现交通行进过程的连续、快捷、明确。

(3)基础设施建设一体化。枢纽中各交通设施、各换乘层面会上下叠合,各种设施之间会留有平面、竖向多个接口,枢纽建设涉及不同投资、管理主体,在建设过程中,必须实现相互协调,相互预留,尽量做到同步建设,如不能,则要求先建者必须考虑后建者的实施可能性,并预留接口。

(4)信息导向系统一体化。不同运输方式之间应做到信息互联互通、信息共享、导向标识风格统一,在导向系统设计设置中,注意诱导信息的连续、一致和标准的统一。

(5)安全应急处理一体化。必须构建一套有效的协同管理机制,保证综合客运枢纽内各运输方式在应急状态条件下管理指挥的一体化。

二、设计原则

综合客运枢纽作为重要的交通基础设施,具体设计过程中,应体现安全、便捷、高效、集约、绿色、文化等设计原则。

(1)安全:人车分流,减少交织,预留行人缓冲区域,避免出现人流、车流拥堵和瓶颈节点。

(2)便捷:各种运输方式紧密衔接,旅客可以方便、快捷的在短距离内实现换乘或集散。

(3)高效:标识系统清晰准确,交通组织科学合理,以有序、顺畅的交通流线引导建筑空间,快速集散旅客和车辆。

(4)集约:合理有效利用土地和交通资源,集约化、规模化组织交通出行和换乘。

(5)绿色:遵循环境友好、资源节约的原则,在设计过程中注重可持续发展理念,为未来的发展预留足够的空间和弹性。

(6)文化:由内部设计至外部设计,均体现“以人为本”的人文关怀和对人性的尊重。内部设计注重空间人性化设计,提供舒适换乘空间,加强旅客对公共空间的亲切体验;外部设计强调建筑形态应与交通功能、地域文化、自然环境相契合、协调。

第七节　总体设计管理

受我国现有管理体制的制约,综合客运枢纽内各个功能区往往由各投资主体或行业主管部门分别委托设计单位自行设计,导致综合客运枢纽内许多项目在部分设计环节和内容上存在相互重叠和交织现象,形成一些重大和关键的技术节点。这些节点方案通常影响着多个单体项目方案的稳定,由于多家单位共同参与设计,导致综合客运枢纽在设计过程中面临协调任务繁重、技术标准不统一、上下工序不衔接等诸多问题。总结目前国内部分地区的实践经验得出:应在枢纽统一建设协调单位如工程建设指挥部下,成立总体设计单位,负责枢纽总体设计、协调和管理工作,对于推进综合客运枢纽的统一设计、减少管理界面、促进功能衔接、整合,是一种较好的组织方式。

总体设计单位主要工作内容应包括:对各子项目与枢纽系统功能的联系以及各子项目之间的联系进行总体策划和设计协调管理,以便于项目设计各阶段的控制和落实,使得枢纽各个子项工程之间能够合理衔接,最终确保枢纽系统功能得到实现。

1. 提前介入城市控制性详细规划和枢纽布局

总体设计单位应提前介入项目片区城市控制性详细规划和规划方案讨论,便于统筹各专业设施规划编制,以保证规划设计方案的可实施性;在控制性详细规划阶段掌控各子项间的主要问题,从总体上系统地对枢纽布局进行优化,寻找各方均可接受的方案,最大限度减少相互之间的负面影响。

2. 总体技术方案以及重大节点技术方案的确定

总体设计单位应对组成枢纽的各个交通系统之间的人流、车流总流程有全面系统了解,方便统一组织设计,并对信息系统、导向标识系统等进行系统性的整合与协调。对于涉及多个项目的重大技术节点,总体设计单位可从枢纽系统总体功能、总体流程出发,统筹考虑各方意见后提出方案,由多家设计单位协同优化,最终形成各方均可接受的方案。

3. 项目前期策划以及技术方案的统一协调、系统审查

总体设计单位应该对综合客运枢纽项目立项涉及的投资、土地、环评、交通、建设以及运营管理等多个方面、多个部门有系统了解,明晰工作要求。方便总体设计单位根据需要对枢纽内各功能设施进行前期统一策划和拆分;同时,负责对各单体项目设计成果进行总体技术审查,并与相关行业主管部门沟通、确保总体功能完善。通过项目前期策划、技术方案统一协调和系统审查环节,使各个项目在满足总体功能的前提下,在技术上真正做到无缝衔接,避免出现缺失和重叠。

此外,总体设计单位的管理工作中也可配合工程建设指挥部,对项目建设进度协调方案、项目建设界面分解、运营管理界面拆分等问题提出技术操作意见。

第二章 选址要求

第一节 研究目的

一般情况下，枢纽选址在布局规划阶段就已经明确，且已预留建设用地。但在实际工作中，由于综合客运枢纽受不同运输方式衔接形式、建筑方案的空间组合形态、与周边交通环境的协调、众多投资主体的建设方案制约等诸多因素影响，具有其复杂性和特殊性，导致规划阶段的选址往往具有较大的不确定性。因此，在方案设计阶段，随着周边环境和建设条件的进一步明确，仍存在选址优化的必要性。

设计阶段研究枢纽选址的目的主要体现在两方面：

(1)根据方案设计思路，优化用地方案，落实建设用地，并研究用地是否满足后期枢纽建设、运营所需的基本条件，确保枢纽功能的实现；

(2)对选定的站址进行互适性分析，研究枢纽选址与周边交通环境、城市规划建设、枢纽在城市的定位、服务范围及与其他枢纽的关系等因素的互动影响。

第二节 研究思路

设计阶段，选址研究的主要思路如下：

(1)根据规划确定的用地红线坐标，了解项目占地规模，以及项目周边实际可拓展的用地规模。根据综合客运枢纽换乘量需求预测结果，核实项目整体建设需求规模和用地规模。在此基础上，结合总体布局思路对站址进行适应性分析，确定是否存在调整的必要性。

(2)若在规划阶段尚未明确枢纽建设用地控制坐标，或虽然已明确，但在进入项目设计阶段时，由于城市空间结构调整或片区内城市交通环境的改变，需要结合新条件，重新论证综合客运枢纽的选址是否仍然符合枢纽服务功能的技术要求，必要时可通过优化原有设计的布局方案来适应现有站址。

(3)如果项目用地坐标已确定,但在进行项目的交通方式衔接、交通组织、集疏运通道等方面的建筑形态设计时仍存在较大困难,无法满足相应的标准与规范要求,则应考虑调整枢纽功能、规模,必要时可以考虑在交通区域范围内功能地块的调整甚至重新选址。

第三节 影响因素

影响枢纽选址的要素可分为两类:

(1)基础条件要素,包括城市规划条件、所在区域开发要求、市政配套要求、地质水文等建设条件,以及环保要求、人文环境要求等;

(2)服务功能要素,如换乘量需求、各交通方式的衔接换乘形式、集疏运线网布设等,详见表2-1。

影响枢纽选址的要素 表2-1

影响要素		说明
基础条件要素	城市规划	枢纽站址应符合城市总体规划的要求,与城市发展方向及城镇空间结构布局等相适应
	区域开发	枢纽服务功能应与所在区域的城市功能,片区用地开发性质、容量等相适应
	用地影响	枢纽本身的对外交通会对周边的用地产生较大影响,如火车站会存在铁路线分割地块、机场会有限高区等,此类负面影响因素与周边用地的适应性分析也应成为选址因素
	功能定位	其他同类枢纽与本枢纽的空间关系、功能关系,都是本枢纽选址的基础条件要素之一
	市政配套	枢纽站址必须有完善的市政基础设施配套,如市政道路、管网等
	地质水文	枢纽所在区域的地质水文条件须满足枢纽建筑体的建设要求
	环境保护	枢纽选址须避开环境敏感点,满足区域环境保护的要求
	人文环境	枢纽选址应与当地的人文环境如旅游文化、地方风俗文化等相协调
服务功能要素	换乘量需求	换乘量需求较大的综合枢纽在选址时,应靠近高快速路或能够便捷衔接高快速路,以实现客流的快速集疏
	集疏运线网	根据枢纽换乘量规模选择集疏运线网的布设条件,分析站址条件
	衔接换乘形式	多种运输方式交换,线网敷设形式决定交通建筑形态,决定枢纽用地规模
	配套城市公交	考虑公交线路的主营方向及公交站的设置对选址的影响
	枢纽服务性质	国际性、区域性门户枢纽对站址的特殊要求
	辅助功能	辅助商业如便利店、商业中心的规模与枢纽运营关系

规划阶段选址时着重考虑基础条件要素，设计阶段的选址优化，除考虑基础条件要素外，还应重点考虑枢纽服务功能对选址的要求。

第四节　互适性分析

在综合客运枢纽选址环节强调站址的互适性分析，是为了规避枢纽建成后由于所在城市片区的交通容量、城市空间布局以及周边土地开发的功能与性质等不匹配，导致枢纽在自身运营管理或对区域交通环境乃至城市发展等方面产生不可逆转的矛盾。

互适性分析的内容主要包括以下两个方面。

1. 定性分析

枢纽的规划建设不仅是以土地利用规划为前提的交通基础设施规划，还应注重其对城市发展的影响，应分析枢纽的建设规模、服务功能等方面是否与所在片区的城市空间规划、城市土地开发等相协调，对城市发展有何影响。

2. 定量分析

定量分析是指对枢纽所在片区集疏运网络的交通承载能力进行定量的计算分析，研究周边集疏运网络能否满足目标年枢纽的集疏运需求，避免因交通承载能力不够而使枢纽成为城市新的拥堵点。

定量分析的具体做法是，以目标年综合客运枢纽换乘量矩阵数据为基础，结合不同交通方式承担率、车辆实载率等指标，测算不同交通方式机动车流量，同时考虑枢纽诱增的交通量以及由于枢纽建设，周边区域规划进行调整后增加的城市交通量，据此提出与其相应的交通基础设施规模、标准等方面的要求，进一步分析判断枢纽所在的城市片区内规划的集疏运网络能否满足需求，对项目用地有无新的要求。

综合上述两方面分析结果，若站址互适性分析的结论为不适应，则设计人员需要对项目用地情况提出明确的意见。通常情况下，方案设计阶段对选址的意见大体归为三类：

(1)枢纽的建设运营对周边环境提出了较高要求，而周边配套条件无法满足枢纽的集疏运需求，需要进一步与相关规划建设管理部门进行协商，通过改善周边配套条件以解决枢纽的集疏运问题；

(2)周边的配套条件无法满足枢纽的集疏运要求，又不具备改善至能承担枢纽集散交通量的可能，此时应考虑通过改变枢纽功能空间布局、调整枢纽自身规模或调整枢纽功能定位等方式，以与周边配套条件进行适应；

(3)周边配套条件无法满足枢纽集疏运要求，同时周边配套及枢纽本身均不具备调整的可能，此时通过对上位规划的研究分析后，可提出对枢纽重新选址的建议。

第三章　空间布局

第一节　设计内容与目标

一、设计内容

空间布局是指在综合客运枢纽功能定位、换乘关系、需求规模基本明确的前提下，综合考虑枢纽的服务功能、建设条件等方面的因素，对枢纽内部不同交通方式的功能区的空间布设方案进行统筹考虑、总体设计。空间布局合理与否直接决定了综合客运枢纽能否实现多种交通运输方式间的有效融合、旅客换乘的方便快捷、工程方案的经济合理，是综合客运枢纽设计的关键环节。本指南重点对综合客运枢纽空间布局设计进行研究，对于枢纽中各交通方式站场的建筑、结构等专业设计，可遵循各行业现有设计标准与规范执行，本书不做详细论述。

综合客运枢纽空间布局设计主要包括三部分内容：

(1)明确综合客运枢纽主体设施的空间布局方式；

(2)设计提出枢纽内部不同功能空间的组织方案；

(3)完善枢纽外部衔接交通设施的配置方案。

二、设计目标

1. 功能完备，需求为先

综合客运枢纽的建设应首先满足枢纽节点对旅客出行、中转换乘以及餐饮、休憩、购物娱乐等各种服务功能的需求，布设相应的功能空间，组成功能完备的综合客运枢纽整体。综合客运枢纽中各交通方式的站房功能空间，应满足该交通方式预测年限内高峰小时发送量或者最高集聚人数的要求；枢纽的换乘功能空间，应满足高峰小时换乘量的要求。在布设各交通方式功能空间，包括枢纽内各交通子系统及其他相应功能空间时，首先应满足各自行业要求及规范。

2. 高效集约,换乘便捷

高效集约是综合客运枢纽空间布局设计的首要原则,包括两方面的含义:空间布局上高效集约、运营上高效集约。空间布局方面,综合客运枢纽是所在城市综合运输体系的关键交通节点,是多种交通方式融合、换乘的重要交通设施,为实现枢纽用地的集约化、同时将换乘距离控制在合理范围内,就需要实现枢纽空间布局的紧凑、集约。例如采用立体式布局模式、将各运输方式布设于不同的高度层,通过自动扶梯、电梯等换乘设施实现不同高度层面的竖向联系,实现空间布局紧凑、高效、便捷,是目前国内外综合客运枢纽建设的一种常见模式。运营方面,要求枢纽建设时应尽可能将各交通方式直接引入枢纽,实现各种运输方式运行的高效顺畅、组织调度上的统一与协调,组织开行密度高、速度快、停站少、直达率高的公共交通,使旅客随到随走,以满足旅客对于快捷方便出行的需求。

换乘便捷是综合客运枢纽空间布局设计的内在要求。换乘是旅客在出发地与目的地之间的某一交通节点,进行不同交通方式或同一交通方式间中转、转换的行为。如果换乘行为不能顺畅实现,将会造成旅客出行时间的增加,加剧旅客旅行疲劳程度,影响和制约综合客运枢纽服务功能的实现。旅客从出发地到目的地的出行通常不是由单一、单次运输来完成,尤其随着经济社会进步、人民生活水平的提高,人们对交通出行的要求越来越高,不但要求时间最省、费用最低,而且对安全与服务质量的要求也越来越高。所以,要满足旅客出行的要求,必须将不同交通方式的服务整合为一个有机衔接的运输全过程,保证每个环节都能为旅客提供安全、快捷、舒适、经济的高质量服务。为满足旅客对便捷舒适出行的需要,综合客运枢纽追求各种交通方式间换乘时间的最小化、换乘质量的最优化。交通方式之间的换乘作为关键环节,在实现运输全过程服务、各交通方式一体化的同时,又会提高每一种交通方式的有效性,二者相辅相成。

3. 统筹考虑,系统最优

综合客运枢纽是多种交通方式与辅助设施结合而成的一个整体系统,为到发旅客提供服务。由于涉及多种交通方式、多类旅客流线、多个分管部门,枢纽整体系统的规划、设计异常复杂,需统筹考虑。因为,仅仅实现综合客运枢纽中某两种或几种交通方式站场的最优化布局,不一定能够实现枢纽整体系统的最优布局。

高效换乘的目标是在枢纽换乘需求确定的前提下,注意均衡考虑不同功能区的空间布设,努力实现枢纽中各种交通方式间换乘的总人·时最小,而不是某一种交通方式的人·时最少。目前在国内一些大城市公共交通换乘枢纽的建设中,受体制制约,往往以一种交通方式的换乘人·时最小作为设计目标,结果是枢纽内某一种交通方式的换乘较为合理,但整个枢纽的换乘却不够优化,造成旅客平均换乘时间过长,旅客在换乘过程中感觉疲惫、舒适感差,制约了整个枢纽的运行效率。

4. 多近少远,公交优先

综合客运枢纽中各交通方式的衔接应突出公交优先的原则。枢纽主导交通运输方式一般具有客运量大、客流集中的特点,而公共交通具有班次化运行、运量大的特点,适合作为主导交通运输方式到发旅客的集散方式。公共交通的平均能耗远远低于小型社会车辆能耗,也符合现阶段节能减排的要求和趋势。

多近少远指的是尽可能将综合客运枢纽中换乘量最大的两种交通方式站场布设最近,有助于实现旅客平均换乘距离最短的原则。公交优先主要体现在轨道交通优先和大载客率的地面公交优先两个方面:第一,综合客运枢纽空间布局设计中,轨道交通宜尽量靠近主导交通方式;第二,大载客率的地面公交车站在条件允许情况下,宜靠近主导交通方式,并保持相对独立,鼓励公交上落客点采用车道边形式,通过步道联系主导交通方式的到达层,缩短旅客换乘距离。

如法兰克福机场,公交车站位于到达车道边外侧,形成锯齿形车道边,旅客由高架步道跨越内侧车道边,换乘便捷,见图 3-1。另外,马德里机场也采用了类似的布局形式,在主导交通方式的到达层布设了内外三条车道边,内侧为出租汽车,中间为公交车站,外侧为社会车辆。公交车站与主导交通方式到达层通过高架人行步道相连接,如图 3-2 所示。

图 3-1 法兰克福机场公交车站实景图

图 3-2 马德里机场公交车站实景

为实现以上目标,综合客运枢纽在设计时首先要明确主体设施的空间布局方案,在此基础上统筹考虑枢纽内部各类功能空间的布设,并完善枢纽内外交通衔接设施布局。

第二节 主体设施空间布局

综合客运枢纽主体设施空间布局是指综合客运枢纽内部各交通方式主体设施

或者主要功能区在空间上的构成形式、组合方式。它是影响枢纽技术参数选取、建筑空间设计、交通组织设计的关键,是功能空间组织、衔接交通设施布局设计的基础。

一、主体设施空间布局影响因素

在综合客运枢纽主体设施空间布局设计过程中,以下影响因素应给予重点考虑。

1. 枢纽功能特征

1)枢纽规模及功能定位

综合客运枢纽的规模及其功能定位是影响主体设施空间布局的首要因素,针对不同规模、不同类型的城市,综合客运枢纽的规模和功能定位对设施布局的要求也各不相同:

(1)对于小型城市,枢纽规模相对较小,主要承担对外交通功能,这类枢纽一般要求换乘流线简单、独立;

(2)对于大、中型城市,枢纽规模较大,承担对外交通的同时,也会承担一部分对内城市交通的功能,这类枢纽流线相对复杂,要求在布局时能够保证各种交通方式的换乘流线独立,换乘距离较短且人车分离;

(3)对于特大、超大型城市,枢纽构成复杂,不仅具有对内、对外的交通功能,可能还会承担一部分城市经济开发功能,这类枢纽在布局时不仅要保证各种交通换乘流线的简洁高效、确保不同出行目的的流线相互独立,同时还要注意枢纽内各种服务功能需求界面的分割,做好接口设计,保证整个枢纽运营过程的高效、便捷与安全。另外,在特大、超大城市用地特别紧张情况下,可考虑通过轨道交通专线实现快捷联系,将布设于不同城市位置的不同交通方式站场相互连接,构建网络式综合枢纽。

2)枢纽的区位特征

综合客运枢纽在城市中所处的区位也是影响枢纽主体设施空间布局的重要因素之一。不同的城市区位条件下,综合客运枢纽应该采用与其相适应的布局模式,比如在城市核心区或者重要商业区附近的综合枢纽,用地条件受到限制,应采用集约化、立体式的布局模式;在城市边缘地带或者城市新区,尤其位于西部地区城市的枢纽,则可以根据枢纽实际需求和成本控制综合考虑进行空间布局。

3)枢纽的建设性质

枢纽的建设性质也会在一定程度上影响枢纽主体设施空间布局。对于新建枢纽,限制条件较少,周边的路网也可以独立规划,总体布局比较灵活;对于改扩建枢纽,由于是在既有站场的基础上形成的,周边的衔接设施也基本成型,因此枢纽的总体布局多采用平面式或者组合式布局。

4）主导客运方式

不同类型的综合客运枢纽，其主导客运方式接入城市的形式及配套交通方式的敷设特征是决定综合客运枢纽主体设施空间布局的重要因素。

综合客运枢纽主导客运方式的构成是影响综合客运枢纽主体设施空间布局最为重要的因素：航空主导型综合客运枢纽，空间布局必须综合考虑跑道等空侧与航站楼等陆侧空间的布设，以及对其他集散交通方式客流的要求；铁路（含客运专线、城际轨道、磁悬浮等）主导型综合客运枢纽，需考虑铁路线网的敷设方式、线路走向对主体设施空间布局产生的影响；公路主导型综合客运枢纽，需要重点考虑城际或城市轨道线网走向、承担枢纽集疏运的高速公路出入口等接驳因素对主体设施空间布局的要求；水运主导型综合客运枢纽，需结合水运交通的运行特点以及岸线场地的设计要点进行布局。

2. 旅客换乘

旅客的便捷换乘是综合客运枢纽主体设施空间布局设计应考虑的主要因素。进行空间布局设计时，应该尽量将旅客换乘步行距离控制在合理区间内，参考国内外相关研究理论与国内建设经验，枢纽中各交通方式的换乘距离一般宜控制在300m以内，且应充分考虑集散、辨别换乘信息以及安全等方面的要求。

综合客运枢纽在设计时，首先需要对枢纽内部各交通方式之间可能产生的换乘关系进行分析，主要分为对外交通方式和对内交通方式两大类。选取不同交通方式间的换乘量分担率作为衡量各交通方式联系强度的指标，为综合客运枢纽空间布局设计提供依据。分担率指标主要通过换乘量矩阵获取，如表3-1所示。

3. 工程造价

工程造价是影响综合客运枢纽建设项目经济合理性评价的重要因素。主体设施空间布局形式不同，枢纽的工程造价也会有很大变化。立体式布局占用土地面积相对较小，但建设费用相对较高，平面式布局则土地费用往往较高。因此，枢纽方案设计阶段应结合枢纽建设条件和功能需求，合理选择布局形式，进行方案比选。

4. 环境条件

1）地形、地质条件

综合客运枢纽在主体设施空间布局时还应充分利用场地的自然地形条件，因地制宜的设计。在满足枢纽服务功能的前提下，针对不同的地形条件（平地或坡地）采用适宜的布局模式，尽量符合经济、安全和景观等建设要求。同时，枢纽的空间布局应结合场地地质条件，尽量将重要的功能服务区避开不良地质敏感区，确保综合客运枢纽的使用安全、降低地基处理引起的造价增加。

综合客运枢纽各交通方式换乘关系表

表 3-1

D / O		对外交通				城市交通					到达总量D
		民航	铁路	公路	水运	常规地面公交	出租汽车	社会车辆	轨道交通	其他	
对外交通	民航	A_{11}	A_{12}	A_{13}	A_{14}	A_{15}	A_{16}	A_{17}	A_{18}	A_{19}	A_{1D}
	铁路	A_{21}	A_{22}	A_{23} 外—外	A_{24}	A_{25}	A_{26}	A_{27} 外—内	A_{28}	A_{29}	A_{2D}
	公路	A_{31}	A_{32}	A_{33}	A_{34}	A_{35}	A_{36}	A_{37}	A_{38}	A_{39}	A_{3D}
	水运	A_{41}	A_{42}	A_{43}	A_{44}	A_{45}	A_{46}	A_{47}	A_{48}	A_{49}	A_{4D}
城市交通	常规地面公交	A_{51}	A_{52}	A_{53}	A_{54}	A_{55}	A_{56}	A_{57}	A_{58}	A_{59}	A_{5D}
	出租汽车	A_{61}	A_{62}	A_{63}	A_{64}	A_{65}	A_{66}	A_{67}	A_{68}	A_{69}	A_{6D}
	社会车辆	A_{71}	A_{72}	内—外 A_{73}	A_{74}	A_{75}	A_{76}	内—内 A_{77}	A_{78}	A_{79}	A_{7D}
	轨道交通	A_{81}	A_{82}	A_{83}	A_{84}	A_{85}	A_{86}	A_{87}	A_{88}	A_{89}	A_{8D}
	其他	A_{91}	A_{92}	A_{93}	A_{94}	A_{95}	A_{96}	A_{97}	A_{98}	A_{99}	A_{9D}
出发总量O		A_{O1}	A_{O2}	A_{O3}	A_{O4}	A_{O5}	A_{O6}	A_{O7}	A_{O8}	A_{O9}	A_{OD}

注:其他是指步行、自行车等。A_{ij}代表由方式 i 换乘到方式 j 的换乘量。

2)周边土地开发

周边土地开发利用情况直接影响综合客运枢纽的主体设施空间布局。当枢纽周围用地综合开发强度大、土地使用费用高时,为节约用地、减少投资,可采用占地面积较小、更为集约紧凑的立体式布局。

3)周边交通条件

枢纽周边的交通条件是影响枢纽主体设施空间布局的另一个关键因素。枢纽在进行空间布局时,应结合枢纽周边交通现状和规划路网容量情况,选择适宜的布局模式,如采用立体式布局的综合客运枢纽一般需要独立高效的集疏运系统,对周边路网的数量和规模均提出较高的要求。

二、主体设施空间布局类型

依据我国当前实际,综合客运枢纽主体设施的空间布局形式可以采用平面式、立体式、组合式和网络式四种类型。

1. 平面式

平面式布局是指综合客运枢纽内部各交通方式主体设施或者主要功能区在平

面上相对独立，界面较为清晰，且各交通方式之间以平面换乘为主，见图3-3。

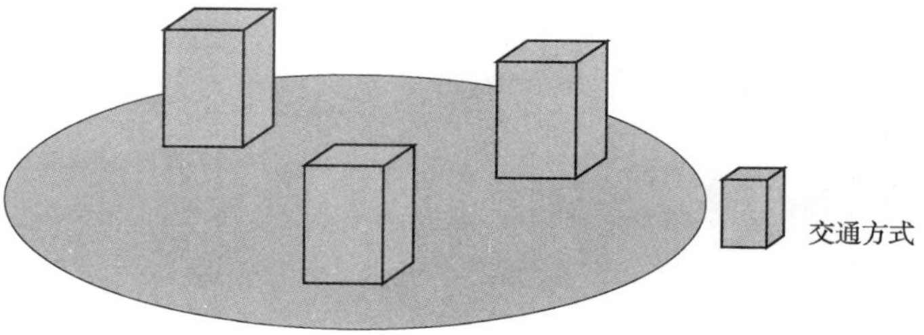

图3-3 综合客运枢纽平面式布局模式示意图

该种布局方式的特点是：枢纽内部各主体设施界面清晰，便于协调管理；占地面积大，旅客换乘距离往往较长。该布局方式通常出现在既有交通站场改扩建、推进公路与铁路或公路与水路衔接的综合客运枢纽中。

案例3-1 广州火车站综合客运枢纽

广州火车站综合客运枢纽由广州火车站、长途客运站等构成，其中广州火车站位于广州市越秀区，是广州市历史最悠久的火车站，也是广州市最繁忙的火车站之一，主要承担了京九线、广茂线等重要的铁路普线客运。铁路普通客运低票价、大容量的服务性质使得铁路旅客以外来务工人员和低收入人群为主，长途公路客运与铁路之间的换乘量占有重要比例。因此，广州火车站周边设置了三个长途汽车站，分别通过地下通道和地面道路与火车站衔接，另外，在火车站站前广场东侧设置了公交枢纽和出租汽车上下客区。铁路、公路客运、公交等几种交通方式相对独立地布设于平面上，通过站前广场、地面道路等相互连接，构成了平面式布局。具体分布见图3-4。

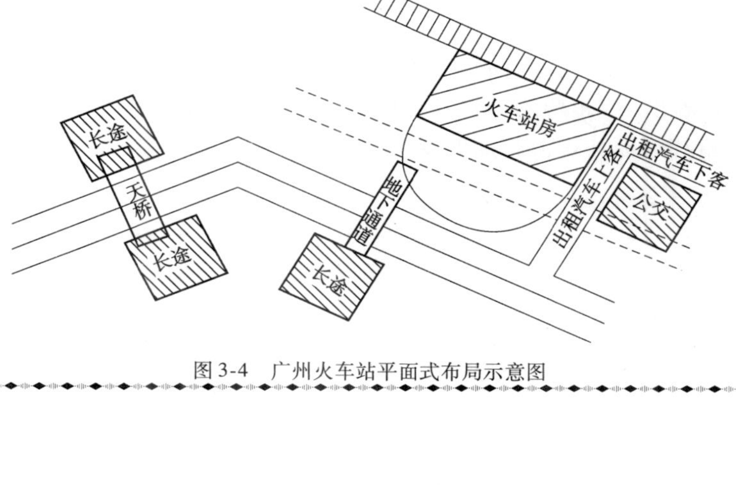

图3-4 广州火车站平面式布局示意图

在当前推进综合客运枢纽建设过程中，为发挥综合客运枢纽的整体优势和组合效率，平面式综合客运枢纽在设计中应该注意以下四个方面：

(1)预留充足的用地规模，确保能够满足未来枢纽内各交通方式功能区的改造或者扩建需求；

(2)应注意控制不同交通方式间的换乘距离，对于换乘量相对较大的两种交通方式，应优先考虑临近布设；

(3)明确枢纽内各交通方式的车流流线组织与设计，保证枢纽内流线简洁、交织最少，枢纽内车辆进出通道与城市主干道能够有效衔接并预留缓冲距离，减少对城市交通的影响和阻塞；

(4)旅客在枢纽内不同交通方式的换乘过程中，要满足安全、便捷、顺畅的要求，做到人车分流，尽量减少交织点，遇到道路分割影响旅客换乘时，要有明确的解决方案。

2. 立体式

立体式布局是指将综合客运枢纽主体设施或主要功能区域布设在同一个建筑体内，采用立体空间组合的方式进行布局，见图3-5。

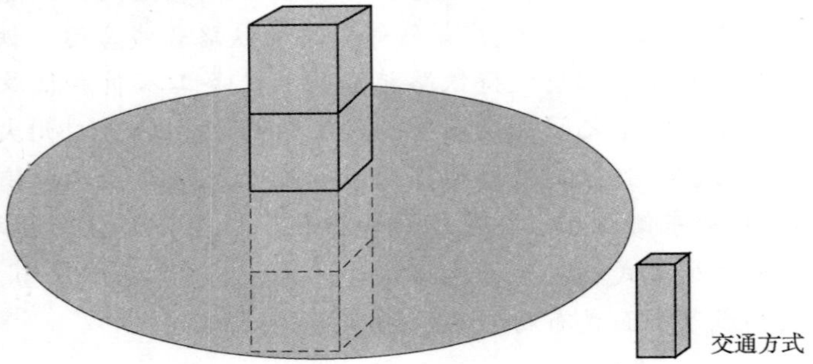

图3-5　综合客运枢纽立体式布局示意图

该种布局模式具有换乘时间和换乘距离短、土地利用率高等特点。由于纯立体式枢纽结构复杂、投资较高，对枢纽的安全性、不同交通方式间协调管理和各种流线的合理顺畅等方面要求较高。此类枢纽一般常见于大城市中用地受限地区或与具有多条轨道交通专线衔接的综合客运枢纽。

案例3-2　巴黎拉德芳斯综合客运枢纽

拉德芳斯综合客运枢纽是集郊区铁路、城市地铁、有轨电车、公共汽车、出租汽车与社会车辆等多种交通方式于一体的大型枢纽。拉德芳斯枢纽采用了立体式布局方案，竖向包括地上一层、地下4层。地面及地下一层均为公交车站层，共设置了14条公交线路；地下二层为售票和换乘大厅，周围附有商业及服务设施，西侧为郊区铁路和有轨电车T2线的站台层；地下三、四层则为地铁站台层。具体布局见图3-6。

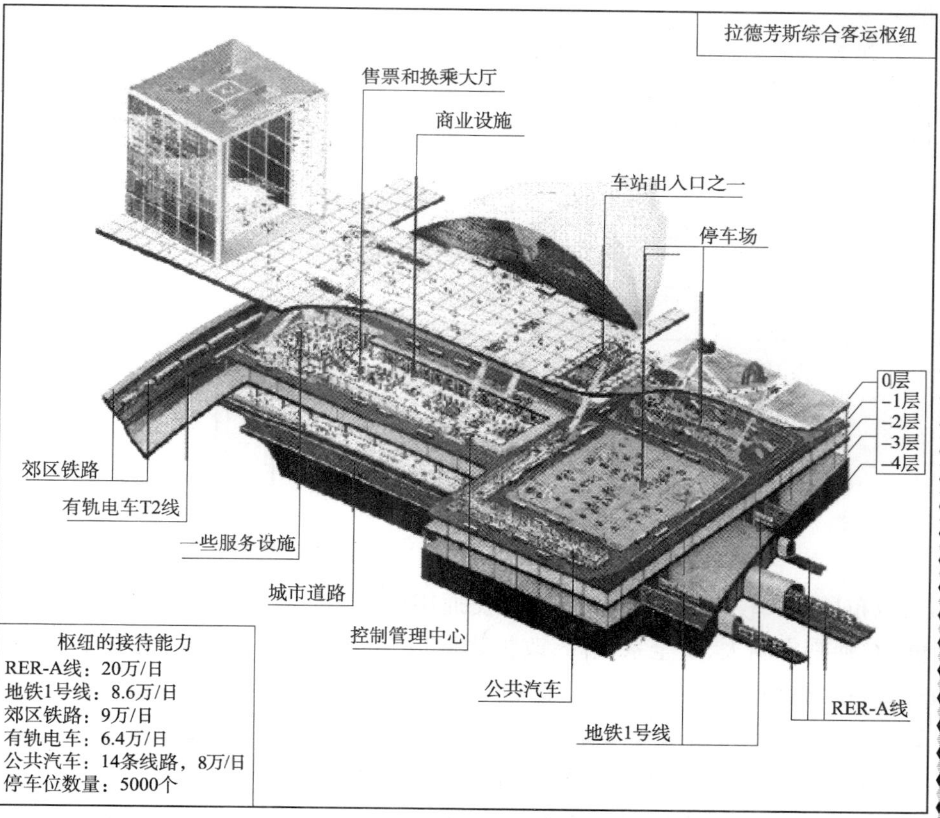

图3-6 拉德芳斯综合客运枢纽立体式布局示意图

我国正处在高速铁路、城市轨道交通快速发展时期，随着综合交通运输管理体制的完善，立体式布局枢纽将成为未来的重要发展方向。总结国内外相关经验，立体式布局枢纽在规划设计过程中应注意以下三个方面：

（1）枢纽内各交通方式应统一规划、统一设计、同步建设（分步建设时，应考虑预留接口），保证整个枢纽的高效建设和有效运转；

(2)立体式布局枢纽内,各交通方式的功能区应布局紧凑,促进功能空间融合、共享,注意不同交通方式管理界面划分、衔接交通设施出入口的确定,并关注各功能空间安全应急系统的统一规划设计和信息共享等问题;

(3)立体式布局枢纽内,各交通方式均布置在同一建筑内,流线组织复杂,必须要提供清晰明确、连续一致的交通诱导标识系统,保证不同交通方式之间换乘信息的共享。

3. 组合式布局

组合式布局是在规模化、集约化的基础上,将综合客运枢纽内各种交通方式的主体设施或主要功能区域采用立体和平面相组合的形式进行布局,见图 3-7。

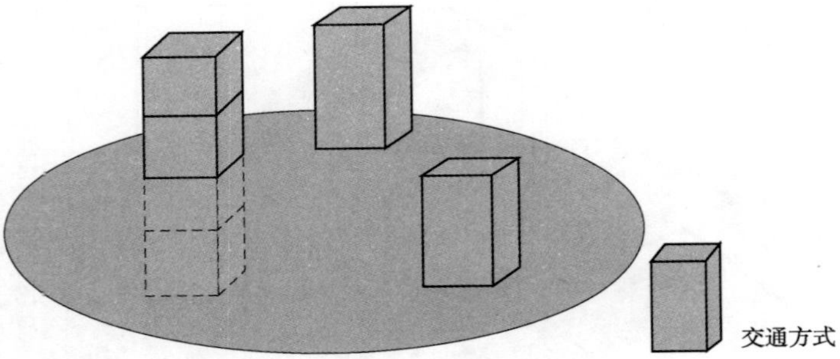

图 3-7 综合客运枢纽组合式布局模式示意图

该布局模式较为灵活,有效解决了交通用地与交通服务功能的关系,具有换乘时间短、换乘空间大、安全系数高、改扩建用地充分等特点,也是目前我国大、中城市综合客运枢纽建设实践中最为常见的布局模式。

案例 3-3 合肥南站综合客运枢纽

合肥南站综合客运枢纽作为合肥市设计客流量最大的综合客运枢纽,考虑了铁路与公路长途客运、城市轨道交通、常规地面公交、出租汽车等交通方式的便捷换乘,采用组合式布局:平面上实现了国铁主站房及其线下空间、北广场、南广场以及长途客运站的组合布设,竖向上采用铁路站台高架方案,在铁路站台下的空间集中布置公交站场、出租汽车停靠站与社会车辆停车场,集约节约利用土地,在北广场及站房下方布设了城市轨道交通站场,衔接了三条途径轨道交通线路,如图 3-8 ~ 图 3 ~ 12 所示。

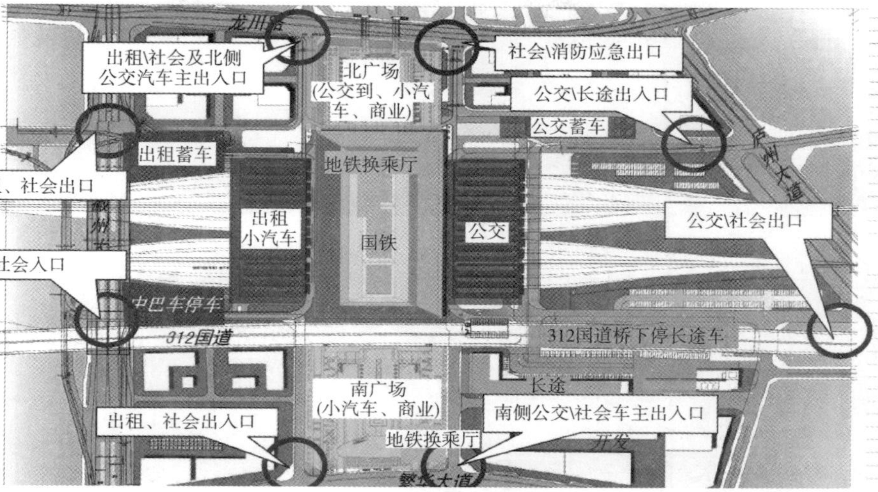

图 3-8　合肥南站平面布局图

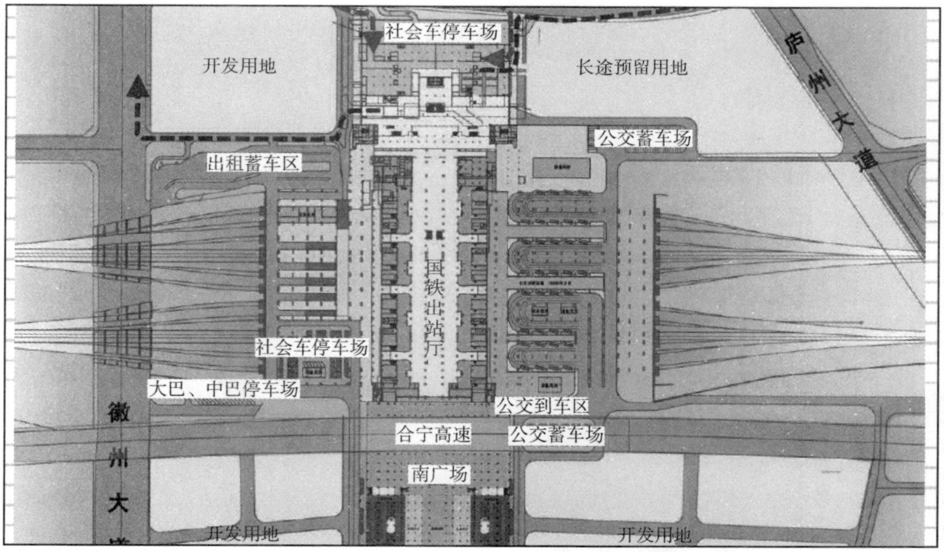

图 3-9　合肥南站国铁站房线下空间布局图

图 3-10　合肥南站北广场地下空间布局图

图 3-11　合肥南站南广场地下空间布局图

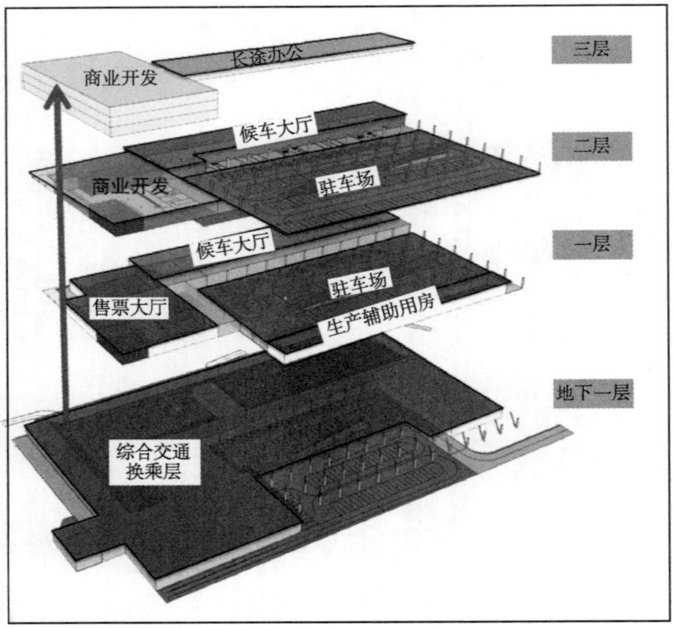

图 3-12　合肥南站长途客运站内部空间布局图

组合式布局模式在设计时应关注以下四个方面：

（1）应根据各交通方式与综合客运枢纽主导方式之间的换乘量分担率进行总体布局设计，根据其换乘量的大小，按照“多近少远、公交优先”的原则进行布设；

（2）包含城市轨道交通时，可考虑通过设置不同的出入口，实现城市轨道交通与各类交通方式间的便利换乘；

（3）组合式布局中通常会采用一个独立的空间或者广场实现旅客的集中换乘，即构成综合客运枢纽的公共换乘空间，设计过程中应重视公共换乘空间规模的权衡，并注意公共换乘空间的导向标志、消防应急等设施的统一设计；

（4）注意对枢纽未来拓展空间的预留，并做好相应接口设计。

4. 网络式布局

网络式布局主要针对我国部分特大型、超大型城市，在土地资源极为紧张、综合枢纽功能布局布设困难等实际情况下，允许在一个区域范围内，将两种对外客运方式站场分别布设在两个地块，彼此之间通过轨道交通专线或者专用捷运系统连接而成构建的综合客运枢纽，见图3-13。

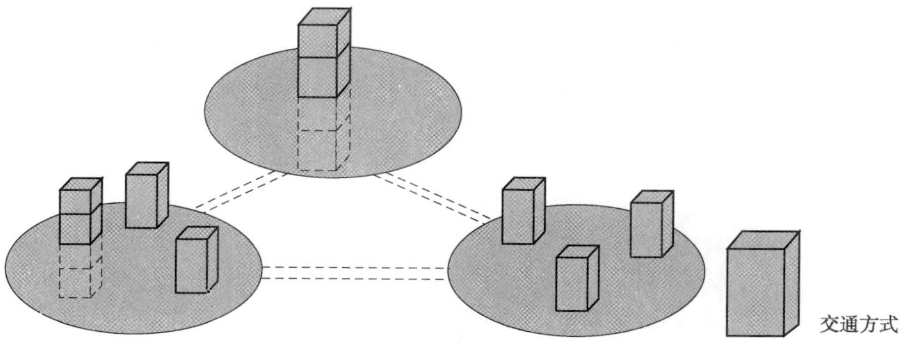

图3-13 综合客运枢纽网络式布局模式示意图

该布局模式主要适用于中心城市内承担重要换乘作用的综合客运枢纽，强调的不是枢纽设施在空间上的集中布局，而是更侧重于其服务功能的有效实现，以及枢纽在城市建设中的重要地位。网络式枢纽的布局特点是：用地灵活、换乘需求强大、充分体现多交通方式一体化管理。该种模式与前三种模式不同之处在于，综合客运枢纽中的对外客运方式在空间上相对分散布设，但通过轨道交通专线或者捷运系统实现多方式间的有效连接，并做到不同方式换乘时间相对较短，同时网络式综合客运枢纽在城市交通中的枢纽地位十分重要、经济开发功能作用极其强大。

案例 3-4 杜塞尔多夫国际机场

杜塞尔多夫国际机场是德国第三大机场，距离杜塞尔多夫市中心约8km，该机场也是德国乃至世界最大的城市群莱茵—鲁尔区的主要机场。杜塞尔多夫国际机场与其他综合客运枢纽相比，最大的不同在于，除了常规构成枢纽的交通方式外，还有两座火车站服务于机场。火车站与机场相距在3km之内，通过单轨铁路列车相连接，共同构成了网络式综合客运枢纽，有效实现了不同方式旅客间的便捷换乘，见图3-14。

图3-14 杜塞尔多夫国际机场网络式布局示意图

随着我国综合客运枢纽的快速发展，特别是在人口相对密集的中心城市中，要实现由两种及以上客运方式衔接组成综合客运枢纽，采用网络式布局的形式将会越来越多。在国外网络式布局也成为培育发展客运枢纽城市或客运枢纽区域的重要手段。采用网络式布局时应该注意以下三个方面：

(1)网络式布局强调在城市不同区域范围内各种交通方式的一体化运营，受我国目前交通行政管理体制的影响，总体布局时需特别注意明确枢纽在城市建设发展中的战略地位，应统一交通运输部门与城市规划部门对此类枢纽建设意义的认识；

(2)网络式布局应首先注意枢纽的总体规划，明确主导交通方式功能作用以及在城市发展中的影响力，保证枢纽在不同区域的各交通方式实现有机结合，统一管理，做到"松而不散"；

(3)网络式布局中不同区域间的联系方式应满足快速、容量巨大的要求，一般可采用专用的快轨、轻轨等，保证旅客在较短时间内(应控制在10min内)在不同区域间完成高效换乘。

第三节 功能空间组织

综合客运枢纽功能空间组织的基本思路如下:按照功能的不同,对枢纽内不同建筑空间进行分类;依据各交通方式间的换乘关系,对各功能空间进行关联度分析;选用合理的空间组织形式,将不同功能空间连接成为一个简洁高效、换乘便捷的综合客运枢纽整体。

一、功能空间的分类

本书第一章第三节根据主体服务功能的不同,将综合客运枢纽的功能空间分为五类:站房功能空间、换乘功能空间、交通功能空间、服务功能空间、商业娱乐功能空间。

值得一提的是,在枢纽实际设计过程中,从提高设施空间的整体利用率和商业吸引率角度考虑,服务功能空间和商业娱乐功能空间的布设并不一定集中,多数情况下是与其他功能空间结合布设,或分散布设于其他功能空间中,仅通过区别建筑材质或色调、照明强度、建筑标高等建筑设计手法加以凸显。

二、空间关联度分析

空间关联度分析是指对综合客运枢纽内部各类功能空间之间的联系强度进行分析。明细枢纽功能空间的关联度,是设计人员进行综合客运枢纽空间布局设计的基本前提。本指南分关联性、关联度两部分阐述。

1. 关联性分析

综合客运枢纽功能空间关联性是指枢纽内各功能空间的联系形式。典型模式如图 3-15 所示。

(1)旅客乘坐某一种交通工具到达综合客运枢纽后,首先进入该交通方式的交通功能空间下客,之后再经过枢纽换乘功能空间抵达另外一种交通方式的站房功能空间,完成购票、候车、上客等流程,最后通过该交通方式的交通功能空间离开枢纽,此种模式最为常见,主要体现为旅客经城市内部交通方式到达枢纽后,通过对外交通方式实现换乘出行,如图 3-15a)所示。

(2)旅客乘坐某一种交通工具到达综合客运枢纽,在交通功能空间下客后,直接到达站房功能空间,完成购票、候车、上客等流程,通过另一种交通方式的交通功能空间离开枢纽,此种模式常见于小型综合客运枢纽,该类枢纽内的换乘空间占用面积较小,一般弱化处理,如图 3-15b)所示。

(3)旅客乘坐某一种交通工具到达综合客运枢纽,在交通功能空间下客后,直接经枢纽换乘功能空间转换至另一种交通方式的交通功能空间离开枢纽，此种模式常见于城市内部不同交通方式间的换乘，如图 3-15c）所示。

（4）旅客乘坐某一种交通工具到达综合客运枢纽，首先进入交通功能空间下客，之后通过该方式的站房功能空间，到达枢纽换乘功能空间，经交通功能空间上客出发；或者旅客在完成换乘功能后，必须再经另一种交通方式的站房功能空间进行购票、检票、候车、上车等活动，再经交通功能空间离开枢纽，此种情况常见于综合客运枢纽中两种不同的城市对外交通方式旅客间的换乘过程，如铁路与航空旅客换乘过程，如图 3-15d）和图 3-15e）所示。

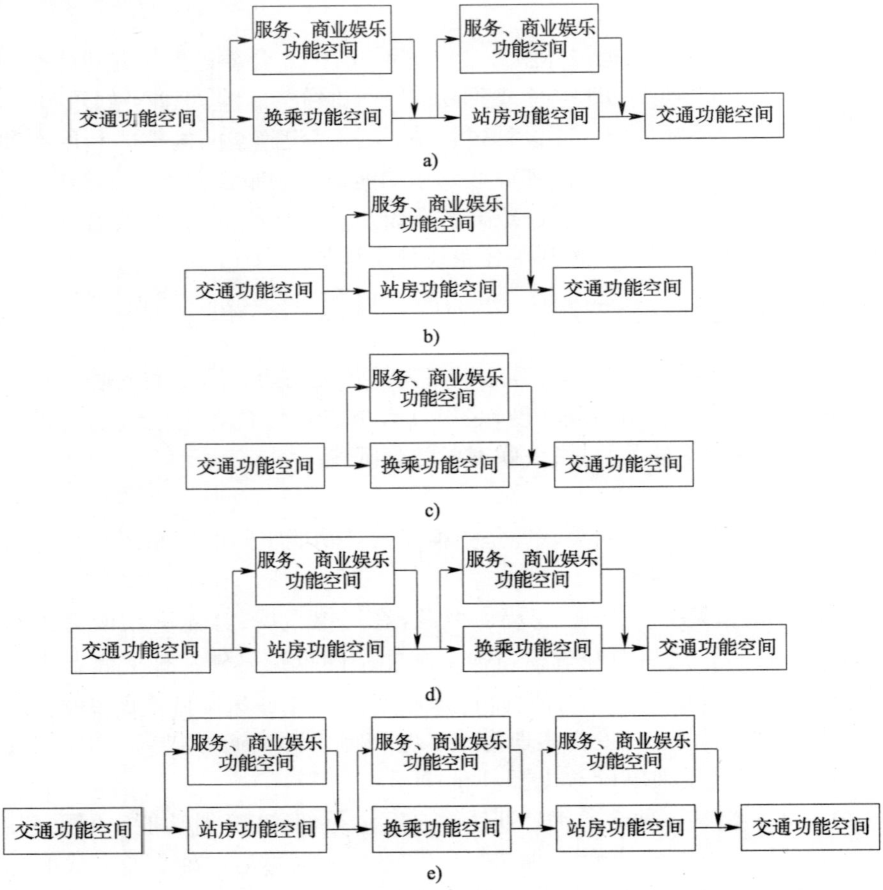

图 3-15　功能空间关联性示意图

总结综合客运枢纽内各功能空间的关联形式，初步确定综合客运枢纽功能空间基本关系如图 3-16 所示。

综合客运枢纽涉及多种交通方式和多个功能重复的空间，在实际设计过程时，应尽量将各种交通方式的站房空间、服务空间、商业娱乐空间等集中布设，不建议每一种交通方式都独立规划、设置各自齐全的功能空间。同时，在不影响枢纽公共换乘服务功能的前提下，服务空间和商业娱乐空间可以选择灵活机动地布设在站房空间和换乘空间内部。

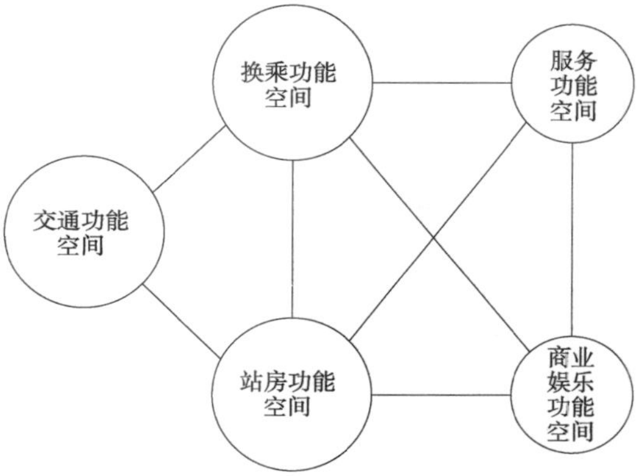

图 3-16 综合客运枢纽功能空间关系示意图

2. 关联度强弱分析

关联度强弱分析是指在关联性分析的基础上，进一步对综合客运枢纽内部各功能空间相关联系的强弱程度进行研究。单位时间内各功能空间的旅客往来数量的大小是确定功能空间关联度的主要依据。

若枢纽内对外客运方式与城市内部交通方式间客流换乘量较大，并占据绝对主导地位时，站房功能空间的主体地位就会显得较为突出，枢纽空间布局及内部组合设计时宜将主导方式的站房空间作为核心要素，将其他功能空间围绕此中心进行布置。该种情况多体现在航空主导型、铁路主导型的综合客运枢纽空间布局中，如图 3-17a) 所示。

若枢纽位于城区内部或作为规划的城市副中心，则枢纽中城市内部交通方式之间换乘的客流量较大，甚至占据主导地位，此种情况下，为保证综合客运枢纽便捷换乘功能的有效实现，换乘功能空间的布置往往是最为关键的要素，如图 3-17b) 所示。

三、功能空间组织设计原则

1. 根据功能空间关联度的强弱，确定枢纽空间布局

设计人员在枢纽设计时，应统筹考虑各种运输方式，优先将关联度较强的功能空间在平面上或竖向上临近布置，减少旅客在关联密切的功能空间之间的步行距

离,在枢纽外围形成完整的建筑面,同时考虑消防分区、各功能空间采光通风,以及结构布置合理性等方面的要求。

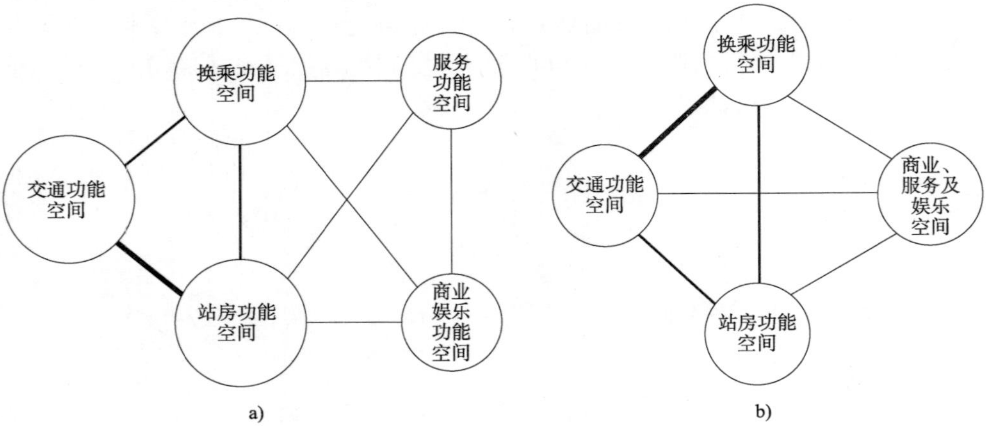

图 3-17　功能空间关联度分析示意图

2. 重视换乘功能空间对其他功能空间的联系、组织

换乘功能空间是旅客在交通功能空间与站房功能空间联系的纽带,枢纽空间布局时要充分考虑换乘空间的布设,尽量减少旅客在换乘过程中对换乘方向的选择、转换次数。

3. 各功能空间功能明确,布局结构简洁,识别度高

各功能空间的功能应较为明确,尽量避免采用复杂的空间组织结构,以有利于旅客在枢纽内方位的识别,提升枢纽的服务水平。

4. 提升系统容错能力

综合客运枢纽内部系统多、布局复杂,应选择合理的功能空间连接方式,增强整体容错能力。

5. 界面划分清晰

综合客运枢纽建成后,需要多部门协调合作,统一运营管理。清晰的界限划分是实现各部门有效管理的基础条件,包括枢纽内部各交通方式的水平界面划分、竖向界面划分。

枢纽内部各交通方式的水平界面,包括以下两种情况:

(1)两种交通方式完全分离,如法兰克福机场枢纽,航站楼与高速铁路完全分离,界面划分较为简单,见图 3-18;

(2)两种交通方式水平贴临,如香港机场枢纽的交通中心和航站楼,两者直接相连,空间融为一体,此情况需要不同部门和设计人员共同协商,根据枢纽结构的

设缝情况或防火分区,确定清晰的界面,见图 3-19。

对于枢纽内部各交通方式的竖向界面,受自身功能的要求,铁路、轨道等交通方式一般需独立占据完整的建筑层面,如柏林火车站,轨道交通站台分别位于地下二层和地上三层,地上一层位进站大厅,地上二层和地下一层分别为商业夹层,枢纽正上方横跨综合开发用房,竖向界面清晰明确,如图 3-20 所示。

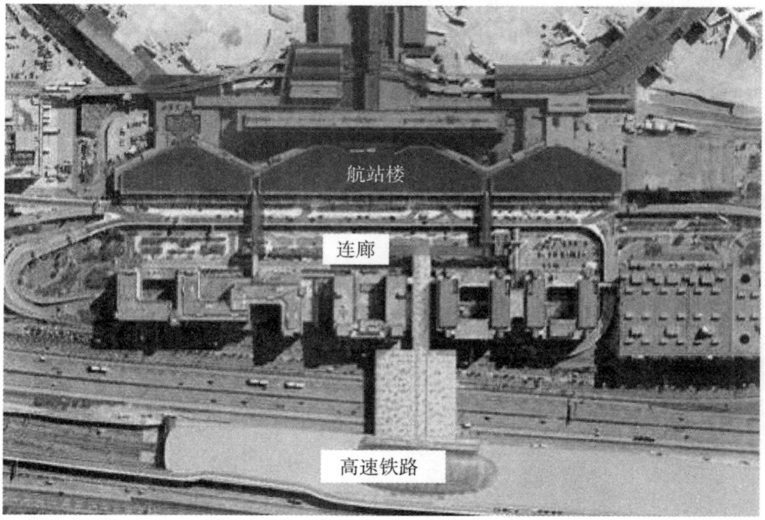

图 3-18　法兰克福机场枢纽

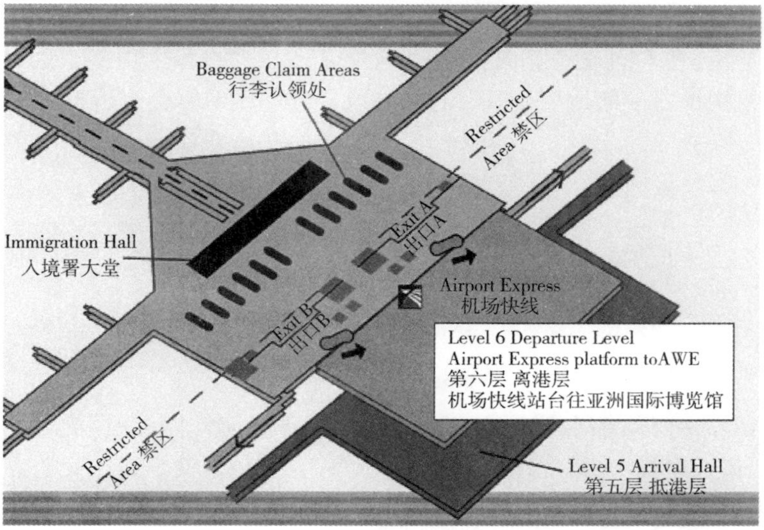

图 3-19　香港机场枢纽

图 3-20　柏林火车站枢纽

四、功能空间组织方式

为增强本指南对于综合客运枢纽设计指导的广泛性，本书在研究过程中假设综合客运枢纽内各交通方式均设置了独立、完善的五类功能空间，探讨典型的枢纽功能空间组织方式。在实际设计过程中，对于功能空间集中布设的综合客运枢纽，在典型组织形式选择中只需去除相应的功能空间即可。

综合客运枢纽典型的功能空间组织形式主要有：

1. 通道式

通道式也可称作换乘通道连接式，是由换乘楼梯、地下通道、天桥、地面走廊等构成换乘通道，在平面或者竖向上连接不同交通方式的各个功能空间，如图 3-21 所示。该组织形式一般适用于既有客运站改扩建形成的综合客运枢纽。

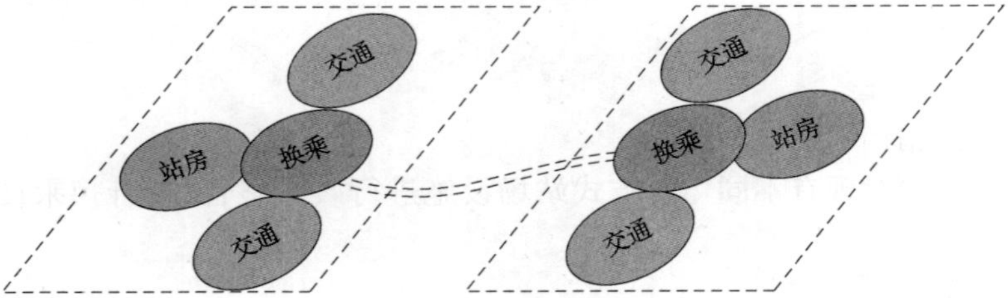

图 3-21　通道连接式

沪宁城际常州站综合客运枢纽是以铁路（含高速铁路、铁路普通客运）为主导、同时汇集长途汽车、常规地面公交、出租汽车、社会车辆等其他交通方式于一体的综合客运枢纽。该枢纽作为改、扩建的综合客运枢纽，在整体布局上，通过地下换乘通道，将南北两侧的新旧铁路站及其附属交通设施实现了连接，如图 3-22 所示。

综合客运枢纽的换乘量过大，或者由于用地条件限制难以设计一体化的综合客运枢纽时，允许在一定空间距离范围内，分别布设不同交通方式的站场，通过专用换乘通道进行衔接，以实现通道化换乘。

图3-22　沪宁城际常州站综合客运枢纽

1）优点

（1）不同运输方式站场设施的空间布置和相互接驳方式灵活性强，用地受限较小，较容易实现有效换乘；

（2）有利于实现通道化的交通组织，旅客行进方向性明确；

（3）便于实现不同功能流线的分置与疏散。

2）缺点

（1）换乘连续性差，旅客步行绕行距离较长，换乘服务水平低；

（2）公共交通优先理念未能体现；

（3）纠错能力差，一旦交通导向标识不清走错方向，易导致旅客出现紧张恐慌心理；

（4）换乘能力有限，人流一旦进入相对封闭的管状区域内，若组织不好，容易出现疏散安全问题。

3）适用范围

（1）常见于对现有不同运输方式站场设施进行改造整合，提升换乘便利度，构建综合客运枢纽情况；

（2）受地形、地质或者管理体制因素影响，不同对外运输方式不易于在同一地点、同一建筑体内实现系统功能；

（3）站场建设、运营不同步，枢纽建设初期没有考虑某种交通方式，后期扩建时需要增加考虑时，如广州东站综合客运枢纽、上海南站综合客运枢纽等。

2. 中心式

中心式可以分为换乘功能空间中心式和站房功能空间中心式。

换乘功能空间中心式是以换乘功能空间为中心,其他功能空间在平面上围绕其布设,并采用平面和竖向相结合的模式进行各功能空间的组织,见图 3-23。

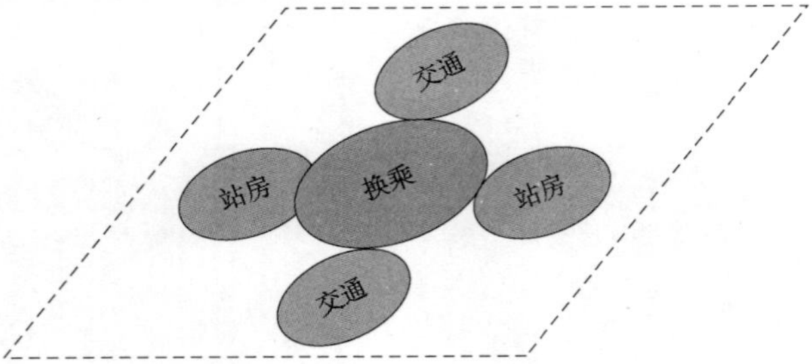

图 3-23　换乘功能空间中心式

该组织形式突出换乘功能空间的重要地位,适用于位于城市中心地带的大型综合客运枢纽,一般以铁路(高速铁路、城际铁路)为主导交通方式。

站房功能空间中心式是以站房功能空间为中心,换乘和其他功能空间平面上围绕此中心布设,采用平面和竖向相结合的模式进行组织,见图 3-24。

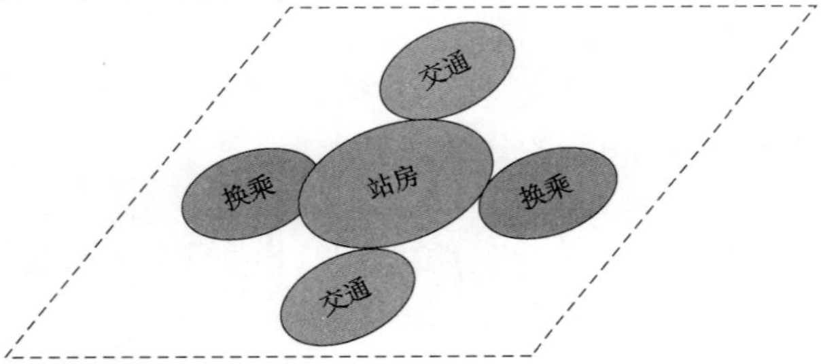

图 3-24　站房功能空间中心式

该组织形式突出站房功能空间的地位,一般适用于位于大城市外围的大型航空主导型、铁路主导型、水运主导型综合客运枢纽,或者是中、小城市布局紧凑的综合客运枢纽。

首都国际机场 T3 是以航空交通方式为主导、同时辅以长途汽车、机场客车、城市轨道交通、出租汽车、社会车辆等其他交通方式的大型综合客运枢纽。由于航空这种交通方式旅客的出行特征主要体现为等候式,因此整个枢纽是以航空站房功能空间为中心,其他交通功能空间和换乘功能空间均围绕站房布设,构成站房功能空间中心式,如图 3-25 所示。

1)优点

(1)结构简洁,功能区划分明确,管理界面清晰,有利于工程实施,方便运营管理;

(2)整体布局紧凑,换乘距离相对于通道式短,提升换乘服务水平。

图 3-25 首都国际机场综合客运枢纽

2)缺点

(1)占地面积大,换乘(或站房)功能分散;

(2)换乘方式较多时,客流间相互干扰严重,换乘安全性差;

(3)在功能构成特别复杂时,导向标志系统设置困难,需要反复研究以确定导向标志系统的最优布设。

3)适用范围

(1)各运输方式站场相对独立、分散布置既成事实,只能通过换乘功能空间或站房功能空间衔接;

(2)已建枢纽改扩建时,可通过增加其他交通方式衔接构建综合客运枢纽;

(3)中小型综合客运枢纽中,主导交通方式的站房地位相对较高时,可将其他功能空间围绕站房功能空间布设。

3. 立体组合式

立体组合式是指综合客运枢纽的各个平面层以不同的功能空间为中心,采用平面和竖向相结合的方式进行组织,如图 3-26 所示。该组织相对比较复杂,适用于大型综合客运枢纽。

综合客运枢纽功能空间的组织形式,可以是某一种空间组合形式,也可以将几种空间组合形式相互结合,在具体设计中应根据实际情况灵活机动地处理。

南京南站综合客运枢纽是铁路交通方式(主要为城际铁路)为主导、同时辅以长途汽车、常规地面公交、城市轨道交通、出租汽车、社会车辆等其他交通方式的综合客运枢纽。南京南站以地面层即换乘大厅层为中心,竖向布设铁路和城市轨道交通轨道,横向布设长途汽车、常规地面公交、出租汽车等其他交通方式,使得枢纽内各交通方式立体组合,空间组织上形成立体组合式。该种模式也体现了“通过式”的旅客出行特征,如图 3-27 所示。

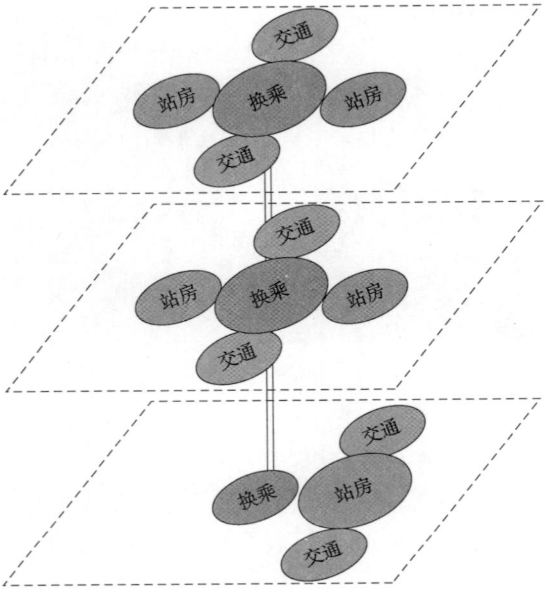

图 3-26 立体组合式

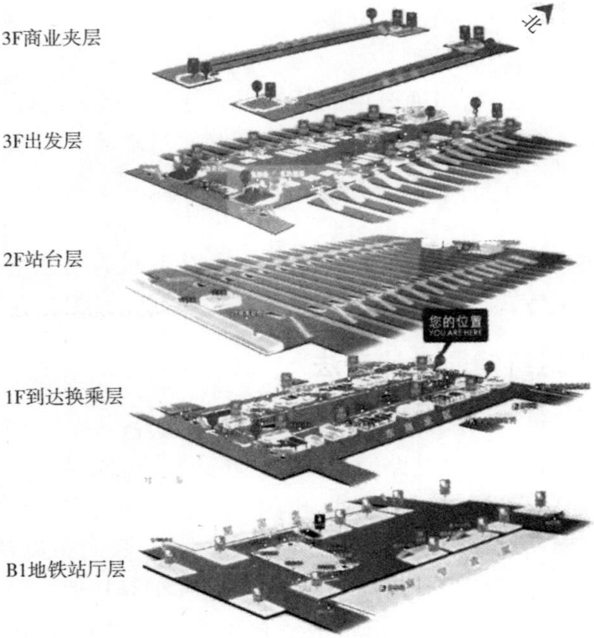

图 3-27 南京南站综合客运枢纽

1)优点

(1)有利于缩短各交通方式间换乘的平面步行距离、衔接连续性好,提高换乘便捷度;

(2)站内换乘,增加旅客换乘的舒适度;

(3)借助于换乘设施,分层组织不同流线客流,做到流线互不交叉,提升换乘效率;

(4)在各运输方式衔接接口处设置集中换乘选择区域,目标辨识性强,保证所有换乘行为可以在此集中实现;

(5)土地集约化程度最高,节约用地。

2)缺点

(1)多种交通方式集中于一个建筑体内,客流组织复杂,需要空间设施引导;

(2)对交通导向标识要求较高,一旦引导不清,容易导致客流聚集;

(3)客流高峰时对换乘空间要求较高;

(4)投资成本往往较大。

3)适用范围

(1)多种运输方式站场集中布设,同步规划、同步设计、同步建设的综合客运枢纽;

(2)无法做到同期建设,可以对综合客运枢纽进行统一规划、设计,但需注意预留好相应接口。

以上三种功能空间组织方式,均是先按照综合客运枢纽内主导交通方式的作用确定主体设施空间布局方案,根据各交通方式间的换乘关系,进行各类交通流线设计,在此基础上,完成功能空间组织设计方案。若枢纽同时存在两种主导交通方式,则应先在各种主导交通方式间分清界面,然后再根据上述方法各自布局,最终通过相互间的协调统一,使部分可共享的交通设施不要出现重复设置。

五、功能空间组织辅助设计手法

1. 提高紧凑性的设计手法

为建设高效集约、换乘便捷的综合客运枢纽,设计人员应注意功能空间组合的集中紧凑,在功能空间组合设计中,可综合采用平面贴邻和上下叠合的设计手法。

1)平面贴邻

平面贴邻的布局策略一般包括以下几种典型方法:

(1)站房功能空间与换乘功能空间平面贴邻:如荷兰 Schiphol 机场,机场到达大厅与三角形的换乘大厅完全融合，成为一体。到达旅客经过两侧带有商业店铺的通道，便捷地抵达换乘大厅，由此转乘地铁、公交或步行至综合开发用房，见图 3-28。

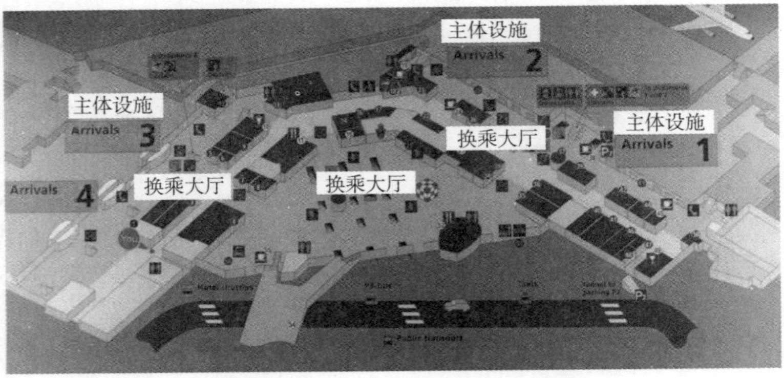

图 3-28　荷兰 Schiphol 机站场房功能空间与换乘大厅平面贴邻

(2)换乘功能空间与交通功能空间平面贴邻：如日本中部机场交通中心延伸出两条南北向的人行连廊，将单元式车库串联起来。

(3)站房功能空间与商业娱乐功能空间平面贴邻：如日本名古屋车站，站房功能空间在地上一层和地下一层两个层面，通过通道直接与商业娱乐功能空间的出入口相通，实现平面贴邻，见图 3-29。

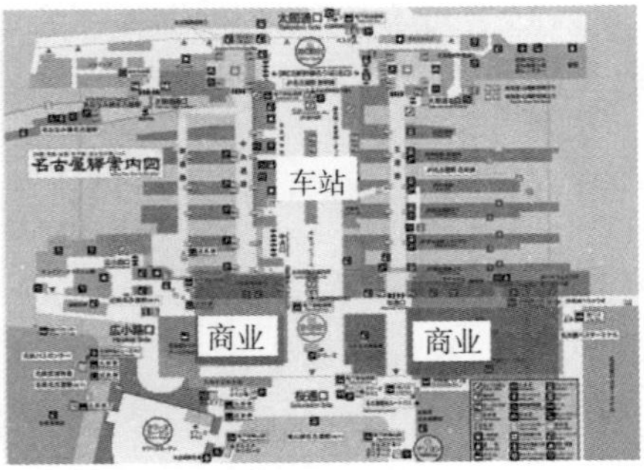

图 3-29　名古屋车站站房功能空间与商业娱乐功能空间平面贴邻

对于平面贴邻，需要注意控制旅客的换乘距离，核心换乘区一般应控制在 $2km^2$ 以内，最大换乘距离不宜大于 500m，当枢纽功能空间组织方案中旅客换乘距离超过以上界限时，应考虑采用调整、优化空间组织方案。

2)上下叠合

上下叠合的设计一般包括以下几种典型方法:

上下叠合是枢纽中各交通方式功能空间立体布设的设计手法。采用功能空间上下叠合手法,使得旅客换乘更便捷,可以有效控制枢纽整体规模。大型综合客运枢纽客运量巨大,当各空间规模较大时,旅客通过竖向楼梯到达不同的功能空间,因此该模式成为换乘最便捷的布局方式;由于旅客步行的舒适距离有限,当枢纽的体量庞大导致换乘距离过长,旅客舒适度会大大降低,影响枢纽的服务水平。通过上下叠合,将各功能空间立体聚集,可以有效控制枢纽的占地规模,提升服务档次。

(1)站房功能空间和换乘功能空间上下叠合:这种布局是提高枢纽运营效率常用的方法,如北京南站综合客运枢纽将换乘功能空间设置在铁路站房功能空间的下方,极大地缩短了旅客的换乘行走距离,如图 3-30a)所示。

(2)换乘功能空间和交通功能空间上下叠合:此处提及的换乘功能空间主要指车道边,可以缩短通过社会车辆抵达枢纽的旅客的换乘距离。如希斯罗机场将部分停车库延伸至高架车道边下方,如图 3-30b)所示。

a) b)

图 3-30 上下叠合示意图

a)北京南站主体设施与地铁叠合;b)希思罗机场车道边与车库叠合

(3)交通功能空间和商业娱乐功能空间上下叠合:控制枢纽的规模,节约使用土地资源。如荷兰 Schiphol 机场,机场陆侧大规模商业开发与立体停车库结合布局,商业开发设于停车库上部,二者独立运营,互不影响,既联系密切,又节约用地,是在机场陆侧空间有限的制约条件下的精心设计。

2. 提升商业娱乐功能空间融合性的设计手法

商业娱乐功能作为综合客运枢纽主体交通功能以外的有益补充,起到增加枢纽站场收益、促进交通与商业共赢效果的发挥;而枢纽内部站房、换乘等功能空间内结合布设各类商业娱乐功能空间,可以使得旅客在候车、换乘的同时享受商业娱乐服务,提升枢纽的服务水平与品质。

综合客运枢纽商业娱乐功能空间的布设有两种典型模式:通道两侧式、综合开发式。

1)通道两侧式

商业娱乐功能空间布设于站房功能空间、换乘功能空间内部,结合旅客到发流线综合布设。荷兰 Schiphol 机场枢纽在航空运输等主业以外,引入了商品零售、社会车辆停车、房地产等商业设施。在枢纽内部,换乘大厅与航站楼到达大厅的交接处结合布设了商业设施,到达旅客从到达出口走出,先经过两侧布有琳琅满目各类店铺的通道,然后换乘地铁或公交客车,使得旅客心情得以舒缓,又可以享受多样、便利的服务,见图 3-31。这种模式在服务旅客、带来社会效益的同时,也为枢纽带来了经济收益。据 Schiphol 机场集团 2001 年的财政收入显示,该枢纽航空主业收入占 48%,非航空主业收入占 52%。

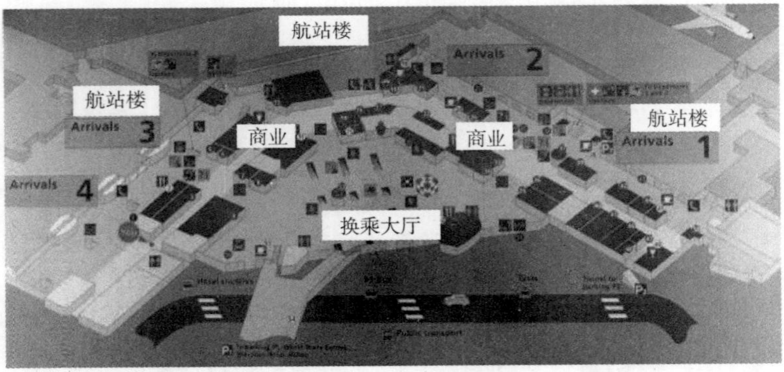

图 3-31 荷兰 Schiphol 机场商业娱乐功能空间布设

2)综合开发式

商业娱乐功能空间可结合实际条件布设于枢纽上部或水平毗邻枢纽。如果布设于枢纽上部,为避免对枢纽交通、换乘造成影响,商业娱乐功能空间往往布设于站房功能空间、商业娱乐功能空间的上部,如日本名古屋车站商业娱乐功能空间与站房功能空间通过地下通道相联结,旅客可由站房功能空间直接进入商业娱乐功能空间,见图 3-32。如果水平毗邻枢纽,设计人员往往优先换乘功能空间的布设,而将商业娱乐功能空间布设于距离站房功能空间稍远的位置,如荷兰 Schiphol 机场的部分商业娱乐功能空间,与站房功能空间相隔车道边和换乘大厅,旅客由换乘大厅经过专用连廊,可以到达该部分商业娱乐功能空间,见图 3-33。

图 3-32　名古屋车站商业娱乐功能空间布设

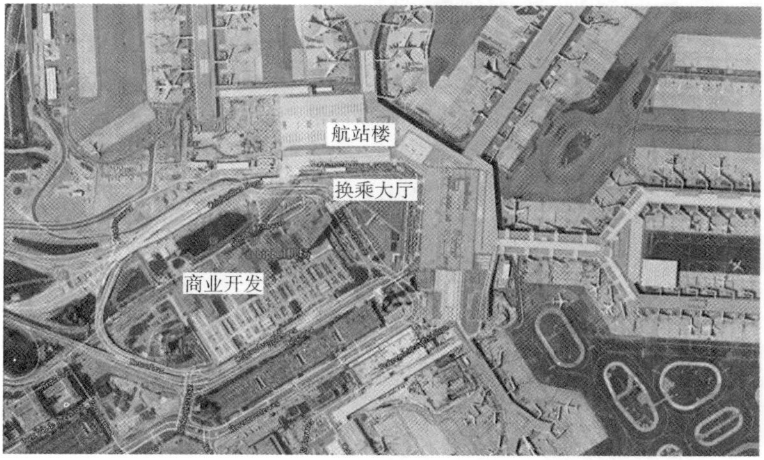

图 3-33　荷兰 Schiphol 机场毗邻布设商业娱乐功能空间

六、功能空间设计要点

1. 关键设计参数

1)换乘矩阵

综合客运枢纽包含多种对外运输方式、城市交通方式,各种交通运输方式间均存在着换乘的可能性,将客运量预测期内各种交通运输方式之间的日均换乘量(人/日)作为元素,则构成换乘矩阵,其中换乘矩阵的元素 a_{ij} 表示预测期内一天中由 i 运输方式换乘 j 运输方式的旅客数量。

2)高峰时刻换乘量

综合客运枢纽换乘矩阵内的各个元素在一天中并不是均匀分布的,而是随时间呈现出一定的变化。高峰时刻换乘量是枢纽在预测期内换乘量较大的一段时期内(一般取为一个月),在某一小段时间内(比如10min)换乘功能空间内出现的最大换乘人数的平均值。高峰时刻换乘量可以作为与换乘量关系密切的空间、设施(如换乘功能空间)设计参数的取值参考依据。

3)最高集聚人数

综合客运枢纽中的最高集聚人数,是针对某一具体运输方式而言,是枢纽某种运输方式在预测期全年发送旅客最多的月份中,一天中某一小段时间内(比如10min)在候车厅瞬时出现的最大候车人数的平均值。某种运输方式的最高集聚人数是该运输方式与旅客发送量关系密切的设施、空间规模(如站房功能空间)的取值依据。最高集聚人数一般通过在某种运输方式的日均发送量基础上乘以计算系数得到。

2. 功能空间设计要点

1)站房功能空间设计

综合客运枢纽各类功能空间中,站房功能空间可参照相应运输方式的建筑设计规范,结合该运输方式的最高集聚人数来测算售票厅、候车厅等建筑空间的面积需求。

铁路主导型综合客运枢纽中铁路运输方式的候车厅可由最高集聚人数按1.1~1.2m^2/人测算。航空主导型综合客运枢纽站房功能空间面积的配置与枢纽内航空运输方式的性质、规模以及枢纽所在城市的经济条件有关,即根据高峰小时客运量来取值,国内航班14~16m^2/人,国际航班28~40m^2/人计算。长途汽车客运站候车厅可由设计年度最高集聚人数按1.0~1.1m^2/人测算。

除满足基本的面积需求外,还应考虑布置顺畅的购票、候车、登乘流线,同时考虑结构布置、采光、通风等方面的要素合理设计。条件允许时,宜充分考虑人性化设计,比如采用较大的层高,以避免长时间等待下产生的压抑感,如图3-34和图3-35所示。

图3-34　典型售票厅布局

图 3-35 典型候车厅布局

2)交通功能空间设计

综合客运枢纽交通功能空间应根据运输工具的运营特性,如转弯半径、爬坡性能等,予以合理布设。以长途汽车为例,其运行尺寸要求如图 3-36 所示。

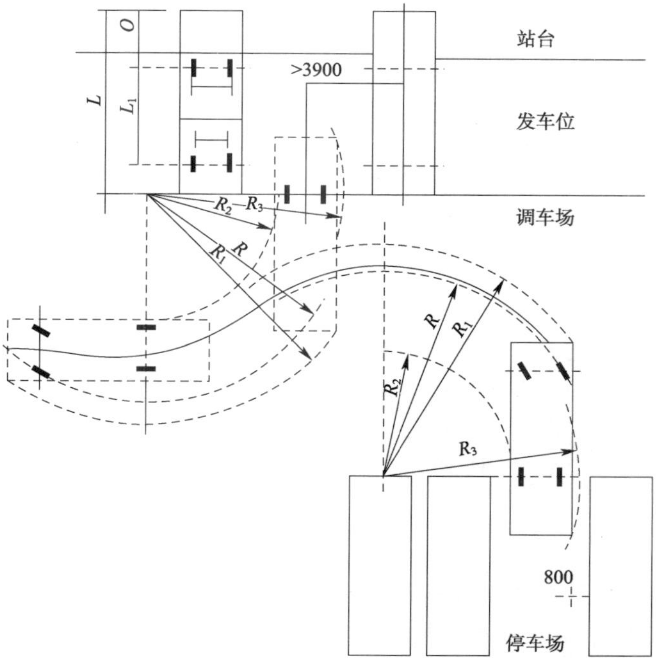

注:本图主要参照《建筑设计资料集(第二版)》(第6分册)第6页图绘制。

图 3-36 长途汽车运行要求(尺寸单位:mm)

另外，值得注意的是，交通功能空间内运输工具、旅客混杂，要特别注意避免人车流线交织，当无法避免时，要注意安全方面的考虑。公路长途、公共汽车等运输工具车体较大，频繁制动、启动时尾气排放较多，对空气疏散要求较高，所以一般不宜布设于地下，若受制于用地等方面的条件，只能布置于地下空间时，应结合布置通风窗、加大换气频率等设计手法。

3）换乘功能空间设计

换乘功能空间是枢纽空间组织的关键内容，是决定枢纽换乘效率的核心要素，而目前尚未有针对性的设计指导，本指南重点针对换乘功能空间进行研究。

换乘功能空间包括多种形式，但总体来讲，可分为三类：线式换乘功能空间、面式换乘功能空间、体式换乘功能空间。线式换乘功能空间包括换乘楼梯、换乘通道等形式；面式换乘功能空间包括换乘大厅、换乘广场等形式；体式换乘功能空间往往由线式换乘功能空间、面式换乘功能空间以一定的形式组合构成。

线式换乘空间适用于两种运输方式存在竖向高差或者虽在同一平面但无法直接连接的情况（比如被铁路轨道所隔断的情况），或者站场距离较近，受多种条件影响无法布设在同一建筑内。线式换乘空间也适用于既有客运站改扩建为客运枢纽的情况，具有衔接空间预留方便等优点。另外，线式换乘空间还可以辅助面式换乘空间和体式换乘空间，共同构成枢纽的换乘系统。

线式换乘功能空间设计的关键在于空间通行宽度，以换乘楼梯为例，楼梯宽度可由高峰时刻换乘量由式(3-1)、式(3-2)估算。

$$W \geqslant \frac{\zeta \mu D}{N} \tag{3-1}$$

式中：W——换乘楼梯的宽度，m；

N——换乘楼梯的设计通过能力，P/h · m；

D——换乘楼梯的高峰小时换乘量，P/h；

ζ——超高峰小时换乘量的增大系数；

μ——双向不均匀系数，其数值应根据枢纽内运输方式的组成、换乘客流的特点来确定。

$$N = M \times \eta \tag{3-2}$$

式中：M——换乘楼梯的最大通过能力，P/h · m；应满足有关规范、标准的规定；

η——可接受饱和度，应根据换乘楼梯长度、换乘旅客特点确定，其最大值不宜超过0.85。

换乘楼梯尺寸的确定，不但需考虑高峰小时换乘量，还需考虑高峰小时内换乘量的分布情况。如发车班次较为密集，发车间隙较短，则高峰小时内换乘量表现为平缓型，如图3-37a）所示；如发车班次较为稀疏，发车间隙较长，则高峰小时内换乘量表现为陡峭型，如图3-37b）所示。对于高峰小时内换乘量陡峭型变化，其换乘楼梯的尺寸，除满足式(3-1)、式(3-2)的要求外，还应保证高峰通过时所有换乘旅客有充足时间换乘、检票上车或下车分散出站。对于换乘大厅等换乘空间的设计，也需考虑高峰小时内换乘量的分布情况。

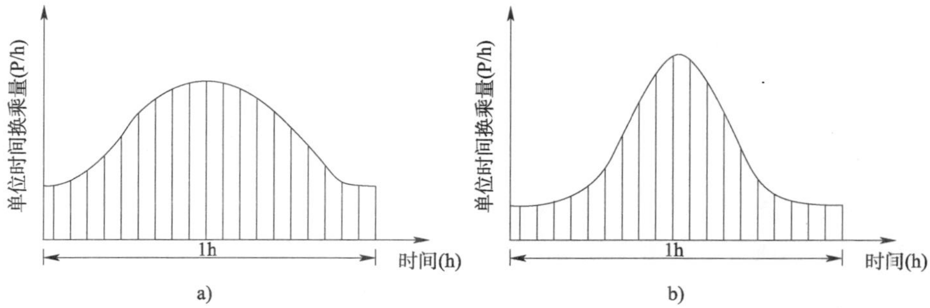

图3-37　高峰小时内客流量分布示意图

换乘通道应具有足够的通行宽度与疏散能力，满足高峰时刻换乘旅客通行、疏散的要求。换乘通道的宽度可参照相关运输方式的设计规范予以确定，如《铁路旅客车站建设设计规范》（GB 50226—2007）第5.1.5条："站房的进出站通道、换乘通道、楼梯、天桥和检票口应满足旅客进出站高峰通过能力的需要，其净宽度不应小于0.65m/100人；地道净宽度不应小于1.00m/100人"；《地铁设计规范》（GB 50157—2009）表11.3.18-1："通道或天桥的最小宽度为2.4m"。若换乘通道涉及多种运输方式，则可取各规范中规定取值的最大值。另外，换乘通道应具有适宜的净高，避免旅客在通过时产生压抑感。

另外，线式换乘功能空间还要注意空间长度方向上旅客转换方向的选择次数，增强旅客对于空间的识别能力。

换乘大厅的优点是换乘距离短、紧凑高效，主要适用于新建大型综合客运枢纽。换乘广场结构简单、运营管理方便，但一般换乘距离较长，主要适用于既有客运站改扩建为综合客运枢纽的情况。换乘夹层具有空间利用充分的优点，但采光、通风设计具有一定难度，而受到层高影响，旅客容易产生压抑感。

对于换乘广场，其面积可按照旅客的高峰小时换乘量来确定，参照相关规范，一般枢纽换乘广场可按人均占用面积1.2～1.8m^2计算；水运主导型综合客运枢纽港口的站前广场可按3.0～3.5m^2/人计算。在满足设计年度换乘需求情况下，宜考虑预留未来的改扩建空间。

第四节　衔接交通设施布局

一、设计内容

综合客运枢纽空间布局中，除考虑主体设施空间外，还要同步考虑其衔接交通设施的布局。综合客运枢纽衔接交通设施主要包括三部分：道路网、轨道网和相关衔接站场设施。

道路网布设主要包括三方面内容：枢纽外围集疏运路网、枢纽内部集散道路系统、枢纽核心区的城市道路网。

(1)外围集疏运路网：指邻近枢纽核心区、已建或规划的为枢纽服务的高等级道路，应属于枢纽对外的重要运输通道。

(2)内部集散道路系统：一般情况下综合枢纽核心区域宜建设内部集散道路系统，以衔接枢纽内交通建筑体与外围集疏运路网间的集散道路系统，达到剥离过境交通的效果。内部集散道路系统又包含两个部分：

①与外围集疏运路网衔接的立交节点和衔接段(一般仅为特大型、大型综合客运枢纽所特有)；

②专用的出发、到达快速集散道路、地面微循环道路、进出场的匝道和专用道路。

(3)枢纽核心区的城市道路网：为枢纽核心区地块开发服务的市政配套道路网，主要承担枢纽内地面城市公交功能，与内部快速集散道路系统相对分离。

轨道网主要指为枢纽内各方式主体设施服务的轨道交通网，包括各轨道线路及相关站点布置。一般情况下轨道交通线网均在专项规划中已经得到明确，本指南对此不作论述。

配套站场设施是指在枢纽核心区内，为枢纽主体设施交通组织配套的相关停蓄车场和停车库，为各类车辆实现分类管理、到发分离服务的停、蓄车设施。

二、道路网

1. 外围集疏运路网

外围集疏运路网的设计目标是承接枢纽核心区的交通集散，为枢纽提供一个稳定可靠的集疏运路网体系。

以浦东机场枢纽为例，该枢纽外围集疏运道路网体系包括 3 条专用通道：

(1)外环隧道/A20 – A1——北进场路；

(2)龙东大道/(翔殷路隧道 - 五洲大道) - A30 - 机场北通道——北进场路;

(3)机场高速(A15)——南进场路,如图 3-38 所示。

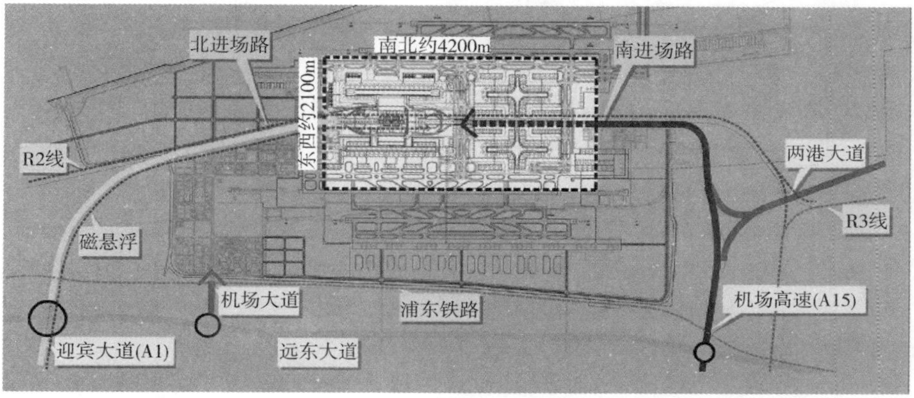

图 3-38 浦东机场的集疏运体系

2. 内部集散道路系统

1)多点多路径衔接,提高枢纽集散效率

通过多点(立交方式)、多路径(2 条及以上通道)与枢纽外围路网连接,有效利用外围路网,均衡集散枢纽产生的大规模车流,增加枢纽辐射吸引力,为进出车辆提供高效、便捷服务。

以北京南站枢纽为例,该枢纽位于南二环和南三环之间,枢纽专用的快速集散道路系统通过立交、平交以及相关快速路和主干道(交通性)与南三环和南二环快速路相连接,如图 3-39 所示。

2)构筑枢纽内部专用的集散道路系统

对于大型或特大型枢纽,应建设枢纽内部专用的快速集散道路系统,对于中小型枢纽,宜建设枢纽内部专用的集散道路系统。

建设服务于枢纽主体设施的集散道路系统,将枢纽核心开发区内的集散交通与枢纽主体设施的集散交通相分离,剥离过境交通。实行分层分流的立体化交通组织。枢纽内部集散道路系统的功能定位应为满足枢纽主体设施车辆快速集散的要求,服务对象应为枢纽内的客运车辆。

3. 枢纽核心区城市路网

综合客运枢纽核心区的城市路网应与枢纽内部快速集散道路相剥离,路网密度指标应控制在合理范围内。

枢纽核心开发区的城市路网应与枢纽内部快速集散道路相剥离,将城市过境交通以及为地块服务的交通与枢纽内部集散换乘这两种不同性质的交通分离，避免相互干扰，从而提高交通系统的安全性、降低运营期间管理难度。

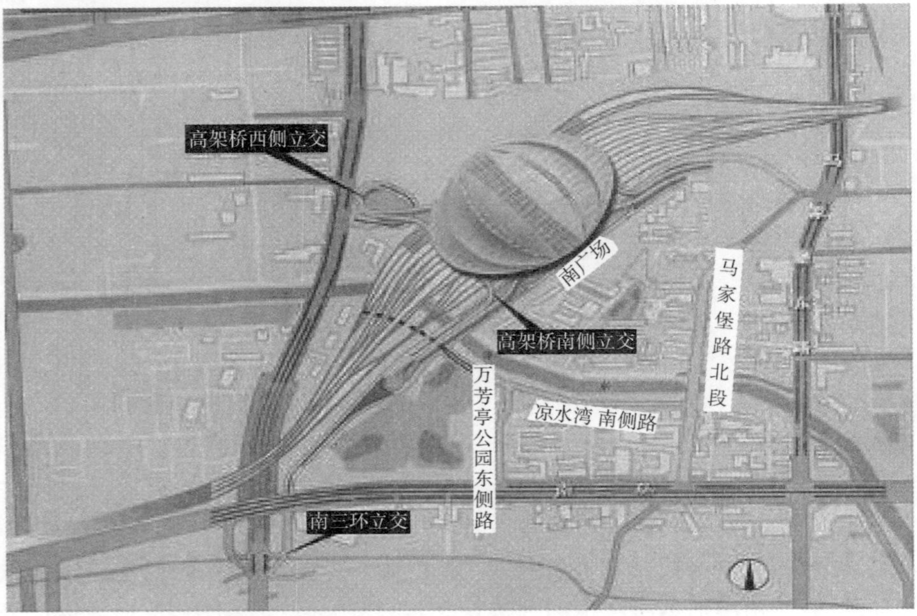

图 3-39　北京南站周边路网布置图

综合客运枢纽内部对外交通设施（机场空侧、铁路站场和铁路轨道）占地面积一般较大，在不同程度上会对枢纽内部及周边区域城市路网造成阻碍和影响。综合客运枢纽在规划设计阶段，就应明确枢纽区域城市路网布局结构以及路网密度指标，并在枢纽设计、建设时予以控制。否则一旦综合客运枢纽建成，改建周边路网的难度和成本将会大大增加。

当受到机场净空要求的限制、道路与机场空侧用地布局易产生矛盾时，一般可采用道路下穿机场跑道的形式处理。当道路与铁路站场、铁路轨道用地布局产生矛盾时，可以采用高架式、地下式以及地面（平面）式布局进行多方案比选、综合确定。

亚特兰大机场第五跑道在建设时，考虑为机场南段现有的 I-285 公路设置 24 条车道的下穿地道，中间 12 条车道提供现有高速路使用，两侧各预留 6 条车道供道路远期扩建使用，如图 3-40 所示。

在日本京都站区域，按照合理间距设置了下穿铁路的地道，保证铁路线路两侧区域间的联系。京都站核心区配置的外围路网，为车站周边地块高强度开发创造了便利条件，如图 3-41 所示。

a) b)

图 3-40 亚特兰大机场第五跑道及下穿道路

图 3-41 京都站地区路网结构图

三、衔接站场设施

综合客运枢纽内到达与出发的交通流量较大且不均衡，无论是站厅内的客流还是集散系统的车流，都必须进行有序管理，因此一般情况下，应将出发与到达交通相互分离。

结合枢纽竖向布局，车辆的出发与到达层面可分离设置，避免不同需求的客流、车流在车道边产生互相干扰。除了枢纽内部主体设施之外，还需考虑各类车种的停蓄车场所，进行分类管理，即站场分离、机动车交通分类管理。

1. 上下客站

按照综合客运枢纽旅客到发流程，一般利用枢纽车道边合理安排上、下客站，发挥机动车灵活机动的特点,提供无缝换乘。

常规地面公交、出租汽车均可采用上、下客站相分离的模式,利用到达、出发层车道边,分别设置,并可多站点设置。几条公交线路集中分别设置上、下客区,可以共享综合客运枢纽有限的车道边及停车换乘空间,方便旅客识别和换乘。出租汽车上客点一般设置在到达层车道边,如条件允许也可设置在建筑内部,根据枢纽到达客流具有明显的脉冲性、部分时段相对集中的特点,出租汽车上客点需要采用多点分设、对应服务、集约布置、专用通道进出等方式,以提高枢纽高峰期时出租汽车输送旅客的效率。

2. 蓄(备)车场及停车库

为有效疏散综合客运枢纽客流高峰期旅客,各类蓄车场总体占地规模往往较大;为避免较大的蓄车场规模影响建筑主体布局用地的设计要求,往往设置在枢纽建筑主体(集中换乘区域)以外,枢纽核心区以内。综合客运枢纽公交、出租蓄车场的设置可利用枢纽建筑主体、对外交通设施以及道路系统布局形成的各类环境差、通达性不佳的地块(如铁路站场设施形成的夹心地、高架道路桥下空间、立交区等),根据以上地块各自特点,辅以必要的蓄车场专用通道,分散布设设置蓄车场,增加综合客运枢纽内部土地的利用率、减少土地资源浪费。

1)常规地面公交蓄(备)车场

为减少公交车辆在综合客运枢纽内的绕行距离、确保准点发车,公交蓄车场宜设置在公交下、上客站之间,且离上客点较近的区域。

2)出租汽车蓄(备)车场

出租汽车蓄车场的选址也同样要减少绕行距离,需要在综合考虑出租汽车下客进场蓄车、外部空车补给、蓄车场至上客点以及蓄车场相互之间调蓄等多种流线之后,统一确定蓄车场位置;以上 4 种流线中,最为重要的是出租汽车由蓄车场进入上客点的流线,应做到路径短、易识别、调度方便。

出租汽车蓄车场内的停车组织宜采用分段分区停放,分区控制、每区的蓄车数与上客点个数相匹配以便于车辆调度管理;如果出租汽车蓄车场因蓄车数量多、占地规模较大而远离上客点设置,则可以采用多级蓄车、级级过渡的方式与上客点相匹配,避免发生车道通行能力不足所造成的上客点“人等车”的现象。

3)社会停车库

社会停车库考虑入库接送旅客的换乘便捷,其近端停车库需靠近枢纽主体设施布设,并根据枢纽的运营主体,多点分设,并考虑节约土地资源,设置集中式立体停车库。控制单层停车库的规模尺度,易于识别找寻,并设库内车道边,方便旅客换乘。

第五节　不同类型枢纽空间布局设计关注要点

综合客运枢纽根据其功能定位，都会有一到两种交通方式在其中居于主导地位，而主导交通方式的不同，使得枢纽服务的旅客出行特征、内部各交通方式之间的联系关系以及用地需求也不同，进而会影响枢纽空间布局模式的选择。因此，指南针对不同主导交通方式综合客运枢纽的布局特点和模式进行研究，提出相关设计建议。

一、航空主导型综合客运枢纽

1. 航空主导型综合客运枢纽的布局组织特点

航空主导型综合客运枢纽是以民用航空机场为主体，由铁路、公路等其他对外交通方式和城市轨道交通、常规地面公交等城市交通方式共同构成的综合客运枢纽。

受航空交通方式服务功能和运行特点的影响，航空主导型综合客运枢纽一般建筑规模庞大、交通环境复杂，客户人群对换乘时间和换乘舒适度的要求较高。根据综合客运枢纽内各类交通方式间的联系强度（见表3-2），依据各自的运行特点，他们与主导方之间存在如表3-3的换乘关系。

联系强度分布表　　表3-2

换乘量分担率 X	联系强度	换乘量分担率 X	联系强度
$X \geqslant 40\%$	强联系	$5\% \leqslant X < 10\%$	较弱联系
$20\% \leqslant X < 40\%$	较强联系	$X < 5\%$	微弱联系
$10\% \leqslant X < 20\%$	一般联系		

航空主导型综合客运枢纽各交通方式联系分布表　　表3-3

枢纽类型	衔接交通方式	联系强度
航空主导型	轨道交通	较强联系*
	常规地面公交	一般联系
	出租汽车	较强联系
	社会车辆	较强联系**
	铁路（普铁、高铁、磁浮）	微弱联系***
	公路长途	微弱或较弱联系

注：* 表示轨道交通的联系强度与城市轨道交通网络发达程度相关，若城市轨道交通线路稀疏，则无法形成较强联系。

** 表示随着机动化速度提升，未来国内机场到发旅客中，社会车辆的到发将快速增长，包括通过社会车辆送旅客至机场或旅客自己开车至机场停车乘坐飞机的。

*** 表示城际铁路与航空的联系取决于航空枢纽的区位及定位，当枢纽需服务较多城市时，城际铁路是相对较好的到发方式。

基于上述联系的强度,航空主导型综合客运枢纽内部各交通方式在布局时具有以下特点:

1)城市轨道交通

城市轨道交通具有运量大、快速、准时、环保等优势,是航空主导型综合枢纽最重要的集疏运方式之一,它与机场之间存在较强联系。在布局设计时,为充分考虑旅客换乘的便利性、舒适性和安全性,城市轨道交通一般布设在航空进出站厅的正下方,以便旅客竖向垂直换乘、距离最短;轻轨一般选择在距离航空出站厅最近的位置布设,使之与主导方构成近距离衔接换乘。

2)常规地面公交

常规地面公交作为仅次于城市轨道交通的大运量公共交通运输方式,也是航空主导型枢纽重要的集疏运方式。航空主导型综合客运枢纽一般位于城市边缘地区,同时建筑体量庞大、交通组织复杂,不适合引入具有多条线路的公交枢纽,以免增加公交自身换乘对枢纽造成的交通组织压力,因此可以选择定点、定线、定时的公交快车模式。在设计时尽量选择距离主交通方式进出站口最近的位置,采用车道边停靠或港湾式停靠模式组织平面布设,即停即走,采取公交快车上落点与蓄车场分离布设模式,既有效利用了枢纽空间、节约了土地,也减少了旅客的换乘时间。

3)出租汽车

出租汽车是一类灵活性和舒适性高的运输方式,可以为旅客提供门到门服务。由于航空主导型综合客运枢纽的客户群体多以公务、商务出行为主,乘客对换乘时间和换乘舒适性的要求较高,因此出租汽车在枢纽的集疏运方式中占有一定的比例。出租汽车载客量少、灵活性高、数量较多,必须进行有序的单独管理,并提供充足的蓄车场面积进行排队等候。一般在布局设计时宜采取“高架落客,地下或远距离蓄车,车道边近距离上客”的方法,可将出租汽车蓄车场布置于距离枢纽换乘功能空间相对较远的位置,通过调度进入上客区,尽量利用枢纽非核心地带或使用立体交通,提高土地的利用率,同时使整个枢纽良性运转。

4)社会车辆

航空主导型综合客运枢纽的服务客户大多为中高端的出行人群,因此社会车辆也是解决旅客集散的重要补充。社会车辆相对停放时间较长、时空消耗更大,需要密集的集散道路和大量的停车位供其进出和停放。在设计时,一般采用“高架落客,单向循环,独立停放”的布设方法,可以将其进出站道路和下客区与出租汽车合并在一起,上客区应选择距离出站口相对较近的地下空间大范围独立布置。

5)公路长途客运

以航空为主的综合客运枢纽一般位于大、中型城市,对周边城市辐射能力较强,因此周边中、小城市选择航空出行的客流需要利用公路长途客运来进行覆盖。根据航空主导型枢纽的功能定位、服务人群和换乘特征,长途客运与航空客运之间的联系十分紧密,但集疏运比例不高,虽然长途客运班线发车位、旅客候车厅用地范围不大,但交通组成和交通流线都比较复杂,为了尽量避免各种交通流线的交织,长途客运一般可采用"线路固定、车道边换乘,枢纽外蓄车"的布局模式,可以最大限度地减少旅客的换乘距离和换乘时间,同时又不影响整个枢纽的运行效率。

6)铁路

随着综合运输体系的不断发展,航空主导型综合客运枢纽的组成不再局限于现有的几种交通方式,铁路等对外运输方式的加入,使二者在争取客流上可以联手实现双赢的局面,从而促进整个枢纽体系的运行效率,尤其是当机场枢纽同时服务多个城市时,城际铁路可以作为有效的城际联系交通工具,以满足对周边中、小城市选择航空出行的客流需求。这种类型的综合客运枢纽交通组成更为复杂,对枢纽总体布局要求更高。该类枢纽在设计时,往往受到铁路路线走向的制约。由于铁路引入,往往形成机场与铁路尤其是高速铁路两个主导方共同影响综合客运枢纽服务功能的发挥,它们同时对城市轨道提出了交通集散的要求,需要在研究总换乘量的基础上,根据各交通方式紧密程度分别布设满足功能,一般情况下,多采用平面组合式衔接的模式进行布设。

2.航空主导型综合客运枢纽设计要点

(1)航空主导型综合客运枢纽应满足航空运输方式的主体旅客服务流程,如图3-42所示。

(2)航空主导型综合客运枢纽占地面积较大,应考虑各功能空间的合理布置,以适宜的组织形式对枢纽进行布置,尽量缩短旅客在枢纽内的换乘距离。

(3)航空主导型综合客运枢纽的各功能空间总体上可以分为两大类:空侧功能空间、陆侧功能空间。空侧功能空间主要是指航空交通功能空间,即与飞机飞行直接相关的飞行空间、跑道、滑行道、停机坪等空间,陆侧功能空间包括站房、换乘、商业、服务及娱乐功能空间。陆侧功能空间应与空侧功能空间有机结合,做到既能彼此联系,又有利于各功能空间的单独使用,避免相互干扰。当枢纽内仅有一个航站楼(或航站楼集中布设)时,若空侧区枢纽只有一条起飞跑道,陆侧功能空间一般位于空侧功能空间的一侧,若枢纽具有两条以上的起飞跑道,陆侧功能空间一般位于空侧功能空间的中心。当枢纽内有多个航站楼且必须分离布设时,可通过捷运系统将多个航站楼联通。另外,航空站房功能空间一般应布置在其他交通方式的站房、交通功能空间与航空交通方式之间，如图 3-43 所示。

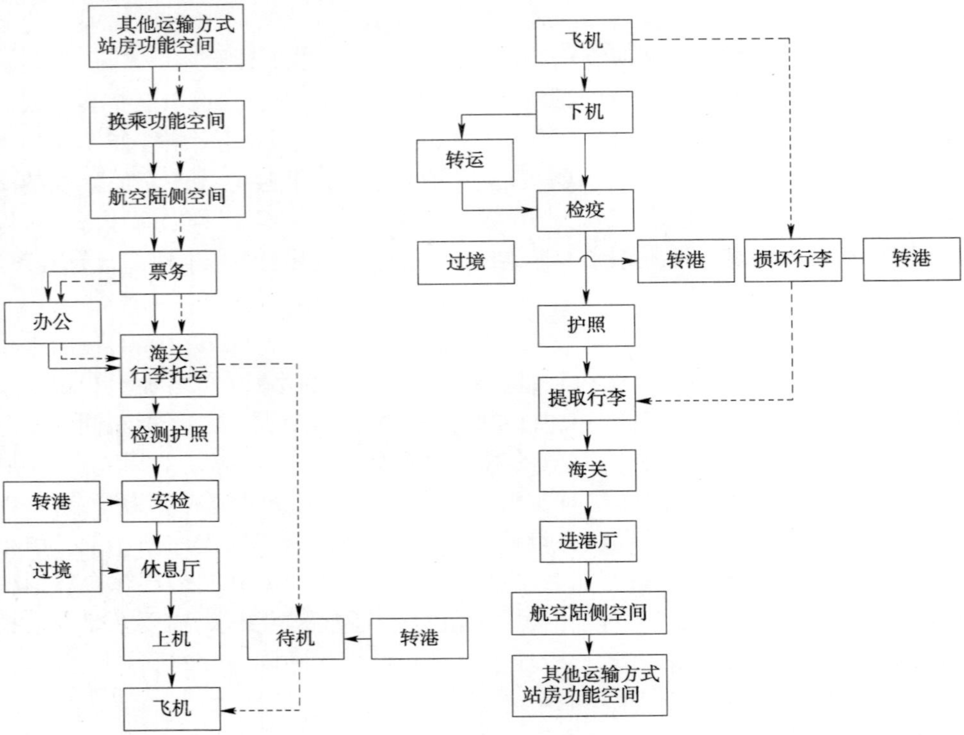

图 3-42　航空主导型综合客运枢纽功能流程示意图

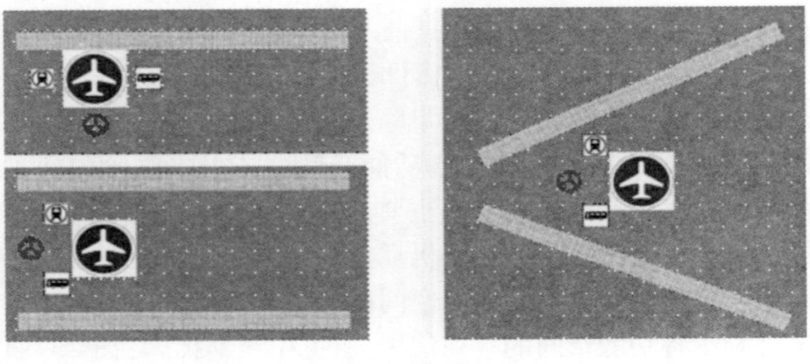

图 3-43　空侧、陆侧空间布局示意图

（4）航空主导型综合客运枢纽的空间组织，应尽量避免空侧区域对候机大厅产生噪声影响，为旅客提供安静舒适的候机环境，提升枢纽的服务水平。另外，如果航站楼分区设置，不同航站楼之间的距离较大，一般可设置捷运系统、摆渡车等换乘设施,大型枢纽机场建议采用专线轨道交通方式作为捷运系统,方便旅客在不同航站楼之间的换乘。

二、铁路主导型综合客运枢纽

1. 铁路主导型综合客运枢纽的布局组织特点

结合我国铁路的发展特点,当前铁路客运站的定位已经从单一的铁路客运场所和"城市门户"向多元化的城市综合客运枢纽转化。铁路主导型综合客运枢纽是以铁路交通方式为主、其他对外交通方式和城市交通为辅的一类综合客运枢纽,是我国综合运输体系中最常见也是最重要的节点。从已运行的枢纽看,该类枢纽的布局规划和设计已不能简单局限于铁路客运站本身,而应从系统的角度向空间立体化、功能复合化、服务人性化等方向发展。

铁路主导型综合客运枢纽中各交通方式与主导方式间的换乘关系见表3-4。

铁路主导型综合客运枢纽各交通方式联系表 表3-4

枢纽类型	衔接交通方式	联系强度
铁路主导型	轨道交通	强联系
	常规地面公交	较强联系
	出租汽车	一般联系
	社会车辆	一般联系
	长途客运	一般或较弱联系

注:轨道交通的联系强度与城市轨道交通网络发达程度相关,若城市轨道交通线路稀疏,则无法形成强联系。长途客运与铁路联系强度受枢纽区位与定位影响较大。

1)城市轨道交通

铁路主导型综合客运枢纽的功能定位和服务的主要群体决定了城市轨道交通是其最重要的集疏运工具。位于特大型城市的铁路主导型枢纽,一般铁路月台多达10~20个,需要引入两条以上城市轨道进入,城市轨道交通的出入口应布设在主导方进站层或出站层的上方或下方,与主导方之间构成立体换乘,最大限度地减少乘客的换乘距离。位于大型城市铁路主导型枢纽,至少需要引入一条城市轨道线路,出入口应优先考虑布设在枢纽主体建筑内;当条件不允许情况下,也可以布设在站前广场,乘客通过广场进行平面换乘。如果旅客换乘步行距离较长,应考虑代步设施——步行电梯的配置。

2)常规地面公交

铁路主导型综合客运枢纽一般位于城市核心区或者新区,除了城市轨道交通外,常规地面公交是重要的集疏运方式,建议在城市核心区的综合客运枢纽引入多条公交线路或过境公交站点(或港湾式站点,减缓对周围交通压力),即停即走。若设置公交首末站,则可采用站场分离的方式进行布设,上下客区尽量靠近换乘功能空间,缩短旅客的换乘距离,使交通设施的布置更为紧凑。设在城市新区或边缘地带的综合客运枢纽,可选择距离枢纽进出站口最近的位置或者广场周边的独立场地布设,同时还需要兼顾枢纽内部其他交通方式换乘公交的便利性,并在枢纽外围道路设置公交车专用车道,方便公交车快速进出站,以体现公共交通优先的发展战略,减缓城市交通压力。

3)出租汽车

出租汽车受上下坡和转弯半径的控制影响较小,在大型铁路主导型综合客运枢纽用地紧张的情况下,可以考虑利用与铁路客站同一交通建筑体的地下空间或高架匝道作为出租汽车的上下客区域,以更加靠近铁路进出站的位置,形成立体交通方案。应注意控制好出租汽车下客区所需的空间规模和上客区等候时的空间规模,配置适量足够的上客车位,快速疏解旅客。同时还应该考虑大规模的蓄车场所,并对中间的行车流线进行合理设计,避免交织。

4)社会车辆

社会车辆与出租汽车的运行模式基本类似,可以考虑将其进站流线和下客位与出租汽车合并。由于社会车辆相对停放时间长,大型综合客运枢纽对社会车辆建议采用高架落客,在枢纽地下空间或者地面布设独立的停车场。另外,对于一些特殊的旅客或因检修、安全等方面的考虑,可为社会车辆留有直通站台的车道。

5)公路长途客运

对于位于特大城市中心的铁路主导型综合客运枢纽,当与长途汽车站必须结合在一起时,应认真研究铁路与公路长途汽车之间的换乘需求,合理控制规模。若用地较为局促时,可在靠近铁路进出口设置上落客点,而停车场适当远离枢纽的主导方;也可考虑由专用城市轨道交通或捷运系统作为纽带,将综合客运枢纽与近距离(2~3km)长途汽车站串联起来,形成网络式综合客运枢纽群,以减轻枢纽周边道路交通的压力和土地资源紧张的矛盾。而在城市外围或者是中小城市的铁路主导型综合客运枢纽,由于铁路覆盖范围有限,从城乡交通一体化需求出发,引入长途汽车站是必要的。长途汽车站在管理上可自成体系、相对独立,应注意保证与铁路之间的便捷换乘,避免由于道路阻隔使两种运输方式换乘距离过长,应设计长途汽车站与铁路车站直接连通通道,并保证在200m换乘距离或5min的换乘时间以内。在设计时,一般多采用平面或者组合的布局模式,通过广场、连廊或者换乘大厅进行衔接。

我国传统的铁路主导型综合客运枢纽一般采用平面式布局,但随着大规模高速铁路的发展和城市轨道交通的引入,铁路运营模式由最初的“等待式”向现在的“通过式”转变,相应枢纽服务设施也在发生变化,总体布局的模式也由传统的平面式向组合式和立体式转变。因此枢纽在总体布局时,要结合铁路枢纽的实际运行特点,合理选择适宜的布局模式。

2. 铁路主导型综合客运枢纽设计要点

(1)铁路主导型综合客运枢纽应满足铁路运输方式的功能流程,如图 3-44 所示。

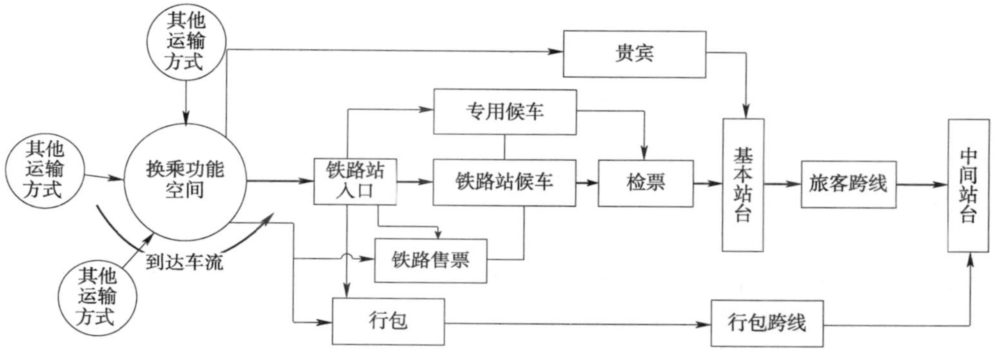

图 3-44 铁路主导型综合客运枢纽主体功能流程示意图

(2)铁路主导型综合客运枢纽,当对内交通方式间的换乘量相对较小时,设计时宜以站房功能空间为中心;当对内交通方式间的换乘量相对较大时,设计时宜以换乘功能空间为中心。在关联度分析的基础上,一方面需要合理布置枢纽内的各功能空间,又要在不造成流线交叉的前提下,尽量减少旅客在不同功能空间之间的步行距离。

(3)当铁路的铁轨呈线状在枢纽内水平面内伸展时,受此影响,枢纽的其他功能空间与铁路交通功能空间需要在同一水平面内布置时,建议布置在铁路轨道线的一侧。如果由于建设条件限制或其他方面的影响,或者在既有普铁站基础上增加高速铁路线网,且高速铁路采用并线引入方式,即枢纽由向路线一侧开放改为跨线向两侧开放时,将可能造成某些功能空间与铁路交通功能空间在同一水平面且分布在铁路线两侧的情况(图 3-45)。在此种情况下,应通过地下通道、过街天桥等跨线设施与铁路交通功能空间相连接。对于铁路交通方式的站房功能空间,在站房功能空间与交通功能空间(铁路月台)衔接时,多采用“上进下出”模式,但是在站房功能空间与换乘功能空间(外围设施)衔接时,大型枢纽一般采用“上进下出”模式,而中小型枢纽应根据长远发展需要以及地区的经济实力决定枢纽的形式,如果为了节约投资,可考虑采用“平进平出”模式。

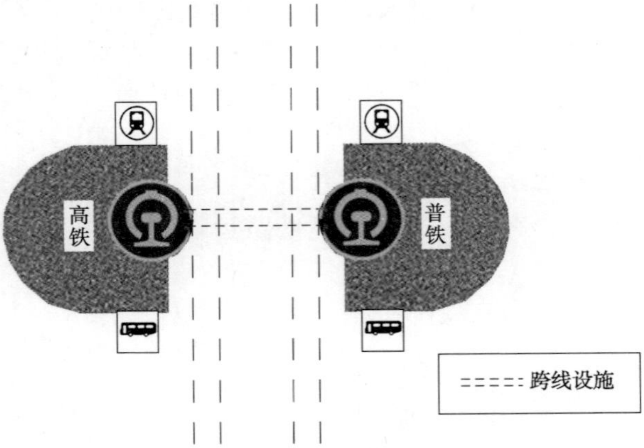

图 3-45 铁路跨线设施示意图

(4)若设计选择站房功能空间中心式，则换乘功能空间可以采用换乘通道、换乘大厅等形式；若设计选择换乘功能空间中心式，设计时换乘功能空间宜采用通透明亮的换乘大厅的形式，以提高枢纽的服务水平。

(5)铁路主导型综合客运枢纽设计时，应注意动静分离，以避免铁路交通功能空间对于其他功能空间的噪声影响。对于铁路若采用高架进站的情况，为了达到空间的充分利用，铁路站台层的下方一般根据实际情况，可布置长途客运、出租汽车、社会车辆的站房和交通功能空间。同时需要注意在铁路交通功能空间的下方采取适宜的隔振、消音措施，避免列车通过站台时对下部功能空间的不利影响。

(6)枢纽内各功能空间均需注重人性化设计。换乘空间需注意导向标志系统的设计，采用多种方法增加空间的识别度，降低乘客换乘的焦虑感；采用地面走廊时尽量设置顶棚，避免旅客换乘时遭受日晒雨淋；采用地下通道时注意避免通道内部的压抑感，增强通道内部的采光、通风，将通道内部的温度、湿度维持在人体适宜的范围内。

(7)铁路主导型综合客运枢纽的衔接交通设施布局宜紧凑设置，其中可涵盖城市轨道交通站点、常规地面公交、出租汽车、社会车辆、非机动车辆等停蓄车站场。其中设置应“先站后场”，首先考虑轨道交通站厅层、常规地面公交上下客站、旅游和机场客车上下客区、出租汽车上下客区、长途客车上下客区、社会车辆停车库等，其次可考虑轨道交通站台层、常规地面公交停车场、出租汽车蓄车场等。

(8)铁路主导型综合客运枢纽客运高峰时期人员较为拥堵，在枢纽设计阶段应考虑在铁路客站内部设置“绿色通道”，使铁路换乘旅客不必再经站房功能空间就可直接到达交通功能空间，减少安检次数，将“等候式”逐步转化为“通过式”。

(9)铁路主导型综合客运枢纽，若铁路为高速铁路客运专线，则可与铁路部门协商是否需要设置站前绿化广场，因为高铁车站已逐步从“等待式”变为“通过式”的枢纽，减少(或取消)站前绿化广场面积并非不可行，而减少(或取消)广场面积后，铁路枢纽的各衔接交通设施的布设将更为集中紧凑，换乘距离将进一步缩短。需要注意的是站前绿化广场不等同于站前集散广场，具有安全集散功能作用的站前集散广场应根据大型枢纽的服务能力和服务水平决定取舍。

三、公路主导型综合客运枢纽

1. 公路主导型综合客运枢纽的布局组织特点

公路主导型综合客运枢纽是指公路客运为主、城际轨道或市郊铁路等为辅，同时由多种城市交通方式共同组成的综合客运枢纽。该类枢纽不仅是城市对外交通的重要节点，同时也承担了城市内部换乘枢纽的作用。

公路主导型综合客运枢纽必须要有轨道交通参与，因此该类枢纽在我国多见于大型、特大型城市之中。根据各交通方式与主导方之间的换乘关系，各交通方式的布局特点见表3-5。

公路主导型综合客运枢纽各交通方式联系表 表3-5

枢纽类型	衔接交通方式	联系强度
公路主导型	轨道交通	强联系*
	常规公交	较强联系
	出租汽车	一般联系
	社会车辆	较弱联系
	其他	较弱联系

注：* 表示轨道交通的联系强度与城市轨道交通网络发达程度关联，若城市轨道交通线路稀疏，则无法形成强联系。

1)城市轨道交通

根据城市轨道线网敷设情况选择公路为主导的综合客运枢纽布局，要优先考虑城市轨道与公路客运站的立体衔接模式，最大限度地减少换乘距离，同时应注意公路客运在黄金周、小长假、暑期、春运季节性高峰的运输特征，设置必要的集散广场兼顾旅客安全应急及换乘需要。

2)常规地面公交

公路主导型综合客运枢纽不仅是城市对外交通的重要节点，也是城市内部的重要换乘枢纽，常规地面公交是其重要集疏运方式。应配置与换乘需求相匹配的多条公交线路紧邻枢纽周边,快速集散旅客。条件允许的条件下,可将公交枢纽与长途客运主站房平面布设(必须通过站前广场、地下通道等相衔接)或一体布局。无论是立体衔接还是平面衔接,在设计中一般将公交车的发车区与长途车的到达区相邻,以最大限度的缩短旅客步行换乘距离,贯彻以人为本的理念。

3)出租汽车

对于大型公路主导型综合客运枢纽,需要布设独立的出租汽车停车场和上下客区域,建议与枢纽主体建筑统一布设。如果站前广场面积较大,也可以选择在靠近出站口的站前广场上布设,便于旅客的进出站换乘。对于中、小型公路主导型综合客运枢纽,可以选择不设独立的出租汽车停车场,在最靠近进出站口的站前广场或者站前道路上布设出租汽车临时停靠点以供乘客上下客,但应设置足够的出租汽车发车位,要有明确的管理区域。在道路上布置出租汽车上下客位,应注意加强车道边的研究,或考虑设置港湾式上下客区,避免造成出租汽车对站前交通管理的影响。

4)社会车辆

公路主导型综合客运枢纽一般均位于城市的外环,随着城市都市化发展,通过综合客运枢纽来引导城市交通的管理模式将会逐渐增强,即在城市外环的综合客运枢纽,将通过配置"P + R"模式,以价格政策为引导,鼓励旅客在城市外环通过汽车停放、选择换乘,在城市区域内选择公共交通、绿色交通出行模式。因此,从发展趋势看,公路主导型综合客运枢纽周边需要大量的停车场。对于新建的公路主导型综合客运枢纽,可考虑设置与主体建筑立体换乘的地下停车场。对于中、小型公路枢纽,可以在站前广场距离进站口较近的位置或者长途客运停车场内部独立划分一个空间进行车辆停放。

5)城际轨道及其他

市郊铁路或者城际铁路作为公路主导型综合客运枢纽的一个组成部分,在设计时可以根据铁路线网的走向和高程进行布设。新建大型以上综合枢纽一般采用立体布局模式,鼓励城际轨道和长途站房尽量布设于同一建筑体内。对于中小型公路主导型综合客运枢纽,铁路站场与长途客运一般可采用平面或者组合的布局模式,通过广场进行衔接换乘。

2. 公路主导型综合客运枢纽设计要点

(1)公路主导型综合客运枢纽应满足公路客运的主体功能流程,如图 3-46 所示。

(2)主要承担对外交通功能的公路主导型综合客运枢纽,宜以站房功能空间为中心进行组织;兼具对内交通功能时,宜以换乘功能空间为中心进行组织。相对于铁路、航空、水运等其他交通方式,公路路线的布设较为灵活,在条件允许的情况下,应紧凑组织各功能空间,以尽量缩短旅客在枢纽内各功能空间之间的步行距离;同时考虑旅客在枢纽内换乘以及在各功能空间之间的步行流线,避免流线交叉,以提升枢纽的服务水平。

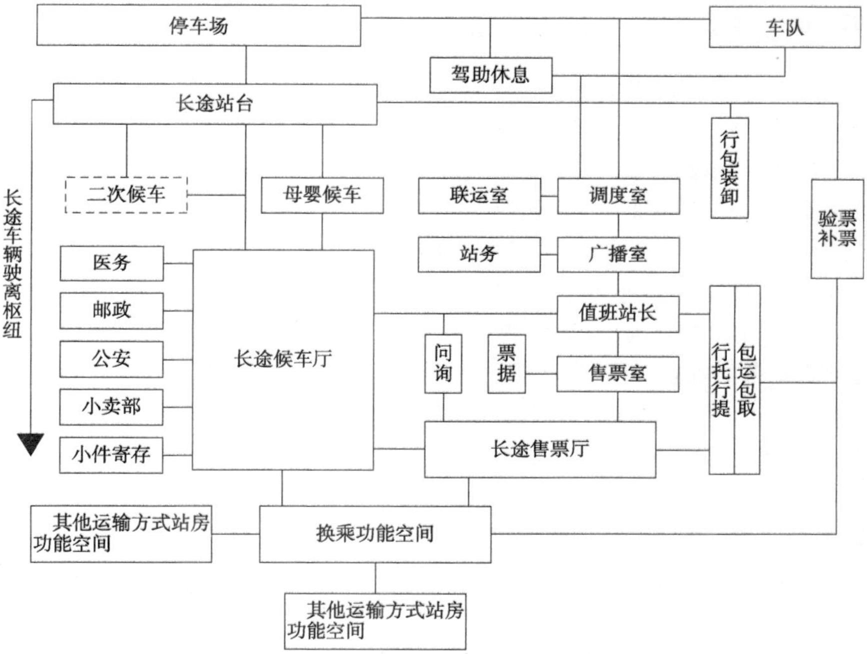

图 3-46 公路主导型综合客运枢纽主体功能流程示意图

(3)公路主导型综合客运枢纽,站房功能空间尤其是候车大厅的入口,应考虑设计过厅,以缓解大量客流进入时带来的压力。如果过厅设计不当,客流会同时大量涌入候车厅,对候车厅内的客流造成较大干扰,同时也会造成候车厅入口处的旅客拥堵。对于北方地区的综合客运枢纽,过厅还兼具阻碍外界寒冷空气、起到保温节能的作用。

(4)公路主导型综合客运枢纽的衔接交通设施布局宜紧凑设置,其中可涵盖轨道交通站点、常规地面公交、出租汽车辆、社会车辆、非机动车辆等停蓄车站场。站场设置应"先站后场",首先考虑轨道交通站厅层、常规地面公交上下客站、出租汽车上下客区、社会车辆停车库等,其次再考虑各类常规公交停车场、出租汽车蓄车场等。

(5)公路主导型综合客运枢纽建筑可选用框架结构、也可以采用大跨度空间结构，如空间薄壁结构、悬索结构、空间网架结构等，同时辅以完善的采光通风设施，创造宽敞明亮大跨度空间，可以为旅客提供舒适的换乘、候车环境。还需注意防噪声设计，功能空间布置时注意动静分离，注意选用吸音、隔音的材料。

四、水运主导型综合客运枢纽

1. 水运主导型综合客运枢纽的布局组织特点

水运主导型综合客运枢纽，其内部各种交通方式的布局特点以及总体布局模式与航空主导型枢纽类似，主要受岸线影响较大，目前多采用平面布设。由于我国水上旅客运输量呈萎缩状态，水运客运码头比例逐年减少。未来，随着我国旅游事业的发展，依托邮轮母港或邮轮始发港建设的综合客运枢纽将会逐渐增加，水运主导型综合客运枢纽将会进入社会的视野。为配套发展依托邮轮客港形成的综合客运枢纽，在布局过程中，建议优先提供换乘大厅并按照航空候机楼的服务标准建设，同时需要考虑配置口岸、通关服务功能及相应设施；此外针对邮轮班期具有时效性强的特点，应考虑设置适应的旅游客车停车场，合理组织集散与运输。由于现阶段我国邮轮港口尚在培育发展中，此类综合客运枢纽在整个综合客运枢纽体系中数量较少。

2. 水运主导型综合客运枢纽设计要点

(1)水运主导型综合客运枢纽应满足水运的功能流程，如图 3-47 和图 3-48 所示。

(2)水运主导型综合客运枢纽设计的一个重点就是水运站房功能空间与轮船出入口之间连接的设计，一般可采用斜梯、引桥、天桥等设施，此种设施的设计，应结合地形条件、轮船到发班次、客运量等具体条件，合理设计，应设有具有足够高度、足够强度的栏杆，确保旅客登船的安全。

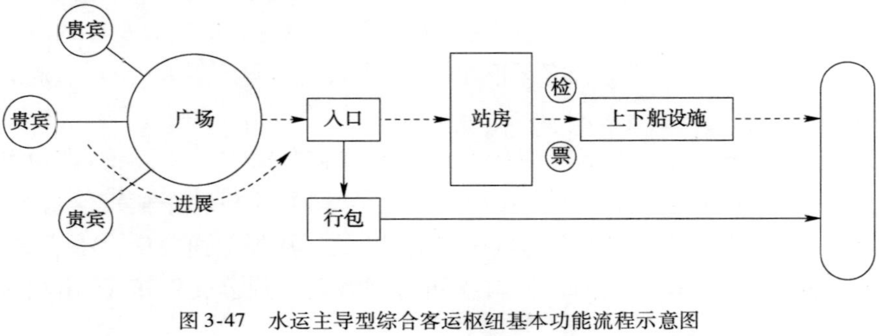

图 3-47　水运主导型综合客运枢纽基本功能流程示意图

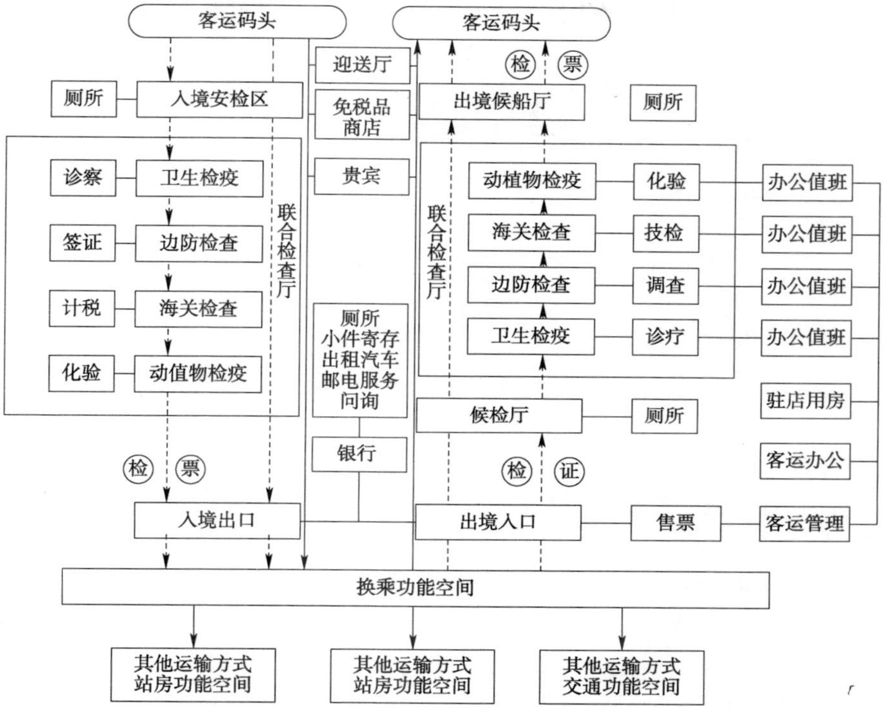

图 3-48 水运主导型综合客运枢纽功能流程示意图

(3)候船厅等船廊道应设计顶棚,避免上下船旅客受到日晒雨淋的影响。同时,注意动静分离,避免噪声较大的功能空间对需要安静环境的功能空间造成不利影响。

第四章　衔接设计

第一节　目标与内容

综合客运枢纽设计的主要目标之一，就是解决不同交通站场间的“无缝衔接”，提升旅客换乘的便捷度，而直接承担旅客、交通工具间衔接转换、集散功能的换乘功能空间设计对以上目标的实现起着关键作用。本章就针对综合客运枢纽主体设施内的换乘功能空间设计，重点解决三方面问题：

(1)分析综合客运枢纽内旅客、车辆相关衔接换乘空间的表现形态，指出设计内容和关注重点；

(2)提出不同衔接换乘空间设计中界面的划分原则和考虑因素、关注要点；

(3)研究明确各类交通衔接设施的基本形式、布设原则和设计要点。

在综合客运枢纽内，按客流的产生源可分为城市交通客流与对外交通客流两部分。城市交通客流主要指城市道路交通(常规地面公交车、出租汽车、社会小汽车、社会客车和非机动车等)、城市轨道交通(地铁、轻轨和磁悬浮等)和城市步行交通等城市内部交通方式产生的客流。城市对外交通客流主要指公路、铁路、水运和航空等城市对外交通方式产生的客流。

借鉴国内外综合客运枢纽建设经验，根据两大客流交通特性和枢纽站场布局方式的不同，综合客运枢纽内交通换乘空间的衔接形式及空间形态主要如下：

(1)城市对外交通客流间的换乘。一般通过换乘大厅、换乘广场、换乘通道和换乘楼梯等交通衔接设施实现衔接；当对外交通站场间的步行距离超过旅客可以接受的范畴时，可通过专用的捷运系统或城市轨道交通相连；公路与其他对外交通方式间的客流换乘除使用上述几种设施外，也可通过主体建筑内的上下客车道边实现，以减少旅客的步行距离。

(2)城市轨道交通与城市对外交通间客流的换乘。为体现鼓励轨道交通作为综合客运枢纽最主要集疏运方式的导向，最大限度地减少旅客换乘距离，优先考虑将城市轨道交通出入口布设在枢纽主体建筑内,城市轨道站厅层与综合客运枢纽主导方站房的出站层或进站层结合布置,共用换乘大厅;在条件约束情况下,也可将轨道交通出入口布设在站前广场,旅客通过广场或通道进行换乘。

(3)常规地面公交与城市对外交通间客流的换乘。根据公交运行组织模式,公交系统布局可分为集中式、半集中式和分离式三种。集中式和半集中式布局一般设有独立于主体建筑的公交枢纽站,兼顾上下客和蓄车功能,公交枢纽站通过换乘广场或通道与枢纽主体建筑进行衔接。分离式布局主要通过设置于主体建筑内的上下客车道边实现公交与对外交通方式间客流的换乘。

(4)出租汽车与城市对外交通间客流的换乘。为体现换乘的便捷性和舒适性,出租汽车一般通过上下客车道边实现与城市对外交通方式的衔接。

(5)社会小汽车与城市对外交通间客流的换乘。出发送客车辆可通过与出租汽车共用的车道边送客后直接驶离枢纽不进停车设施或者在停车设施停车送客后驶离枢纽。到达接客车辆主要通过停车设施停车接客后驶离枢纽。近端停车设施的旅客可以利用换乘楼梯步行进入主体建筑内,远端停车设施采用摆渡客车或者专用捷运系统与主体建筑相连。

(6)社会客车与城市对外交通间客流的换乘。出发送客车辆可通过车道边送客后直接驶离枢纽不进停车设施。到达接客车辆可通过车道边接客后直接驶离枢纽不进停车设施或者到停车设施停车接客后驶离枢纽。

(7)非机动车与城市对外交通间客流的换乘。非机动车停车设施一般就近布置,布设专用的非机动车停车设施或与机动车共用的停车设施,旅客可以利用换乘楼梯步行进入主体建筑内。

(8)城市步行交通与城市对外交通间的客流换乘,一般通过枢纽建筑的人行出入口衔接。

综上所述,综合客运枢纽内交通衔接设施主要有5种:换乘大厅、换乘广场、换乘通道、换乘楼梯和上下客车道边。前四种设施的主要服务对象是人,是实现客流换乘的区域,而车道边衔接对象是“人与车”,是内部交通与外部交通间的衔接界面,两者的服务对象、衔接方式和设计要求有较大差异,本指南分别论述“换乘设施”和“衔接车道边”的基本形式、布置原则和设计要点。

第二节 设计接口界面划分

界面是指两个或多个不同物相之间的分界面,综合客运枢纽中的设计界面是指两种或多种功能空间之间的分界面。综合客运枢纽中的换乘功能空间往往通过不同的界面与各功能空间形成功能上的连续，因此界面划分是确定各功能空间设计范围的前提。

一、基本原则

设计接口界面的划分应遵循以下基本原则。

1. 功能衔接

设计接口界面的划分中，应优先考虑综合客运枢纽服务功能的连续性，以功能流程为主线进行设计考虑。

2. 简明清晰

尽量减少设计界面，简化接口关系，实现各子系统间结构简洁、界面清晰，使枢纽不同功能区在设计、施工工期上保持相对的独立性、完整性，以减少交叉和协调工作难度。

3. 技术合理

设计界面的划分应综合考虑工程技术的合理性和可行性，如工程结构实现的可能性、内部结构过渡是否合理连续，各分项工程实施的先后次序和具体施工安排，与现状道路或建筑设施的衔接合理性等。

4. 方便管理

综合客运枢纽是城市交通与对外交通转换的节点，各功能空间一般由不同的业主建设，归属不同的部门管理。枢纽建成后，需各部门协调合作，设计界面应便于各部门实际操作，统一运营管理。

二、影响因素

1. 主体结构

影响设计界面划分的重要因素之一即为主体结构工程设施的分布及形态。应遵循不能割裂主体结构的原则，综合分析接口处可能的结构技术方案，本着“一般工程服从复杂工程、上部结构服从下部结构、后建工程服从先建工程”的原则，合理划分设计界面及设计归属问题。

2. 竖向交通

电梯、扶梯等竖向交通设施的设置与旅客换乘流线和枢纽功能有着较为密切的关系，在考虑不同标高层的界面划分时，应尽量避免对竖向交通产生切割，通过竖向设计界面的划分，保障竖向交通的便利性。

3. 换乘空间的共享

保证旅客换乘功能的连续性和公共换乘空间的共享性，是实现枢纽服务功能的基本要求,是枢纽界面划分和接口区域设计中应关注的关键因素之一。

4.设备的共享

枢纽功能的实现有赖于建筑设施和设备系统的共同效应发挥。因此界面划分理应考虑两大接口,一是土建工程界面,二是设备系统界面,但多数情况下,设备系统界面从属于土建界面。在界面划分时,应提前考虑接口区域设备系统的资源共享和运行配合,便于运营阶段的协调一致。

5.消防空间

消防风险是枢纽安全防范中的重要因素,综合客运枢纽的设计界面划分和接口区域的设计必须统筹考虑安全防火分区的划分及超大空间形态下消防性能化要求,切实注意不要影响消防功能。

三、划分注意事项

(1)综合客运枢纽的界面划分设计,应以功能流程为主线,以工程管理为依据,以协同运营为导向,统筹考虑空间连续性、竖向交通等问题基础上综合确定;

(2)方案设计阶段的界面划分设计成果需要给出接口名称、界面划分原则、接口界面位置、主要技术参数(在平面图、剖面图上示意给出)。在后续初步设计和施工图设计阶段,还需进一步结合工程界面划分、技术方案、土建设计或施工标段划分等,在设计过程中进行调整、细化;

(3)平面式布局的综合客运枢纽一般考虑以广场或道路为边界,按照各运输方式站场用地权属,以用地红线为界清晰确定投资主体和建设项目边界范围;

(4)立体式布局的综合客运枢纽中,各功能区衔接紧密,相互嵌套,可根据主体结构及竖向交通设施进行设计界面划分,并关注结构的预荷载因素;

(5)组合式布局的综合客运枢纽中,不同标高层的功能边界(主要体现为楼扶梯、屏蔽门、防火卷帘等位置)、建筑外立面接口等均是划分设计界面重要参照因素;

(6)界面划分应保持换乘功能的连续性和建筑的整体性免遭破坏,并应考虑与交通流线组织方式相适应。

案例4-1 长沙汽车南站综合客运枢纽

在长沙汽车南站综合客运枢纽设计中,与长沙汽车南站枢纽相衔接的长株潭城际轨道站站房位置和边界控制线已经确定,站房设计基本完成,施工在即。为保障城际铁路工期安排及综合客运枢纽内部的功能衔接,确定枢纽建设项目部分与城际铁路的衔接设计原则如下:

(1)功能布局上,在城际铁路站房的控制线内(包括其上方空间),不布设任何建筑设施;

(2)建筑结构上,尊重现有城际铁路站房设计方案,对其结构不做任何调整;

(3)交通组织上,做到综合客运枢纽设计方案与城际铁路的无缝对接,并考虑利用城际铁路上方预留广场作为安全疏散空间;

(4)建设时序上,充分考虑与城际铁路建设工期相协调,避免互相影响工程进度,并保证综合客运枢纽主体工程建设期间,长沙汽车南站的正常运营。

遵循以上原则,方案在平面布局上做到界面清晰,将所有主体结构工程均布设在城际铁路控制线以外,通过内部通道和出入口调整,保证系统功能衔接的连续性,如图4-1所示。

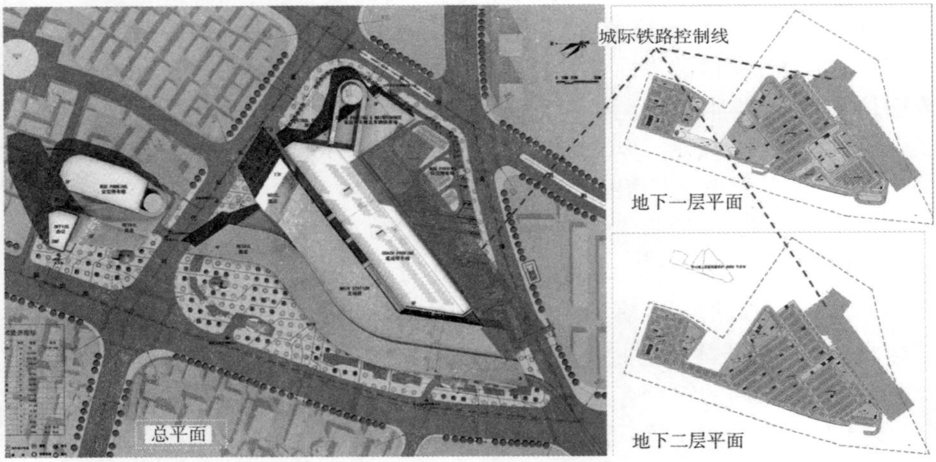

图4-1 长沙汽车南站综合客运枢纽中汽车站房与城际铁路站房设计界面划分示意图

案例4-2 深圳北站综合客运枢纽

深圳北站综合客运枢纽在设计过程中,划分国铁站房、地铁站厅和枢纽配套站场边界时,采用了承重立柱、换乘扶梯接口等界面做出了投资、建设和管理权限的划分,如图4-2所示。

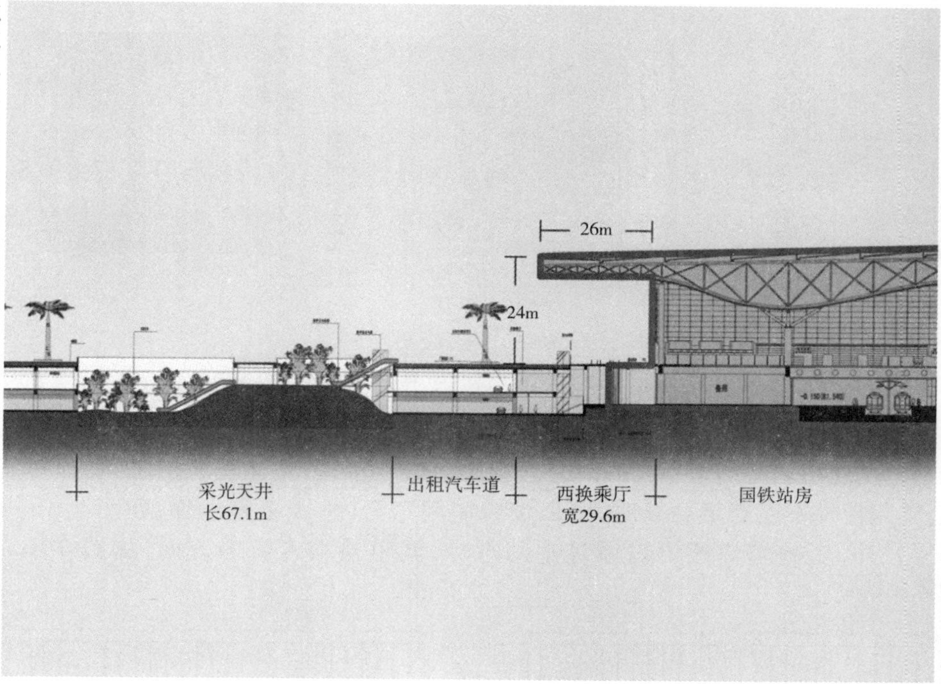

图 4-2　深圳北站西广场与国铁站房界面划分界面

第三节　换乘设施设计

指南在本处所指的换乘设施主要为综合客运枢纽主体设施内部的交通衔接设施,包括换乘楼梯、换乘通道、换乘大厅、换乘广场、换乘夹层等,此外也可根据需要将以上若干种换乘设施组合在一个综合换乘空间内。

一、换乘楼梯

1. 基本功能

换乘楼梯是实现不同高度功能层之间垂直联系的换乘设施,同时还往往兼具紧急情况下的安全疏散功能。

2. 主要形式

(1)按换乘设施类型划分,换乘楼梯包括普通楼梯、自动扶梯、电梯等形式,分别如图 4-3a)、图 4-3b)、图 4-3c)所示。

a)

b)

c)

图 4-3　换乘楼梯

a)普通楼梯;b)自动扶梯;c)电梯

(2)按平面形式划分,换乘楼梯包括单跑楼梯、多跑楼梯两种。单跑楼梯适用于不同功能层之间高差不大的情况,如图 4-4a)所示;若不同功能层之间的高差较大,单跑楼梯不能满足要求时,可以设置中间平台,构成多跑楼梯,如图 4-4b)所示。另外,多跑楼梯还可以通过中间平台,调整换乘人流的方向,如图 4-4c)、图 4-4d)所示。

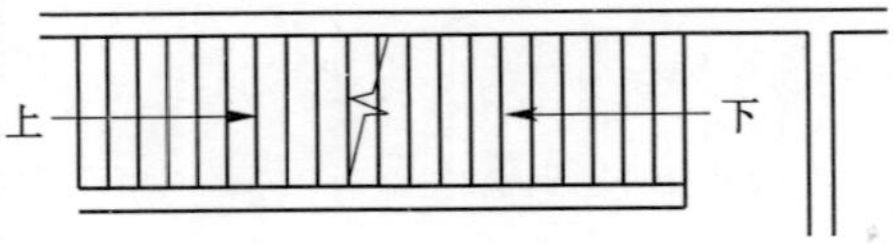

a)

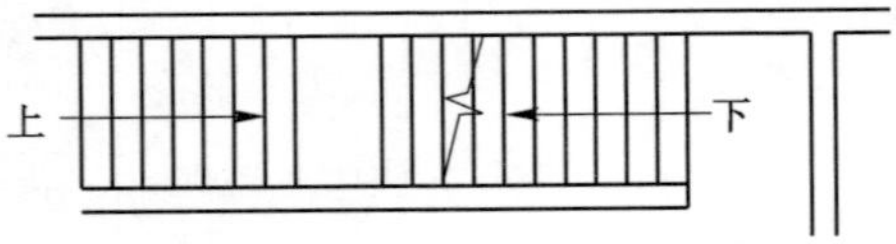

b)

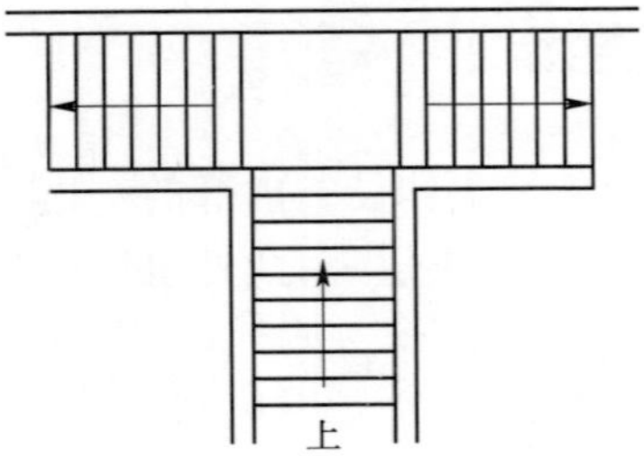

c)

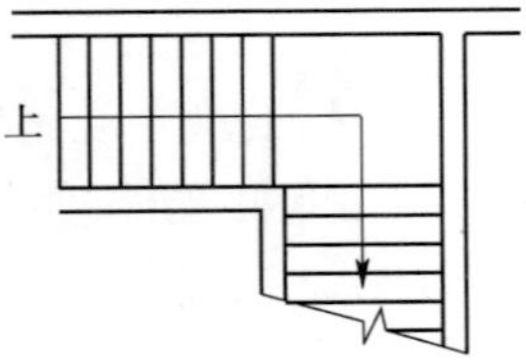

d)

图 4-4　换乘楼梯按平面形式不同分类

3. 设计要点

(1)换乘楼梯布设应合理顺畅,尽量使上下行旅客分流,避免互相交叉干扰。

(2)根据空间条件、客流规模及特殊要求等因素,确定换乘楼梯的基本形式。

(3)自动扶梯应设置在大量旅客换乘的部位,对于提升高度较大的高客流扶梯,尽可能一次提升到位,减少换层。

(4)超过一定高度的跨层,普通楼梯宜仅作为疏散路径设置,但自动扶梯附近应有备用的楼梯应对设备维修或故障。

(5)电梯主要作为辅助换乘设施,在楼层转换无法设置坡道处,均应设置电梯为残障人士、携带婴儿车出行的人及使用手推车的人提供无障碍服务。

(6)对于电梯、自动扶梯等设备的位置、运行方向应结合功能设置、根据人流方向运行。设备的入口应易于识别、迎向人流,设备的出口应面向目标空间,避免大量人流迂回、绕行。

(7)换乘楼梯的宽度,需根据楼梯长度、换乘旅客特点、高峰小时换乘量等因素综合确定,保证有足够的通行能力与疏散能力,满足换乘乘客通行、紧急疏散的要求。此外,还需考虑高峰小时内换乘量的分布情况,保证高峰通过时所有换乘旅客有充足的时间换乘、检票上车,或下车分散出站。

(8)换乘楼梯的踏步数、高宽比应满足国家规范、标准对各类交通建筑楼梯的规定。用于提高换乘系统容错能力、换乘量相对较小的换乘楼梯,踏步的高宽比可适当增大。

(9)由于枢纽客流的短时高峰效应,换乘楼梯前会聚集一定等候人群;旅客通过换乘楼梯到达某一功能区后,往往需要辨别位置和方向而稍加停滞。设计中要为这部分缓冲、等候的空间留有适当的面积,避免在换乘楼梯的前端形成人群集聚现象。

(10)楼梯应满足安全性、耐久性、适用性、舒适性等方面的要求,具有较好的采光、通风条件,装饰应与枢纽的整体装饰风格相协调。

二、换乘通道

1. 基本功能

换乘通道是连接不同交通功能空间的线形换乘设施,具有换乘流线布置灵活、导向性强、易于改造实施、便于管理等特点。

2. 适用范围

换乘通道主要适用于枢纽改造项目以及用地距离较远或不同产权交通体之间的换乘组织。

3. 主要形式

换乘通道按结构形式可分为地下通道、地面通道和天桥连廊等;按平面形式可分为直线式、折线式、弧线式等;按竖向形式可分为坡道式、楼梯式,如图 4-5 所示。

图 4-5　常州站地下换乘通道

4. 设计要点

(1)换乘通道设计中需对人流进行有效梳理，通过流线设计将同向人流组织在一起，避免流线冲突。在实际使用中也可以通过隔离栏杆把不同方向的人流进行简单的划分。

(2)换乘通道内人流的分流要逐级实现，不宜在一处安排过多的方向分流，避免对客流的方向选择造成困难。

(3)大型综合客运枢纽，对于人流量大或者高峰时段旅客集中的通道，应考虑采用多通道形式，既可以实现有效分流，也能够互为备用。

(4)对高程变化不大的通道宜采用坡道方式解决，一般采用无障碍设计中1/12的常用坡度，条件允许时可布置 1/20 左右的缓坡，适当增加平段。对高程变化较大的情况宜采用自动扶梯，提高旅客舒适度，并辅以普通楼梯应对大流量和紧急情况。

(5)若换乘通道长度较长(大于 200m)时，可通过设置自动步道，提高旅客舒适度，避免携带行李长距离步行带来的疲惫。

(6)换乘通道应具有足够的通行宽度与疏散能力，满足高峰时刻旅客通行、疏散的要求，并兼顾通道长度和高度的影响，确保良好的整体空间比例。

(7)换乘通道的宽度可参照相关交通方式的设计规范予以确定，若涉及多种交通方式，则可取各规范中规定取值的最大值。通道宽度应至少考虑三股人流的通行空间，此外还应考虑有自动步道、蓄电池车通行时的额外宽度要求。

(8)换乘通道的宽度应保持为定值或变化幅度较小，保持整个通道长度范围内通行能力的稳定。如需改变宽度尺寸，宜设置宽度过渡段使通道的尺寸平滑变化，避免突变。

(9)换乘通道内需悬挂大量导向标识，为保证标识在一定距离的可读性，通道的净高不宜低于 3m，避免旅客通过时产生压抑感，同时需根据空间的比例尺度综合确定。

（10）换乘通道应线路明确、简捷，并设置完善的导向标志系统，尽量减少方向转换，防止换乘旅客视线被阻挡时引起的焦虑感。并配备完善的照明设计，兼具丰富空间效果、实现流线导向功能。

（11）换乘通道应满足安全性、耐久性、舒适性等方面的要求，注意防洪、防雨、防火、防震设计，并具有较好的采光、通风条件。装修、装饰应与枢纽的整体风格相协调，体现所在地区的历史、文化特色。

（12）较长的无干扰通道，在保证正常通行能力的前提下，通道两侧可设置商业娱乐功能空间，使通道功能不会过于单调，并降低旅客通行的心理时长，有利于枢纽的运营。

三、换乘大厅

1. 基本功能

换乘大厅是为乘客提供综合换乘服务的平面式空间。它的基本功能是实现各种交通方式之间的便利换乘，同时还兼有人流集散、购票检票等功能。随着综合客运枢纽服务功能的逐步完善，换乘大厅内通常设有配套商业等功能空间，如图 4-6 所示。

a)

b)

图 4-6　换乘大厅空间表现形式

a）北京南站枢纽换乘大厅；b）南京南站枢纽换乘大厅

2. 适用范围

换乘大厅具有换乘距离短、紧凑高效的优点，主要适用于新建大型综合客运枢纽，实现多方向交通功能空间的组织。

3. 主要形式

按照付费区、非付费区在平面组合形式上的不同，换乘大厅基本形式可分为贯通式和分离式两种，见图 4-7。

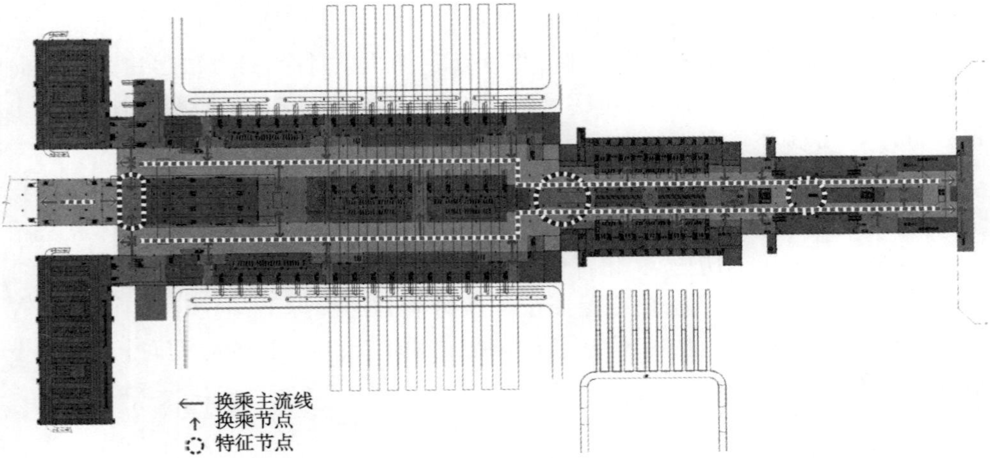

a)

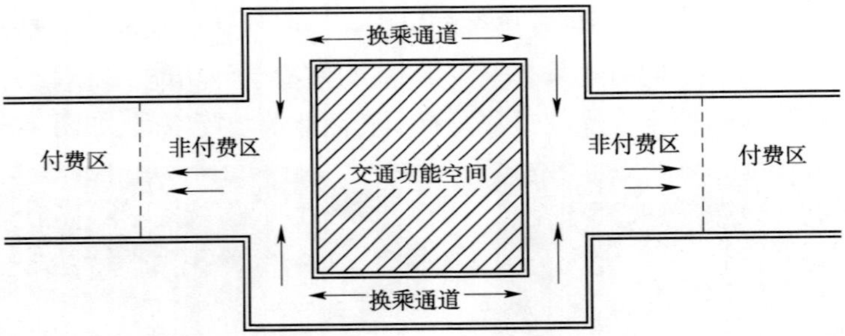

b)

图 4-7　贯通式(虹桥枢纽地下一层换乘大厅)

4. 设计要点

(1)换乘大厅既可以布设于某一个交通建筑的内部也可以设置为一个独立建筑,但均要兼顾与各相关交通建筑的衔接,方便换乘,保证换乘流量最大的换乘线路最安全、便捷。

(2)换乘大厅在设计和运营管理中必须考虑到,综合客运枢纽主体交通方式运行营业时间的影响,保证大厅的正常运行。

(3)换乘大厅布局要特别注意避免大规模散乱人流的交叉冲突,必须注重空间尺度设计,其宽度、长度应使换乘旅客具有足够的活动空间,保证舒适性,且具有一定的容错能力。在满足节能等方面的要求下,大厅的净高可适当取大值,避免产生压抑感。

(4)布置于综合客运枢纽内的轨道车站,在空间尺度允许的条件下,应尽量将轨道站厅层与换乘大厅同层布置,减少建筑层次与建设投资。

(5)换乘大厅一般采用大空间通透结构,立柱、墙体的布设应尽量避免切割、阻挡流线。

(6)换乘大厅要建立人流诱导体系,以标识、广播等形式,保证人流有序正确流动。

(7)对于面积较大的换乘大厅,应注意消防安全,合理设置防火分区,满足相关规范的规定。

(8)换乘大厅的内部装修、装饰应与枢纽整体风格相协调,体现枢纽所在地区的历史、文化特色。

(9)换乘大厅的设计应从采光、通风、温度等多方面考虑,综合提升换乘大厅内旅客的舒适度。特别是布设于地下的换乘大厅应注意采光设计,条件允许时宜采用天然采光,如图4-8所示。另外,换乘大厅内人流密集,应特别注意空间、墙面及顶棚材料的防噪声设计。

a)

b)

图4-8 综合客运枢纽换乘空间采光天窗设计

a)北京南站换乘大厅采光天窗;b)天津站换乘大厅活动采光天窗

四、换乘广场

1. 基本功能

换乘广场是实现旅客换乘、集散功能的建筑外交通功能空间,兼具休憩、景观、防灾疏散等功能。

2. 适用范围

主要适用于各运输方式站场相对独立、分散布置的枢纽;或既有客运站改扩建为综合客运枢纽的情况。

3. 主要形式

按照与城市空间的连接程度，换乘广场可以分为内向型、外向型两种。内向型换乘广场是采用一定的建筑手法，将广场空间从外围的城市空间中分离出来，形成“内向感”，以旅客换乘等人流活动为主要功能；外向型换乘广场具有一定的独立性，与城市空间的联系性较强，除人流活动外，还兼具车辆停靠、上下客等功能如图 4-9 所示。

4. 设计要点

(1)换乘广场应具有一定的平面尺寸，面积指标测算可按照旅客最高集聚人数来确定，场地条件允许情况下，宜取高值，预留缓冲、集散空间，但换乘设施的布局应尽量紧凑。

(2)外向型换乘广场可结合公交枢纽站、公共停车场等交通设施布置，交通设施应与步行空间保持功能独立，避免人车流线冲突，并通过合理布置，方便旅客使用。

(3)换乘广场内部应注意流线设计，避免交叉，使人群能够便捷换乘、迅速集散。

(4)换乘广场具有较好的自然采光、通风条件，但应注意遮阳、遮雨构筑物的设计。应配备完善的排水设施，避免积水。位于软弱土地基上的换乘广场，应注意避免广场上荷载布置不均匀而引起的差异沉降。

(5)换乘广场面积较大，应特别注意景观设计，可以结合绿化带进行功能分区。

(6)换乘广场的规模，在满足设计年限内换乘需求的同时，应考虑预留未来的改扩建空间。

五、换乘夹层

1. 基本功能

利用建筑主体内主要功能空间的竖向富余，通过设置换乘夹层引导客流换乘、避免人流冲突，提高空间利用度，如图 4-10 所示。

图 4-9　苏州站综合客运枢纽换乘广场

图 4-10　天津站综合客运枢纽换乘夹层

2. 适用范围

换乘夹层主要适用于净空较高，存在建筑夹层结构，并可满足旅客通行的建筑功能空间，夹层净高应满足不能对旅客产生空间压抑感的要求。

3. 设计要点

(1)建筑夹层往往是建筑导向有效方式之一，应结合枢纽内换乘功能流线进行设计，设计过程中注意与导向标识的协同考虑。

(2)建筑夹层顶板以上往往布设有其他功能空间，使得夹层的自然采光、通风受到一定限制，所以换乘夹层应特别注意照明、通风设计，满足相应的照明、空气质量要求，提升旅客的舒适度。

六、综合换乘空间

1. 基本功能

综合换乘空间是指具有一定的平面尺寸、竖向上包括多个换乘层的换乘建筑空间，由上述若干种换乘设施组合在一起。若各交通方式位于不同的高度上，可以分别与综合换乘空间相连接，旅客换乘时，都是离开一种交通功能空间，进入综合换乘空间，通过内部的竖向联系通道，到达另一种交通功能空间完成换乘，如图 4-11 所示。

图 4-11 天津站枢纽体式换乘功能空间

2. 适用范围

综合换乘空间适用于多种交通方式站场集中布设、同步规划、同步设计、同步建设的综合客运枢纽；对于既有站场的改扩建，也可以在综合换乘空间的适当位置为未来其他交通方式预留衔接的空间。

3. 设计要点

(1)综合换乘空间的换乘组织较为复杂，设计时要综合考虑各种交通方式之间的连接强度，将连接强度大的交通方式布置在相邻平面上，注意流线合理布置，避免相互干扰,同时还需注意辅以完善的导向标识系统。

(2)分层布置可以提高综合换乘空间的集约度,各功能区块上下叠加,通过换乘楼梯连接可以有效减少步行距离,实现多层面间的立体无缝换乘。对于到、发分层的枢纽,在夹层、地下层设置的通道可以避免对车道的穿越。

(3)若将换乘楼梯布置于封闭式综合换乘空间的周边,则构成换乘体中庭。换乘体中庭设计具有开放自由的特点,可以增加换乘体内的空间感,同时还可以有效改善换乘环境,使换乘空间设计更具人性化。需特别注意防火设计和防火分区的划分,并设计合理的逃生路径。要在中庭外围设置多个出入口,保证人流直接快速集散,也保证旅客减少步行距离。换乘体中庭体量较大,为增加采光面采用玻璃屋顶或外墙,对换乘体内的通风、节能设计提出了更高的要求。

七、换乘出入口设置

出入口往往是换乘功能空间的瓶颈,换乘出入口设计重点指换乘空间或设施的出入口设置,包括楼梯、通道、大厅、广场、夹层的出入口位置、数量、注意事项、要点设置等。

1. 出入口设置

出入口位置是影响旅客换乘、疏散是否快捷的重要因素之一。

(1)出入口设置必须考虑换乘流线,满足流线顺畅、便捷等功能需求及各种流线间换乘需求。

(2)出入口位置必须显著,导向性要好。

(3)出入口处不允许有影响集散换乘的障碍物,还需考虑枢纽运行中存在的影响因素,如排队长度过长对出入口交通的影响等。

(4)出入口设置必须考虑人行靠右侧行走习惯,避免出入口交通直接穿越对向人流,插入换乘大流线。必要时组织单向人行流线,根据单向流线组织设置出入口。

(5)出入口的设置避免形成冲突人流,防止形成流线交叉。形成主流线交叉时,需要设置缓冲空间,交错人流或进行必要隔离疏导。

(6)考虑设置应急疏散下的安全紧急出入口。

(7)出入口设置不仅要考虑枢纽内各交通方式间换乘流线,也要考虑相关客流与枢纽主体建筑的联系,如周边高强度开发地块、枢纽内部的物业等,均需要设置出入口,通过楼梯、通道等连通至主体建筑;对于周边的人流密集区,如城市广场、城市花园等均应设置连接至枢纽的出入口。

2. 设计要点

(1)出入口设计中需要考虑旅客换乘量,根据换乘量、换乘流向等灵活采用各种方法,如多点、多方向设置出入口,出入口设置时考虑人流的分级疏散汇入。

(2)出入口处如有瓶颈,如遇安检、电梯等待客流聚集等问题,必须考虑设置足够缓冲空间,预留足够的排队等待空间,避免排队拥堵引起其他换乘流线的阻塞或中断。

(3)出入口设计时应考虑无障碍通行。

(4)出入口数量应根据换乘量、流线组织综合确定。

(5)入口注重多点布设,减少旅客换乘距离,保证旅客尽快进入建筑体内;出口要注重导向明确,快速疏散,遇有多出口、多行进方向选择时,注重缓冲空间的预留。

(6)旅客出入口的宽度最小不应低于2m,出入口净空高度在条件允许前提下,以不小于3~4m为宜,以保证一定的舒适度。

(7)出入口处要注重与导向标识、问询台、卫生间等设施的空间配合布置。

(8)出入口还需考虑旅客换乘的舒适性,配备一定的防护设施及无障碍设施,如防风设施、防雨设施,垂直电梯等。在出入口处如有等候情况,还要注重配备保暖或防暑降温设施。

(9)防止出于管理原因减少出入口的情况,重要交通功能区必须注重多出入口的设置,满足便利换乘、应急疏散的功能需求。

八、换乘标准与要求

1. 服务水平

服务水平是衡量综合客运枢纽服务品质和设施利用效率高低的重要指标。综合客运枢纽根据项目所在区域的经济发展水平、项目的功能定位、承担的换乘量、服务能力制定不同级别的服务标准是十分必要的,可以较好地满足不同地区、不同服务对象、不同环境下枢纽站场建设发展的需要。枢纽内部站房类设施和场地类设施的服务水平可以参照相关的国家标准和规范进行确定,但现阶段各交通方式旅客共享的换乘设施(换乘大厅、通道、夹层等)缺乏规范的服务水平分级标准。

考虑到国内已建成运营的综合客运枢纽数量不多,难以在短时间内提出符合国情的换乘枢纽服务水平分级标准,为了方便设计单位对综合客运枢纽换乘设施规模的测算,指南归纳了国内外相关研究和设计规范,提出换乘设施空间的服务水平分级标准(表4-1、表4-2),请设计人员在遵循现有设计规范前提下酌情选用。

关于具体设施规模的测算方法,本指南不再论述,可参见《综合客运枢纽项目可行性研究指南》。

换乘楼梯服务水平等级标准

表 4-1

楼梯的服务水平	乘客平均所占空间（m^2/人）	每分钟单位宽度客流量（人/m·min）	舒适程度描述
A	>1.9	<16	乘客可以自由选择行进速度并超越速度慢的乘客，相反方向的客流引起很少的冲突
B	1.4～1.9	16～23	乘客可以自由选择行进速度，但是超越速度慢的乘客存在一些困难，相反方向的客流引起少量的冲突
C	0.9～1.4	23～33	乘客行进速度及超越速度慢的乘客受到一定的限制，相反方向的客流引起一些冲突
D	0.7～0.9	33～43	乘客行进速度及超越速度慢的乘客受到一定的限制，相反方向的客流引起显著的冲突
E	0.4～0.7	43～56	乘客可能受到暂时的阻碍，相反方向的客流引起最严重的冲突，乘客以最慢的速度向前行进

换乘通道服务水平等级标准

表 4-2

服务等级	行人占用面积（m^2/人）	通行能力（人/h·m）	速度（m/s）	纵向间距（m）	横向间距（m）	特征	运行状态
A	>3	1440	1.2	3	1	有足够的空间可供行人自由选择速度和超越他人亦可横向穿越与选择行走路线	可以完全自由行动
B	2～3	1830	1.1	2.4	0.9	可较自由地选择步行速度和超越他人，反向和横向穿越要适当降低步速	处于准自由状态（偶有降速需要）
C	1.2～2	2500	1.0	1.8	0.8	选择步行速度和超越他人有一定限制，为避免刷碰，有时要变更步速和行走路线	个人尚舒适，部分行人行动受约束
D	0.5～1.2	2940	0.8	1.4	0.7	正常步速受限制，有时需调整步幅速度与线路，超越、反向与横穿困难，有时产生阻塞	行走不便，大部分处于受约束状态
E	<0.5	3600	0.6	1.0	0.6	所有步行速度、方向均受限制，只能“跟着”人流前进，经常发生阻塞、中断、反向与横穿绝不可能	完全处于排队前进，“跟着走”，个人无行动自由

换乘大厅由于涵盖了站房、通道等功能,其服务水平应参照站厅类设施服务水平,故不再单列。需要说明的是,对于集中式换乘大厅,应适当考虑可能由于不同客流特征、复杂的旅客流线和人员的流动性,需要在集中式换乘大厅中留出缓冲空间,在建筑设计中要考虑一定的安全系数,根据对设计单位设计枢纽项目的实际调查,一般安全系数取值在1.4~1.8之间。

2. 换乘标准

综合客运枢纽服务理念是“零换乘”,但现实中的“零”距离并不存在、也不实际。追求便捷、合理的换乘距离是综合客运枢纽服务的主要目标之一。由于综合客运枢纽中换乘距离和时间的要求是一个与不同区域、不同出行目的和条件下人的心理、行为存在很大关系,类似于经济学中购买力研究上的“效用”。要达到这个目标,就要有一个衡量原则,即对枢纽服务水平的总体评价是一个基本原则,其中的换乘距离、换乘时间是评价综合客运枢纽无缝衔接质量和水平的要素,在设计中应予以综合考虑。

国际上对此标准的衡量基本上有两种做法:一是沿用美国、英国学者对行人换乘心理的研究结果,将人的步行、换乘、候车等行为统一折算为机动车行使时间当量,放在一个平台上计算比较优劣;二是多数国家直接采用仿真模拟手段进行主观评价,评价标准均采用国外仿真模拟参数的研究结果。表4-3为设计过程中可能涉及的部分重要参数。

国外旅客心理调查结果 表4-3

乘客心理上的步行时间（每增加1min步行相当于乘车的时间）			
出行方式 \ 出行目的	工作	休闲	其他
小客车	1.37	1.74	1.55
公交车	1.67	1.66	2.02
轨道交通	1.99	1.97	1.37

乘客心理上的等候时间（每增加1min等候相当于乘车的时间）	
出行方式	所有目的
小客车	2.1
公交车	1.6
轨道交通	1.2
所有方式	1.8

续上表

乘客心理上的换乘时间 （每增加 1 次换乘相当于的乘车时间）	
出行方式	换乘时间相当于乘车时间
公交车	20min
轨道交通	17min

资料来源：The Demand for Public Transit, A Practical Guide, UK, 2004.

1）旅客换乘过程中心理可承受的时间参数

需要注意的是，综合客运枢纽衔接设计中，安全永远是第一原则。高效、便利的换乘服务虽是综合客运枢纽设计追求的核心目标，但在具体设计参数的选择上应首先确保旅客换乘的“安全距离”，再考虑增强旅客换乘的便利性问题。

2）国内既有综合客运枢纽旅客换乘时间与换乘距离参数

根据对目前我国综合客运枢纽设计案例汇总分析，得到以下一般性参数供设计者参考，如表 4-4 所示。

本指南建议：

（1）在统一规划、统一设计理念指导下的综合客运枢纽，一般情况下各交通方式间的换乘距离均应控制在 300m 以内；

国内部分综合客运枢纽设计换乘距离汇总（单位：m）　　表 4-4

客运枢纽	运输方式	铁路	长途	轨道交通	公交	出租汽车	小客车
上海南站综合客运枢纽	铁路		600	420	375	220	350
	长途	600		500	200	50	
	轨道交通	300			300	300	
	公交	350					
	出租汽车	130					
	小客车	130					
客运枢纽	运输方式	铁路	长途	轨道交通	公交	出租汽车	小客车
苏州火车站综合客运枢纽	铁路		400	600	400	300	300
	长途	320		300	250	250	250
	轨道交通	180	300				
	公交	320	250				
	出租汽车	200	250				
	小客车	200	250				

续上表

客运枢纽	运输方式	铁路	长途	轨道交通	公交	出租汽车	小客车
常州铁路站综合客运枢纽	铁路		350	150	350	200	200
	长途	350		200	200	400	400
	轨道交通	150	200		300	200	200
	公交	350	200	300			
	出租汽车	200	400	300			
	小客车	200	400	200			
客运枢纽	运输方式	铁路	长途	轨道交通	公交	出租汽车	小客车
南京南站综合客运枢纽	铁路		150	100	200	200	200
	长途			150	100	300	250
	轨道交通				150	150	150
	公交						
	出租汽车						
	小客车						
客运枢纽	运输方式	铁路	长途	轨道交通	公交	出租汽车	小客车
成都沙河堡综合客运枢纽	铁路		250		200	150	250
	长途	300			250	200	100
	轨道交通						
	公交	300	250				
	出租汽车	450	100				
	小客车	250	100				
客运枢纽	运输方式	铁路	长途	轨道交通	公交	出租汽车	小客车
深圳北站综合客运枢纽	铁路		80	100	200	150	300
	长途			250	250	250	300
	轨道交通				300		
	公交						
	出租汽车						
	小客车						

(2)对于融合了多种对外运输方式、换乘量巨大的超大型综合客运枢纽，设计中从安全因素考虑，对换乘距离可给予相应延长，并需通过专用通道连接，采取设置自动步行道等设施改善提升旅客体验，整体换乘时间控制在10min之内。

第四节　衔接车道边设计

车道边是综合客运枢纽主体设施中换乘功能空间的重要构成，是枢纽内实现人、车换乘的空间表现形态之一。国内对车道边的研究已逐步成熟，根据相关研究成果，本指南归纳了车道边的分类和停靠方式，提出车道边的布置设计要点。

一、车道边的定义与作用

为了使车辆进入枢纽后能够更加有序便利地接送旅客，往往会在枢纽的主要集散场所布置充足的路边停车带，这种停车带的集中布置和不同类型车辆停靠的组合形式构成了综合客运枢纽内一种特有的人车接驳交通设施——车道边。

车道边在枢纽中的作用是将枢纽与外围路网相衔接，将人、车引至枢纽建筑体内，使得进出枢纽的车辆能够以便捷、安全的方式在此区域内进行上下客，引导并疏散人流。

二、车道边的分类

按枢纽出发及到达流程分为出发车道边和到达车道边，如图4-12所示。按照国际惯例，出发车道边一般对应枢纽中主导方式站场的出发层，即旅客在此下车，由此换乘火车、飞机、轮船等离开枢纽，出发去往其他城市或地区。出发车道边的主要功能是引导到达枢纽的客流迅速进至枢纽内部。主要特征：人流量大，集中；车辆类型多，停车区域多，交通状况复杂。到达车道边对应枢纽到达层，承担车辆上客功能，将离开枢纽的客流引导至指定候车区域。主要特征：高峰瞬时人流较大；各类型车辆分区域停靠。

a)

b)

图4-12　车道边类型

a）出发车道边；b）到达车道边

按车种分为城市公交或专线客车车道边、长途客车车道边、社会包车或旅游包车车道边、出租汽车车道边、社会中小型车辆(转型客车、小轿车)车道边。

按结构形式分为地面车道边、高架车道边、地下车道边。

综合客运枢纽衔接车道边设计过程中,通常按照枢纽出发及到达流程的方式对车道边进行划分,再结合车种、结构形式进行综合考虑其停靠方式、设计要点。

三、车道边的停靠方式

1. 出发车道边

1)基本停靠方式

出发车道边的停靠方式分为平行式和锯齿式,如图4-13所示。

平行式指车身完全平行于车道边,其对车型的适应性较强,但停放效率较低。锯齿式是在车道边固定停车位,在指定的停车位车头位置做停车导向岛,该区域人行道局部缩小,使客车停靠车道边时与车行道有一个夹角,即斜停。锯齿式停放效率高,但尺寸固定,不能适应不同车型的变化,同时还要侵占一定的人行道宽度。

a)

b)

图4-13 出发车道边基本类型

a)平行式车道边;b)锯齿式车道边

2)不同车种停靠方式的选择

对于出租汽车及社会中小车辆车型相对较小,旅客一般从行李舱提取行李,方式简单,可采用平行式停靠,布置比较机动灵活,能适应不同车身大小的车辆自由停靠。

对于大型公交/专线客车及长途、社会客车车型相对较大,旅客下车后从车辆左右两侧提取行李,提取速度较慢,可根据使用情况,选择平行式或锯齿式。

2. 到达车道边

1)基本类型

到达车道边的停靠方式分为平行式、斜列式和港湾式,如图4-14所示。

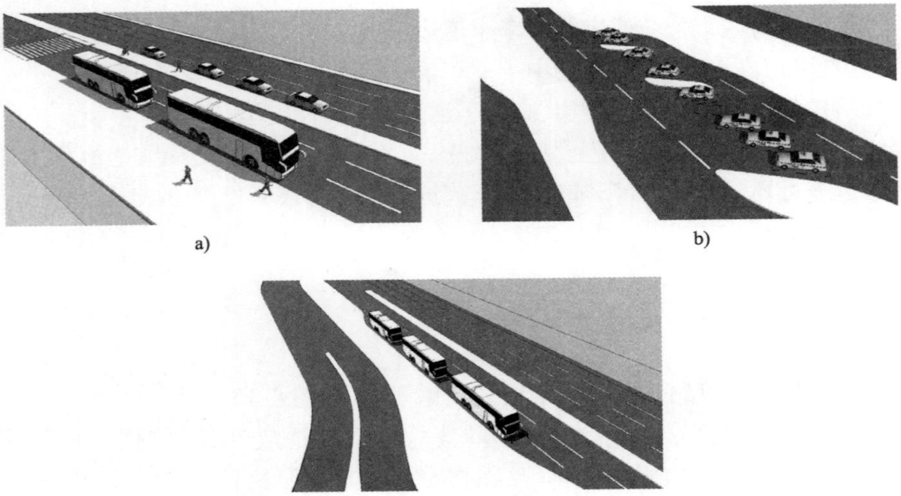

a) b) c)

图4-14 到达车道边基本类型

a)平行式车道边;b)斜列式车道边;c)港湾式车道边

2)不同车种的停靠方式选择

公交车或长途客车到达车道边,可根据线路站牌布置成锯齿式车道边,每条线路停车位相对独立,一方面使车辆停靠井然有序,另一方面,可方便旅客上车前存放行李,提高安全性。

社会客车车辆间隔时间较长,而停靠时间较短,且人流量较为密集,可采用港湾式车道边,车辆停靠驶离方便快捷,过境车辆对其影响较小,上车存放行李安全性高。

出租汽车到达车道边为出租汽车专用的上客点,停靠方式可根据用地条件与使用情况来选择平行式或斜列式。

四、车道边的布置

1. 布置原则

1)公交优先,楼前布设

在车道边的规划、设计、运营中均需要突出体现"公交优先"的基本理念,力求使乘坐公交车的旅客进出枢纽的步行距离最短,使枢纽旅客与公交的换乘关系最为紧密、便捷。在划分车道边使用区域时优先安排载客量大的公共交通工具。在横向布置上,结合车道边(出发层)布置,将公交安排在紧邻出发大厅的内侧车道边,乘客下车后无须穿越车道即可直接进入到出发大厅。在纵向布置上,将公共交通工具的停车位安排在靠近枢纽建筑主要出入口的位置,缩短步行距离,方便乘客寻找。

2)立体分层,多车道边

为有效组织交通流线,减少不同方向、不同性质交通流之间的相互干扰,在综合客运枢纽内部车道边设置时,应首先考虑到发车道边分离,并尽量安排在不同层面运行,以实现进出枢纽车辆流线分离;并在空间条件允许情况下,对车道边长度和条数给予综合考虑,构建多车道边系统,有效分离换乘及通过交通。

3)合理配置,优化组合

针对枢纽车道边人流密集,车辆短时停靠、周转量大的特点,在车道边的布置中对于直接影响车道边通行能力的诸多因素,如车道边条数及车道数量配置、发车位组合方式等应进行多方面的比较分析,进而得出最适合于枢纽的车道边布局方案。

2. 出发车道边的布置要点

枢纽出发车道边的布置要点包含以下几个方面:

1)车道边长度及车道边组数的确定

出发车道边需求长度需考虑以下因素后综合确定:枢纽高峰小时旅客流量、乘坐不同车种的旅客预测比例、不同车种的载客系数、不同车种单车位的车道边占用长度、不同车种的停靠时间。其中枢纽高峰小时旅客流量和不同车种旅客比例通过预测交通成果得到,其余指标可根据调研或查资料获得。

出发车道边的设置在满足需求长度的基础上,需同时满足用地条件、建筑布局、空间景观、结构支撑等方面的限制要求。

一组车道边能够避免旅客穿越车道的安全问题,但由于车道边长度的限制,停车位的数量不足,不适用于大型枢纽。

二组车道边可以缩短旅客纵向步行距离,但在外侧车道边下车的旅客需穿越车道进入枢纽主体建筑,对内侧车道边通行能力的经验折减系数约为0.85。此种布置方式由于充分结合了建筑长度,同时旅客穿越车道的距离也能够被接受,是多数综合客运枢纽所采用的布置形式。

三组车道边相对两组车道边,在车道边进口处驶入情况变得较为紊乱,对最内侧车道边通行能力的经验折减系数最低达到0.55,而且由于车道数的增加使高架车道边规模也变大,此种车道边的布置需要慎重使用,只适合于旅客流量特别大的枢纽,通常在以航空为主导型的大型综合客运枢纽中使用较多。

2)不同车种停靠区域布置

不同车种停靠区域选择时要考虑三个影响因素:

(1)同车种的交通流量。首先要调查或预测旅客到达枢纽的城市道路交通工具流量,按照交通工具流量大小排序,以此确定车道边停靠区域的优先顺序,尽量将承担旅客流量大的车型车道边优先靠近枢纽主体建筑。

(2)车辆的载客率。综合考虑车辆载客率和车辆的落客时间,一般来看,公交车 > 社会客车 > 社会中小型车辆 > 出租汽车。综合客运枢纽设计中应体现以人为本的理念,以大载客率为最优先原则,将这些车辆靠近楼前布置。

(3)提多件行李与大件行李的旅客比例。从枢纽出发的旅客,随身行李的携带量相对较多。因此,对于提多件行李与大件行李的旅客,应尽量减少他们进入枢纽站厅的步行距离,方便他们在楼前下车,避免旅客在携带多件行李穿越车道时所带来的安全问题,也能保证车道边的通行能力。

具体布置策略为:

(1)从枢纽的实际情况出发,以大载客率优先为原则,安排好各车种下客点具体位置的合理性。

(2)保证旅客在车道边下客、取行李以及穿越车道时的安全性。

(3)对不同车种的流量进行合理分配,避免高峰时段车道边出现拥堵,保证车辆停靠通行的顺畅性。

3)人行道、中央隔离带宽度的设置

内侧车道边一般停靠公交、长途等大型客车,下客人数多,行李多。人行道宽度应根据高峰小时人流量确定,根据国家有关规范,有效宽度不小于3m,并考虑行李在车道边的堆放量确定人行道总宽。

外侧车道边一般停靠出租汽车、社会等中小型车辆。人行道宽度应根据高峰小时人流量确定,并根据国家有关规范,有效宽度不小于3m,还应预留行李手推车的堆放宽度,方便携带大件行李的旅客使用。

4)车道数及车道宽度的合理设置

对于大客车车道边,每组车道边设置车道为2条或3条时,通行能力的纵向折减系基本相同,在满足车辆停靠需求的前提下,建议采用更为经济合理的2条车道。

对于小客车车道边,在每组车道边3条车道的情况下,最外侧过境车道和内侧停靠车道间的缓冲车道可以提高车道边组织效率,其通行能力比2条车道提高20%。

车道宽度建议参考城市道路相关规范要求,兼顾运行的可靠性和管理的灵活性、标准化,大小型车道统一取3.5m。

5)内外车道边连接方式

外侧车道边下车的旅客,必须穿越内侧车道后才能进入枢纽主体建筑,存在人流与车流交织的情况。建议穿越车道处可采用以下几种方式连接内外侧车道边人行道：

(1)外侧车道边人行道与内侧车道边人行道平行连接。手推车及行李可直接穿越车道,并且车道上自然形成一个缓坡减速带,使通过人行道车辆车速放缓,提高行人穿越车道的安全性。并在人行横道线两侧人为设置护栏,引导旅客从平行段穿越车道。

(2)内外侧车道边路缘石处分别设置缓坡。旅客提取行李或手推车时先下到路面,然后再通过车道,上缓坡至内侧车道边人行道。此设置对车辆通行顺畅较为有利,但车速得不到有效控制,可在人行横道线处设置人行信号灯,保证旅客安全。

(3)人行横道须对应或靠近枢纽出入口处设置,引导外侧车道边下车旅客至枢纽站厅入口处。

6)出发车道边的人性化设施布局

残疾人专用停车位应靠近枢纽出入口及站厅内问讯柜台进行设置。

行李手推车应靠近入口和人行横道线处集中设置,并应有专人负责管理。

3. 到达车道边的布置要点

枢纽到达车道边的布置要点包含以下几个方面：

1)到达车道边长度及发车位确定

到达车道边需求规模包含两个方面内容：

(1)对机场公交车、社会客车车道边长度的计算；

(2)对出租汽车上客区域发车位数量的确定。前者的具体长度及发车位的确定可参考出发车道边的操作方法执行。

出租汽车到达车道边停靠方式分为平行式和斜列式。

对于平行式,无论是单停车点还是双停车点布置,在停车位列数超过 5 个以后,由于上客完毕的出租汽车受前车阻挡机会增加,通行能力出现拐点,车道边延误也持续增加。因此对于两排平行并发式车道边,停车位列数不宜大于 5 列。在停车位列数为 5 列的情况下,单点两排和双点两排平行并发式的通行能力分别为 490pcu/h 和 970pcu/h。

对于斜列式,经交通仿真发现,在车位为 5 ~ 10 个时,斜列式车道边的通行能力基本随停车位数量增加而增长。但当停车位超过 10 个之后,随着停车位数量的增加,通行能力增长有限。10 个车位斜列式发车方式的实际通行能力约为 660pcu/h。

2)不同车种的停靠区域布置

公交车、社会客车——大载客率优先,置于楼前。

公交车、社会客车载客率大,行李量也相对较大,置于楼前符合枢纽车道边的布置原则。

出租汽车——成组集中布置,统一管理。

枢纽到达车道边的出租汽车使用率较高,在车道边的等候接客时间最短,应靠近站厅出入口设置,为提取行李较多的旅客提供方便。

社会车辆——进库泊车,库内接客。

进入枢纽的社会车辆接客需求差异性较大,若在楼前车道边接客容易造成车道边资源被长期占用,使车道边出现拥堵的现象。建议接客的社会中小型车辆全部进入停车库泊车。

3)人行道通行宽度设置

到达车道边人行道宽度的设置需考虑两个因素的影响:

(1)需要满足旅客通行与公交候车休息的要求。公交客车发车间隔较长,乘客需等候一段时间,所以到达车道边等候区域可能出现行李堆放等问题,影响其他旅客在人行道的通行,在设计中应考虑人行道宽度有一定的缓冲空间。

(2)需要满足旅客通行与出租汽车排队等候的要求。在枢纽高峰时段,大量人流从枢纽内部至出租汽车排队等候区排队上车,在到达车道边停留一部分密集人群等候疏散,因此也需要有足够的人行道宽度,来解决人群滞留与通行的矛盾,等候区的宽度应根据排队组织的具体形式确定。

4)出租汽车排队等候区的布置

对于出租汽车车道边应在人行道上设置排队等候栏杆。对人流的组织、等候栏杆的排列方式以及多个上客点的布置及组织决定了出租汽车排队上客的服务效率。因此排队人流的组织应注意以下几个关键问题:

(1)排队等候组织形式:“对应式”排队方式的效率和公平性较差,建议采用“扩展式”排队方式,保证排队的公平性,体现综合客运枢纽的服务效率。对应式与扩展式排队形态见图4-15。

(2)排队等候栏杆布置方式:由于枢纽在各时段的人流量并不均衡,如果限定出租汽车排队等候长度,可能会降低排队效率和舒适性。建议采用可拆卸式活动栏杆进行分隔,根据旅客高峰小时流量随意组合排队通道线形,使排队形式更加灵活机动,方便枢纽内各个时段的旅客能够通过最便捷的通道上车。

(3)排队等候长度:出租汽车排队等候的长度与出租汽车上客点的发车效率以及旅客的等候人数有直接联系。

(4)排队等候通道宽度:考虑带大件行李的乘客会推手推车进入排队等候区域,两个护栏间的通道宽度须留出足够的宽度(不小于1.5m),且在通道转弯处要考虑手推车的转弯半径。

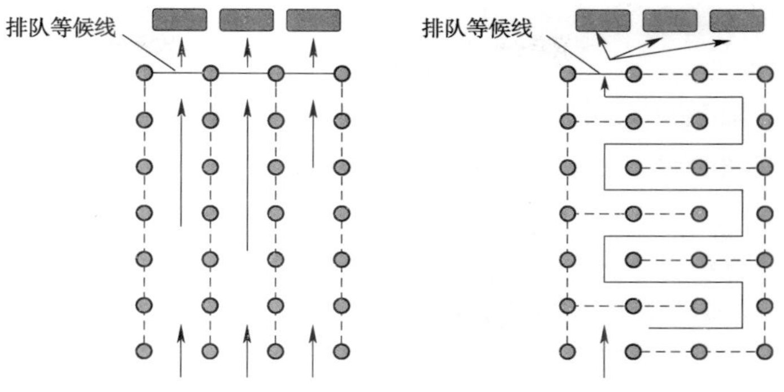

图 4-15 对应式与扩展式排队示意图
a)对应方式;b)扩展式

5)出租汽车上客点组织

出租汽车上客点布置和组织需考虑人、车两方面因素,即车辆的发车方式与旅客的上车方式。出租汽车车道边发车方式可根据车道边的长度与宽度通过斜列式与平行式两种来满足多辆车的同时停靠上客。旅客上车的方式是指当旅客通过排队系统到达上客点后步行至发车位上车的过程。单个上客点的组织需要考虑以下几方面原则:多个上客点同时上车;人车一一对应,且距离均等;成组同时发车,保证人车同步;避免人车交织,减少车车干扰。

单个上客点的参考组织方案有两种,即出租汽车发车位可采用单列平行式或斜列式在车道边前纵向展开,旅客排队采用蛇形队列方式,从出租汽车上客点至发车位前用护栏围合起一个等候区,并用栏杆根据出租汽车发车位的个数划分出固定的上客点位置,通过管理人员的指挥,每个上客点提前安排 2 组旅客至上客点处候车。以上布局的特点是保证人到发车位的距离相等,多个上客点同时上车。多个发车位成组发车使得人与车,车与车之间的交织干扰减少到最小,车道边效率大大提高,并且限定的上客点位置结合标识的指引使得旅客对发车位的识别性增加,管理更加高效、有序,如图 4-16、图 4-17 所示。

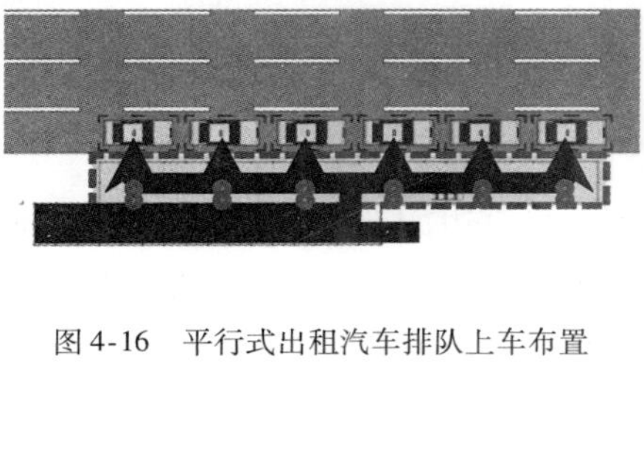

图 4-16 平行式出租汽车排队上车布置

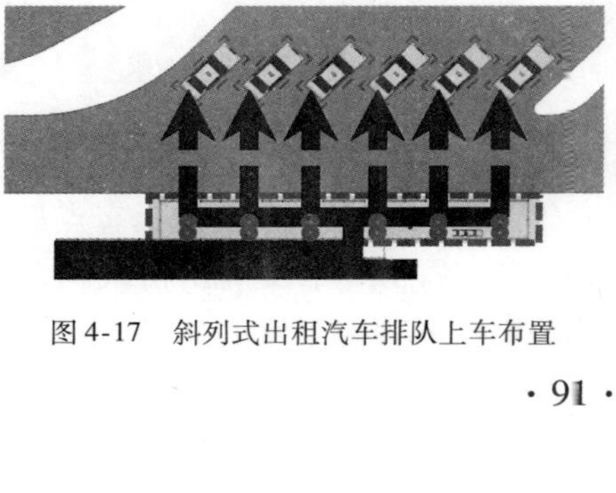

图 4-17 斜列式出租汽车排队上车布置

多个上客点组织参考方案有如下三种：

（1）平面组合，上客点分散布置形式。若车道边前后布置，为解决前后上客点的车流交织，车道边长度足够的情况下，即在横向用地空间受限、纵向用地空间相对宽裕的条件下，可选择以下布设方式，如图4-18所示。

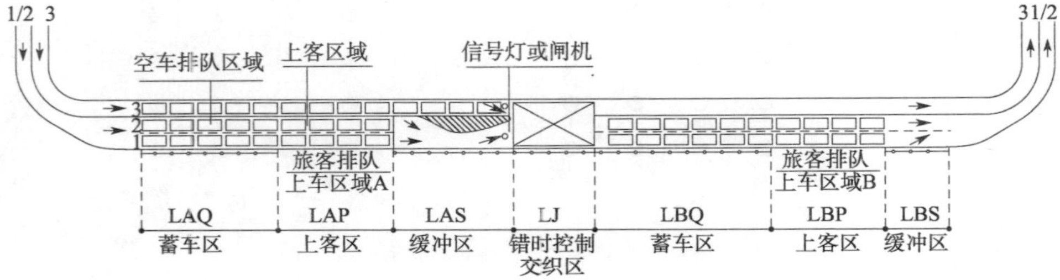

图4-18　两个上客点平面布置形式

（2）平面组合，人车流线立体交叉形式。若车道边前后布置，横向用地空间相对宽裕的条件下，为解决前后上客点的车流交织，可组织前方车流在后方上客点的站台后绕行。同时为解决后方乘客流安全穿越前方车流，需要使之立体交叉，可以使后方乘客流通过一定的设施上跨或下穿前方车流，也可以布置成前方车流上跨或下穿后方过街乘客流，此种布置亦可避免车、车冲突或人、车冲突，如图4-19、图4-20所示。

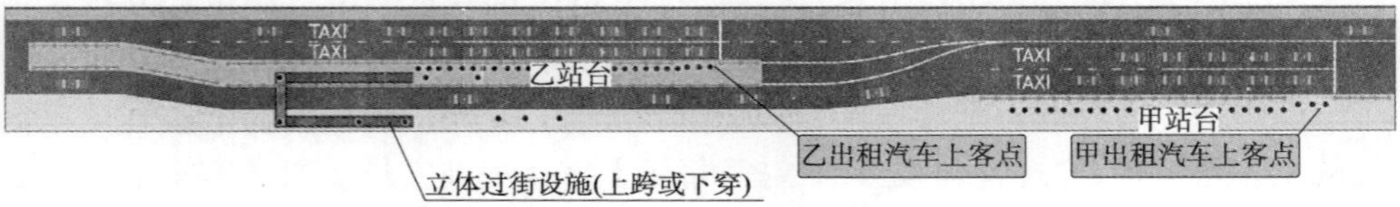

图4-19　人流上跨或下穿内侧车道

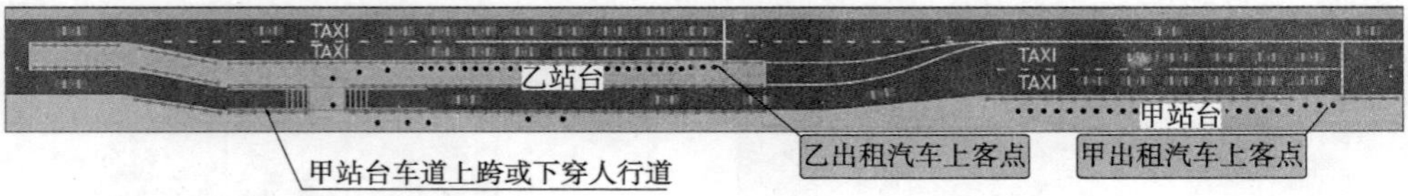

图4-20　车流上跨或下穿内侧车道

（3）立体组合，上下分设上客点形式。几组车道边的布置在标高上错开，形成上、下层布置的形式，提高出租汽车上客发车的效率，避免不同车道边的车流交织或冲突以及乘客与车流的冲突，如图4-21所示。

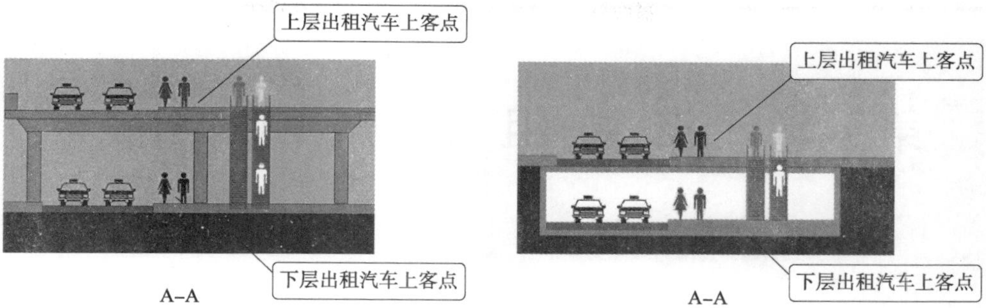

图 4-21　设置上、下双层上客点

第五章　交 通 组 织

第一节　设 计 内 容

综合客运枢纽在设计中一般均考虑了人车分流，行人基本在站房功能空间和换乘功能空间进行换乘组织，车流主要由交通功能空间承担。本章是在综合客运枢纽内部各交通方式站场设施规模确定的基础上，重点研究枢纽内交通功能空间的组织设计，即各交通方式的交通通道、站场的布置以及交通流线的组织。主要内容包括三部分：

(1)交通通道具体包括枢纽集疏运路网、集散路网的布局及组织方式。

(2)站场设施及交通流线组织设计，具体包括长途客车、社会旅游客车、公交车、出租汽车、社会小客车等各种站场设施在枢纽体内的布局方法及相应的交通组织方式，各方式的特点、适用范围及交通组织设计要点。

(3)非机动车交通通道、站场布置、交通组织设计原则等。

交通组织设计根据交通衔接空间位置的不同，大致将设计内容划分为三个层次：外部交通组织、内外交通组织和内部交通组织。

(1)外部交通组织是指外围集疏运路网，大范围、大区域地从全市路网布局角度考虑枢纽集疏运交通通道问题。

(2)内外交通组织是指集散路网和衔接节点或交叉口，枢纽具体在集疏运路网上的衔接节点或交叉口以及内外交通流衔接转化的集散路网和集散匝道。

(3)内部交通组织是指各站场与综合客运枢纽主导方之间的连接通道，属于枢纽内部道路组织问题。

第二节　外部交通组织

一、设计内容

外部交通组织是外围集疏运路网，即城市各个区域或周边城市衔接至枢纽的主干通道,即将枢纽这个点,通过外围集疏运路网与城市综合交通网络这个面联系起来。主要表现为新建或改建的城市骨干路网、对外通道或新建的专用通道。

集疏运路网是在城市骨干路网框架下进行研究设计的,枢纽周边是否需要新建骨干路网作为集疏运通道或原有骨干路网是否可以作为综合枢纽的集疏运通道,即原有路网能否承担现有综合枢纽叠加的交通量,这是必须要考虑的重要问题。若无法满足新建或改建枢纽的交通量,则必须新建或改建部分交通通道,作为集疏运通道。

一般情况下,大型综合客运枢纽,均会有大容量交通通道的城市骨干路网或专用道路、快速路网或高速公路为枢纽服务。

如荷兰 Schipol 机场枢纽的周边集疏运通道设置情况,有 A5、A4、A9 三条高速公路为机场枢纽服务。使枢纽可以迅速联系到城市各个区域与周边城市,见图 5-1。

图 5-1　Schipol 机场周边道路卫星照片

美国纽约港务局汽车站综合客运枢纽汇集了纽约市对外洲际公交、多条轨道交通,为解决枢纽周边交通组织问题,密布了多条专用匝道,直接与新泽西和纽约洲际公路相连,见图 5-2。

日本中部国际机场坐落于人工岛上,机场和名古屋之间的城市路网连接需先经过跨海的专用道路,即新建的知多半岛公路作为集疏运路网,将机场集散道路和名古屋高速公路连接起来,见图 5-3。

香港机场与城市之间通过机场专用道路衔接,即新建的集疏运路网,连接北兰路高速公路,接入城市骨干路网,见图 5-4。

图 5-2 纽约港务局车站周边道路鸟瞰图

图 5-3 日本中部国际机场外部城市道路卫星照片

上海虹桥枢纽，根据预测，虹桥枢纽规划远景年内部快速集散系统进出车流量将达到 20 万 pcu/日。为此，在枢纽外围规划新增了"一纵三横"快速路与已建城市快速路和高速公路网相连，构筑枢纽外围快速集疏运路网系统。上海虹桥枢纽与长三角地区及市域西北部通过 A5 高速公路沟通，并通过嘉闵高架、菘泽高架、A5 与 A11、A8、A16、A15、A9 等多条高速公路，进行纵横向的疏散联系。上海虹桥枢纽与中心城及市域东北部区域主要依靠 A9、北翟路、漕宝路高架连接至 A20、中环线，进行纵横向的集散沟通。枢纽与市域南部区域主要依靠嘉闵高架沟通。总体形成分层多路、顺流引导、逐步汇集的快速路系统，见图 5-5。

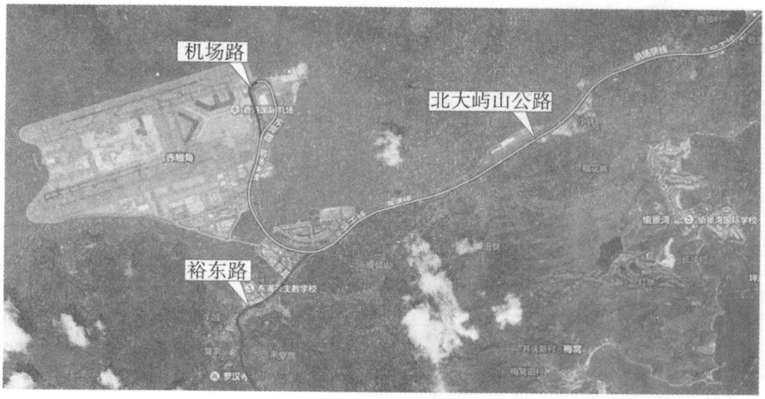

图 5-4 香港机场外部道路

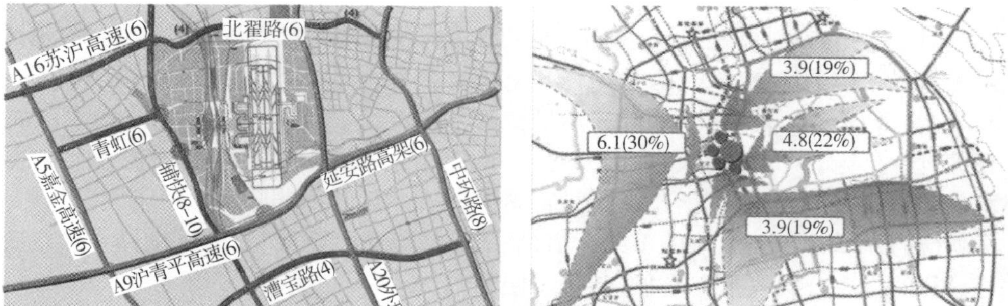

图 5-5 虹桥枢纽外围集疏运路网系统

二、基本原则

1. 分离交通

注重枢纽到发交通与本区域无关的穿越性交通(或称过境交通)的相互分离。

2. 优化路网

利用周边高速公路、快速路、主干路、专用通道构建集疏运路网的快捷性。利用次干路、支路构建周边地块的可达性。

3. 能力匹配

外围集疏运路网的设计标准应以交通流量和交通特性为依据,其通行能力需与枢纽规模相匹配,还要与其连接的城市骨干路网或对外通道运输能力相互匹配,利用周边一条或多条骨干道路进行集疏运。

4. 集疏运模式的选择

对于城市中心的综合客运枢纽,如果周边道路高峰交通状况已比较拥挤,地面新增出入干道的空间较少,需采用公共交通为主体的集疏运模式,突出轨道交通的核心接驳地位,引导个体交通向大运量交通方式转移,并给予常规地面公交优先的相关设计措施,优先保障大容量公共交通客流的快速集散,提升枢纽公共交通服务水平。对于城市外围的综合客运枢纽,周边有条件新增各类出入干道时,在设计阶段就应控制城市道路运输的干线廊道,适当增大道路设施面积,为远期城市轨道交通、BRT(快速公共汽车交通)发展提供便利条件。

三、设计要点

1. 道路等级

若枢纽集疏运路网连接至对外通道,则需注意集疏运路网与对外通道道路等级的衔接匹配,见表5-1、表5-2。

各道路等级相互衔接适应情况表　　表5-1

对外通道道路等级 / 集疏运路网道路等级	高速公路	一级公路	快速路	主干路	次干路	支路
高速公路	○	○	○	◇	△	△
一级公路	○	○	○	◇	△	△
快速路	○	○	○	◇	△	△
主干路	◇	◇	◇	○	◇	△
次干路	△	△	△	◇	○	◇
支路	△	△	△	△	◇	○

注:○-适宜连接;◇-可以连接;△-不宜连接。

集疏运路网道路等级规划对应表 表 5-2

道路等级 / 枢纽所在区域	集疏运道路等级	对外通道
郊区	一级公路、交通性主干路	高速公路
	交通性主干路	一级公路
中心城区	快速路、交通性主干路	高速公路
	快速路、交通性主干路、交通性次干路	一级公路

2. 布局形态及数量

集疏运路网与枢纽的关系呈现环绕式、切线绕行式、分离式、穿越式四种基本形态，可根据各种不同形态确定相应的衔接道路数量，见图 5-6、表 5-3。

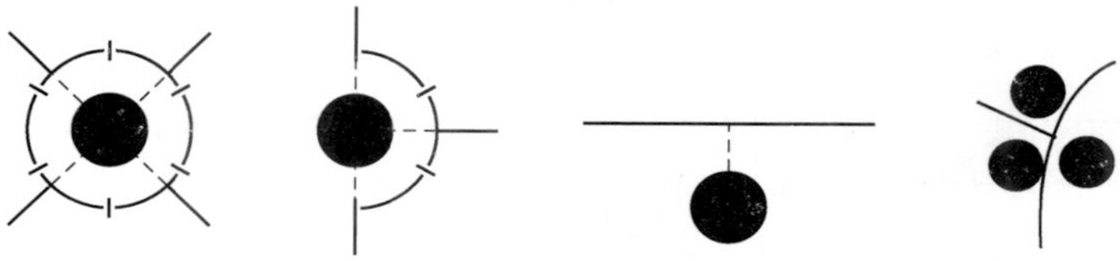

a) b) c) d)

图 5-6 枢纽衔接道路的典型布局形态

枢纽集疏运道路的数量与布局形态的对应关系表 表 5-3

类型	形　态	道 路 数 量	优 缺 点 分 析
环绕式	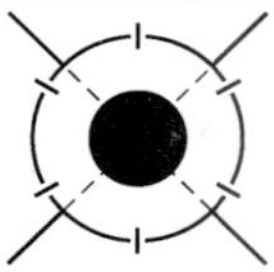	4 条或以上	辐射式衔接四面交通需求点和城市出入干线，便于快速直接到发枢纽；但应避免过于密集地直接衔接到枢纽本身所产生的交通无序化
切线绕行式	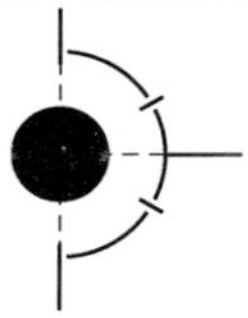	2 ~ 3 条	可减少枢纽过境交通对枢纽到发交通的影响，具有一定的保护环作用
分离式	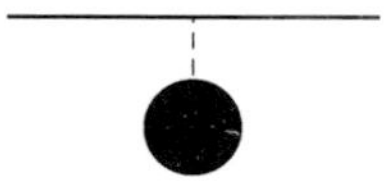	1 条	单侧衔接城市交通干道，适用于交通方式单一、对外联络方向性强的枢纽
穿越式	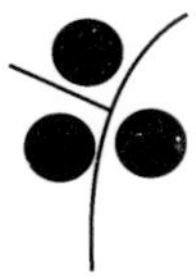	多条	枢纽体与周围用地和道路一体式开发，是枢纽综合开发的典型模式。但是道路建设标准将大大提高，一般通过立体化综合开发的措施实现

3. 道路路段规划

道路规模应根据交通需求分析，即枢纽产生及吸引的交通量、周边地块产生及吸引的交通量，过境交通量。确定路段平面线形及红线、横断面布置、控制点坐标和高程，确定道路两侧地块（以枢纽所在一侧）出入口位置，见表5-4、表5-5。

各城市道路宽度与城市规模及道路等级对照表 表5-4

城市规模（万人）	快速路宽度（m）	主干路宽度（m）	次干路宽度（m）	支路宽度（m）
(200，+∞]	40~45	45~55	40~50	15~30
(100,200]	35~40	40~50	30~45	15~20
(50,100]	—	35~45	30~40	15~20
(5,50]	—	25~35		12~15
(1,5]	—	25~35		12~15
<1	—	25~35		12~15

最 小 净 高 表5-5

车行道种类		机动车		非机动车	
行驶车辆种类	各种汽车	无轨电车	有轨电车	自行车、行人	其他非机动车
最小净高(m)	4.5	5	5.5	2.5	3.5

应充分考虑慢行交通需求，根据《城市道路工程设计规范》（CJJ 37—2012），枢纽附近的人行道最小宽度在大城市中不应小于5m，中、小城市不应小于4m。指南建议，对于涵盖两种及以上对外运输方式的综合客运枢纽，衔接人行道宽度不应小于5m。

控制点坐标及高程应与平面规划同步协调，并结合地块用地中的控制高程、沿线地形地物、地下管线、地质和水文条件等做综合考虑。竖向规划应与道路两侧用地的竖向规划相结合，竖向规划应满足塑造城市街景的要求。

4. 影响因素

1）枢纽所处区位

结合城市核心组团布局以及与综合客运枢纽的位置关系，存在单向延伸和放射环绕等几种衔接方式。

2）自然条件

受到如湖泊、海域、山体的限制，集疏运道路方向受限，存在不规则放射延伸的道路。

3）城市背景交通

由于背景交通对于确定枢纽衔接出入口位置，集疏运道路的布局、等级、规模均有重要影响。因此,必须要考虑周边地区的城市背景交通状况,进行现状和规划两方面分析,做到分离交通、优化路网,降低枢纽与城市交通间的相互影响。

4)周边土地开发影响

综合客运枢纽作为城市内重要的基础设施,对于引导城市空间拓展,带动土地开发有着重要的意义,在TOD理念引导下的周边土地综合开发等因素会产生大量的非换乘客流,该部分非换乘客流交通也会利用集疏运路网进入枢纽地区。因此,集疏运路网必须考虑对该类交通的有效引导,并在规模设计中预留一定弹性空间。

5)景观美化影响

由于枢纽在交通上的高可达性和建筑上的地标性作用,往往是城市对外沟通和宣传的门户地区,景观要求较高。因此,需考虑集疏运路网的建设方案、环境影响等,如地道、高架、景观要求较高的主干路等。

第三节　内外交通组织

一、设计内容

内外交通组织是指衔接节点或交叉口和集散路网,枢纽具体在集疏运路网上的衔接节点或交叉口设置以及内外交通流衔接转化的集散路网和集散匝道;内外衔接需要贯彻由"单向、封闭、割裂"到"多向、开放、连接"的时空转化理念。从大广场的平面组织到多层立体交通的现代化方式。

二、基本原则

1.内外衔接节点设置原则

衔接节点的设置位置、采用方式、数量,是衔接节点方案设计中需要解决的问题。

与集疏运路网衔接转化的节点,必须要体现多点多路径衔接、均衡集散,防止对城市路网系统冲击过大。节点的衔接转化的最终目的是分解枢纽交通压力至城市路网,进出枢纽实现顺畅便捷,提高枢纽集散效率。

衔接节点采用立交或平面交叉口的方式,必须使集散匝道与集疏运体系连接顺畅、通行能力匹配、防止交通阻塞,满足导向性好、绕行距离短的要求。

设计应遵循以下基本原则:

(1)空间上,节点设置应四面均衡分散,多向连接城市道路,避免个别路段压力过大。城市交通分为两个以上方向时,衔接节点最好不少于两处。即节点分设、分块循环。

(2)衔接采用立交节点的形式时,需设置加减速车道或集散车道,或者辅道系统,避免对集疏运主线通道产生较大影响。

(3)衔接采用平面交叉口的形式时,避免将客运枢纽衔接节点直接开口在干道上,干扰干道运行,需避开干道的繁忙和敏感路段,以及交通量已经较大的交叉口。

2. 集散道路组织原则

集散道路必须实现集散交通与周边地块交通分离。保证枢纽进出的快捷、有序。要积极创造条件分离不同层次、不同目的的交通,以净化站前交通,运用多层立体的现代化交通方式布置各种交通设施,实现利用快速集散道路到发各站场设施。保证进出枢纽交通的便捷顺畅连续。

1)设计理念

(1)人车分流的人性化交通环境。

(2)进出站分流的简捷化交通流线。

(3)功能整合的立体化枢纽空间。

(4)分工明确的平衡性道路系统。

2)遵循的设计原则

(1)分块循环、均衡集散。将大系统、复杂系统分解为小系统,虽然分合流点多,引起路径识别相对复杂,但路段流量与交织流量较小,运行状况良好,绕行距离也较短。

南京南站高铁枢纽,与外围 4 条高速公路形成 4 个衔接节点,分为南北两块,进行分块循环、均衡集散,见图 5-7、图 5-8。

(2)直接到发、立体整合。枢纽内部专用快速集散道路的立体化(高架、地面、地下以及建筑内部等多种形式)设计,使得内部集散道路系统可以利用车道边直接对接枢纽建筑主体,为枢纽旅客到发分离、车道边零距离换乘创造了有利条件。

(3)分级布设、减少交织。快速集散道路系统由于进出频繁、集散量大,为减少交织量,必须进行合理的分流,将进场流线与离场流线尽可能分离,避免交织。车流选择方向少且易识别,车辆行驶更安全、畅通,并分级布设其分合流点。道路分叉点多级布设,逐步分离汇合,提高整个集散系统的可靠性。

(4)单向环通、减少冲突。对于高架快速集散系统,单向循环交通组织可以使路网具备容错功能,考虑到进入枢纽车辆大多不熟悉枢纽内部路况的特点,单向循环交通组织可以为枢纽内走错路的车辆提供重新选择的机会,避免过长的绕行距离,更加人性化。

上海浦东机场采用逆时针单循环交通,将 T1、T2、T3 三个航站楼以及机场到达层(社会车库)、出发层(车道边)通过高架路以及匝道相连接,利用车道边设置公交车、出租汽车上下客站,方便旅客换乘,同时将大量交通冲突点转变为分流和合流点,提高了道路系统的通行效率和安全性,见图 5-9。

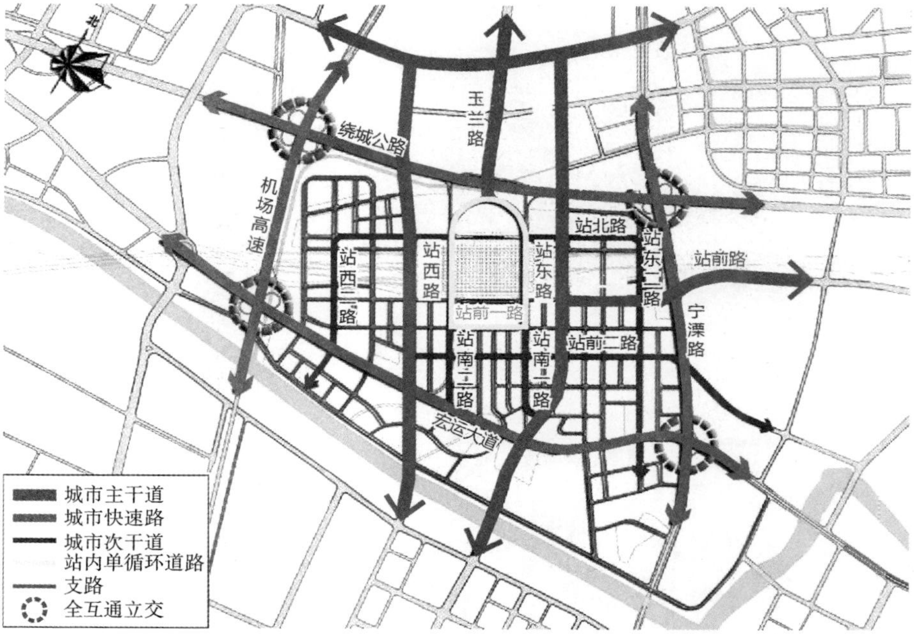

图 5-7　南京南站高铁枢纽专用集散道路图

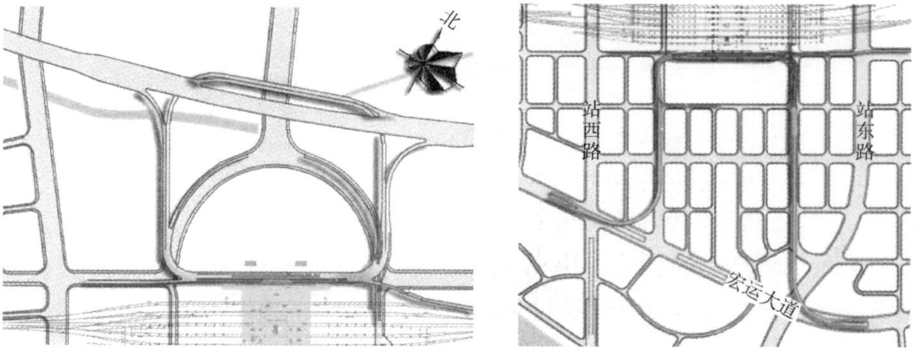

图 5-8　南京南站站北、站南快速集散高架道路

Schipol 机场内通过单循环交通组织,将社会车库、机场 T1 航站楼、火车站以及其他枢纽内部功能性建筑串联起来,保证了进出交通的通畅,见图 5-10。

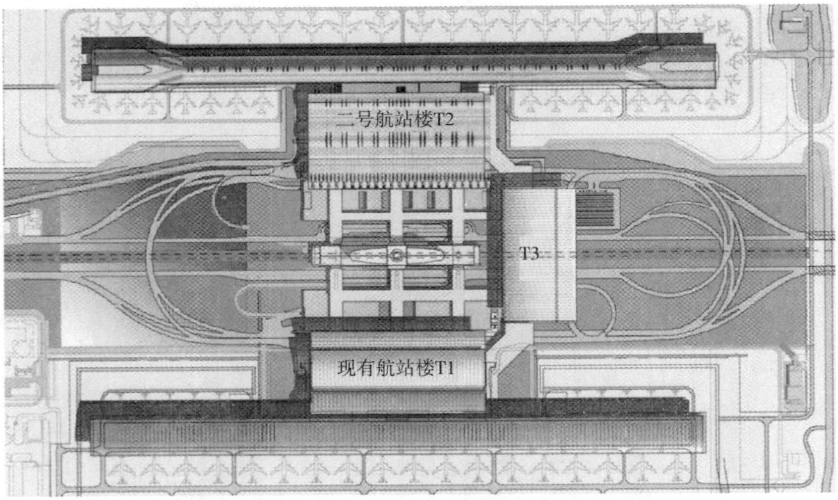

图 5-9　上海浦东机场单向交通组织示意图

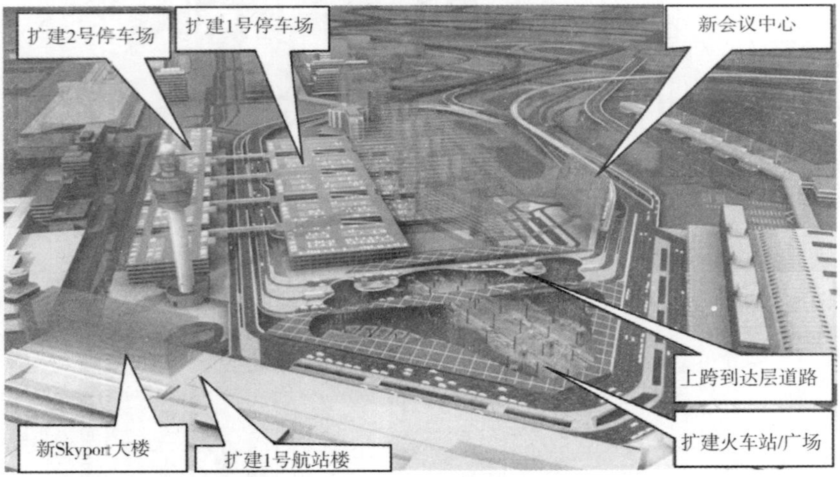

图 5-10　Schipol 机场内单向交通组织

(5)适度连通、具容错性。快速集散道路系统的设计还需考虑适度的连通、具容错性。保证在行驶错过时能在较短的距离内绕回,体现以人为本和整个系统的稳定性。如上海南站专用集散道路的环形交通组织,见图 5-11。

香港机场利用高架环路及联络通道将交通中心、T1 航站楼、T2 航站楼、停车库等站场设施紧密联系在一起。道路布局中,在适当位置布设环岛(单向循环交通组织),使路网具备容错性,见图 5-12。

图 5-11　上海南站专用集散道路的环形交通组织

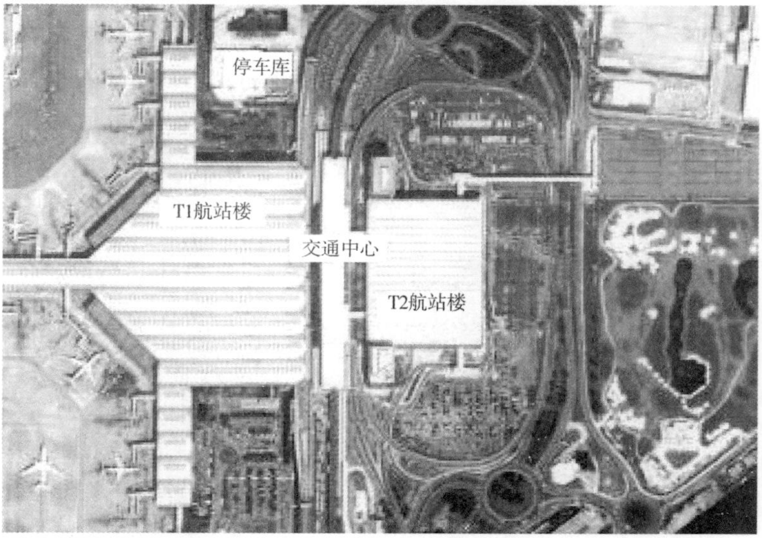

图 5-12　香港机场内部专用道路系统布局

3. 影响因素

1）枢纽的功能定位及等级

集散道路系统是采用专用封闭的快速系统，还是平面交叉口的交通组织形式或是衔接节点等方式，与枢纽的功能定位、服务水平要求以及枢纽交通量的等级级别有关。

2)建筑形态影响

枢纽的整体建筑形态和功能空间布局与交通组织的设计密不可分,必须充分考虑二者之间的协调设计。

3)自然条件

应减少与铁路、水运航道线路的交叉,尽量使主要交通流在枢纽内的径路顺直、便捷,从而实现整个综合客运枢纽的顺畅运行。

4)衔接节点的影响

衔接节点的设置位置、采用方式,均是影响集散道路交通组织的重要因素。

4. 实例分析——上海虹桥枢纽内部专用快速集散道路系统

按照“北进北出、南进南出、西进西出”的原则,设置4条高架连接道以及4处立交与外围快(高)速路网连接,通过多点多路径的设置来均衡虹桥枢纽进出车流,增强了枢纽道路交通保障能力,见图5-13。

(1)青虹路节点——长三角区域。

(2)徐泾中路节点——上海西南部及东南部区域。

(3)A9节点——中心城区及浦东新区。

(4)北翟路节点——内外环间浦西及上海郊区西北部区域。

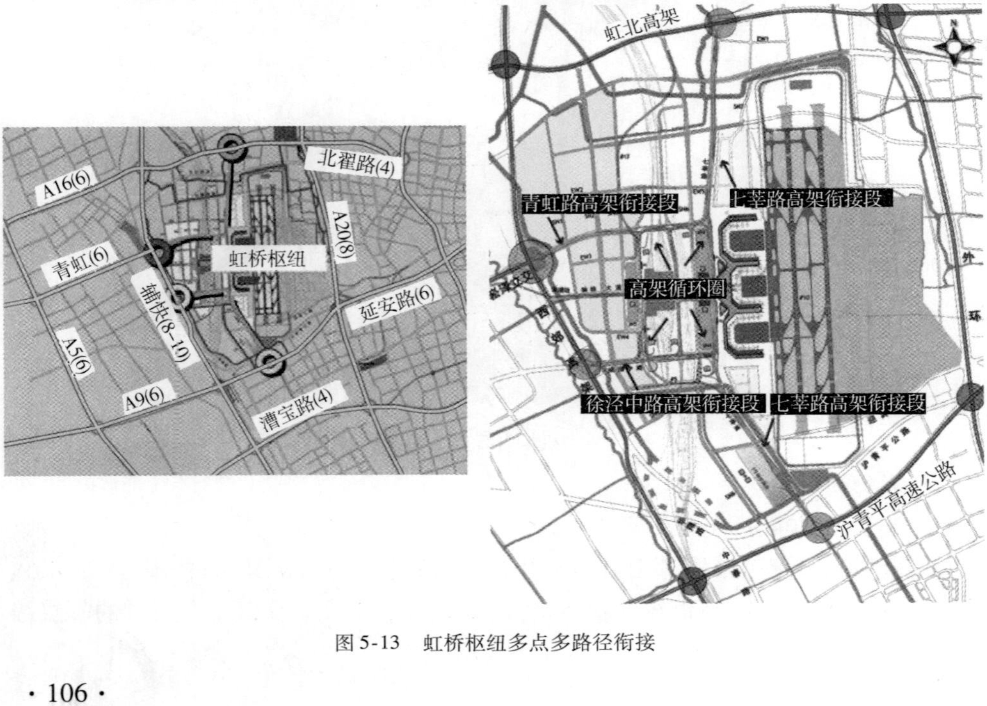

图5-13 虹桥枢纽多点多路径衔接

虹桥枢纽内为建筑主体服务的专用快速集散系统由高架连接道、2大4小单循环圈(出发层)、2处地面单循环路(到达层)、各类匝道(上、下和连接)以及2条服务于铁路旅客的出租汽车专用地道(到达层)组成。通过高架、地面道路以及地道等多种形式与建筑体的出发和到达层相衔接,实现了立体换乘,减少了换乘距离和人车间相互干扰;针对机场和铁路不同的使用特点和功能,专用快速集散系统布局时采用"2大4小"逆时针单向循环圈:南北各1处大循环圈为公交车、长途客车进入出发层下客使用,公交车、长途客车利用内侧车道边在铁路站房和机场航站楼前各设1处下客站,旅客下车即可换乘火车和飞机;南北各2个小循环圈分别为机场航站楼和铁路虹桥站出发专用高架循环圈,供社会车辆和出租汽车使用,在均衡分配车流的同时减少了铁路、机场车流间的相互干扰,见图5-14。

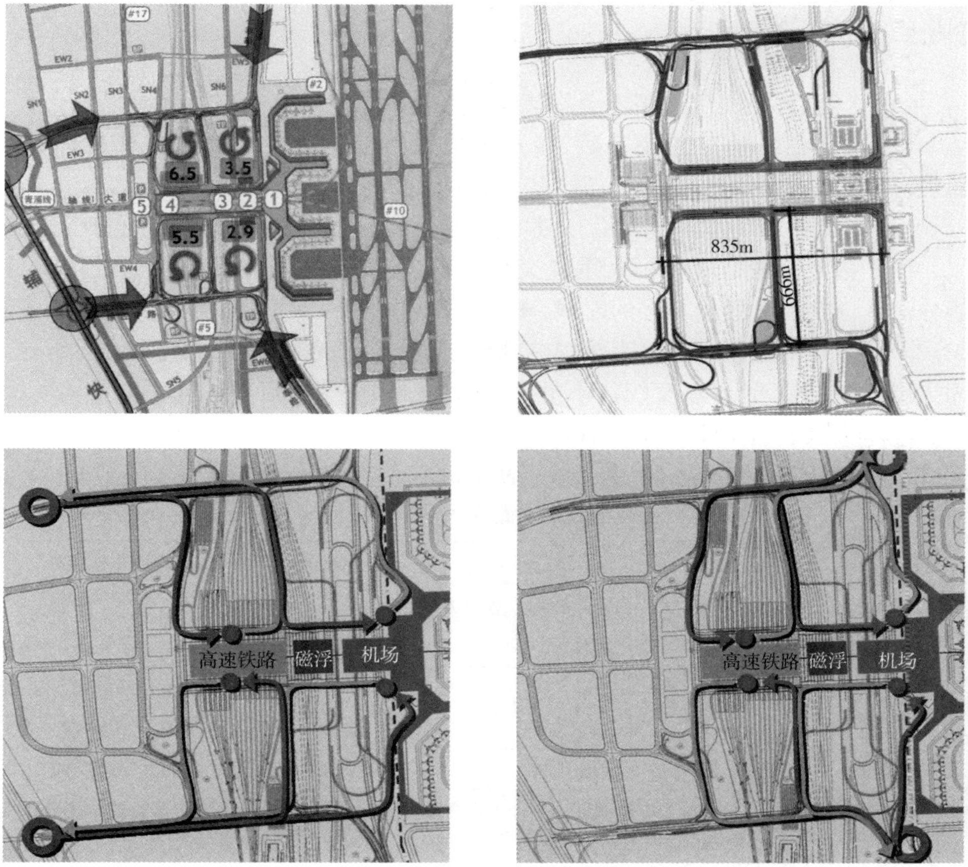

图5-14　虹桥枢纽分块的4个高架循环圈

三、设计要点

集散道路最重要的是考虑分合流交通的相互影响、是否有交织的影响。通常，应考虑4个进枢纽方向、3个出枢纽方向的组织。

1.4个进枢纽方向

(1)集疏运方向的交通转至枢纽集散道路的进出交通流。

(2)周边地块进入枢纽的进场出发交通流。

(3)集疏运方向的交通转至枢纽集散道路进入衔接站场(各停蓄车设施,如停车库、公交站场)的进场交通流。

(4)送客后进入衔接站场(如出租汽车蓄车场、公交站场)蓄车等待的进场交通流。

2.3个出枢纽方向

(1)送客后,经集散道路转至集疏运道路驶离枢纽的直接离场交通流。

(2)枢纽各站场车辆接客后,接入集散道路转至集疏运道路驶离枢纽的交通流。

(3)枢纽各站场车辆接客后,通过内部道路转至周边地块驶离枢纽的交通流。

由于各方向道路可能相互重叠交织,因此集散道路中的交织段是设计重点。当分流区与合流区紧密相接的时候,车辆将在较短的距离内集中穿插变道,形成交织段。交织段的运行水平将直接影响到枢纽集散道路系统的整体效率。必须防止因为出入口安排不合理、交织段不足,而导致交通无序、堵塞。

枢纽集散道路交织段呈高密度、低速度、连续流运行特征。与常规交织区比较,枢纽集散道路交织段运行特点,见表5-6。

枢纽集散道路交织段运行特点 表5-6

道路分类	高速公路	快速路	常规地面道路	枢纽集散道路
服务对象	客车与货车	客车和小型货运车辆	客车与货车	客车
设计标准	80km/h及以上	80km/h及以上	20~60km/h	高架循环圈为40km/h;匝道为30~40km/h
交通流特征	连续流	连续流	间断流	单向连续流交通
平面线形	交织区一般位于直线段			可能设置于曲线段
纵向坡度	交织区一般安排在平坡段			交织段可能存在纵向坡度

影响交织段的因素主要有以下几点：

(1)交织段的分类，如驶入—驶出型、驶入—驶入型、驶出—驶入型、驶出—驶出型、主次分级模糊的Y形分合流、是否具有集散车道。

(2)交织段长度：20~140m，见表5-7。

(3)交织段车辆运行速度：20~40km/h。

(4)交通量：1200~3000pcu。

(5)流量比例：0.25~1.0，流量比例指交织车流与交织路段行驶车流的比例。

(6)其他因素：平面线形、纵向坡度、交通诱导标志。

集散道路交织段的长度建议值(单位：m)　　表5-7

<table>
<tr><th colspan="3">交织段类型</th><th rowspan="2">驶入—驶出</th><th rowspan="2">驶入—驶入</th><th rowspan="2">驶出—驶入</th><th rowspan="2">驶出—驶出</th></tr>
<tr><th colspan="3">设计时速</th></tr>
<tr><td rowspan="4">枢纽集散道路</td><td>一般值</td><td rowspan="2">60km</td><td>140</td><td>100</td><td>60</td><td>100</td></tr>
<tr><td>推荐值</td><td>160</td><td>120</td><td>80</td><td>120</td></tr>
<tr><td>一般值</td><td rowspan="2">40km</td><td>100</td><td>60</td><td>40</td><td>60</td></tr>
<tr><td>推荐值</td><td>120</td><td>80</td><td>60</td><td>80</td></tr>
<tr><td rowspan="2">《城市快速路设计规程》(CJJ 129—2009)</td><td rowspan="2">主线出入口间距</td><td>60km</td><td>760</td><td>460</td><td>160</td><td>460</td></tr>
<tr><td>40km</td><td>510</td><td>310</td><td>110</td><td>310</td></tr>
<tr><td>《城市道路工程设计规范》(CJJ 37—2012)</td><td>立交出入口间距</td><td>40km</td><td>60</td><td>60</td><td>30</td><td>60</td></tr>
<tr><td rowspan="4">上海市《城市道路设计规程》</td><td>极限值</td><td rowspan="2">60km</td><td>100</td><td>80</td><td>40</td><td>80</td></tr>
<tr><td>一般值</td><td>200</td><td>160</td><td>80</td><td>160</td></tr>
<tr><td>极限值</td><td rowspan="2">40km</td><td>80</td><td>55</td><td>30</td><td>55</td></tr>
<tr><td>一般值</td><td>140</td><td>110</td><td>55</td><td>110</td></tr>
</table>

第四节　内部交通组织

一、设计内容

内部交通组织是指城市交通各类机动车系统，如社会旅游客车、公交车、出租汽车、社会小汽车，通过集疏运路网或周边地块的市政道路，通过衔接节点、集散道路进入枢纽，根据各类机动车交通运营组织方式的特点，进入枢纽后均要在枢纽中提供衔接站场，即各类站场设施供其停放，并进行内部交通组织，根据自身的运营特点使车辆有序完成出发或到达、送客或接客的交通目的，然后再通过集散路网、衔接节点、集疏运路网驶离枢纽。

由于条件限制，并非所有衔接站场均能贴临综合客运枢纽主导方设置，也并非可以直接通过通道等人行换乘设施进行换乘。因此，为了实现以人为本、高效便捷、零换乘的目的，利用枢纽核心区各种内部的通道，连接衔接站场设施与主导方，利用出发或到达车道边实现“零换乘”，然后利用集散道路、集疏运通道驶离枢纽，或者通道核心区内部道路实现枢纽与周边地块的衔接。

部分衔接站场如距综合枢纽主导方较近，可以直接在站场内设置出入口，通过换乘通道等各种换乘空间实现换乘。

因此，内部交通组织是对核心内部道路、专用通道、进出通道、站场出入口进行交通组织，根据各机动车系统的运营特点，进行站场设施的布局和内部交通组织设计，避免人车交叉、交织。在此，设计指南主要强调的是枢纽内部的人流和车流组织问题，尽量做到人车分流、各机动车系统流线相对分离、枢纽换乘客流与商业开发吸引客流的适度分离，实现旅客便捷换乘和车行流线合理组织的目标。某综合客运枢纽内部换乘关系，如图 5-15 所示。

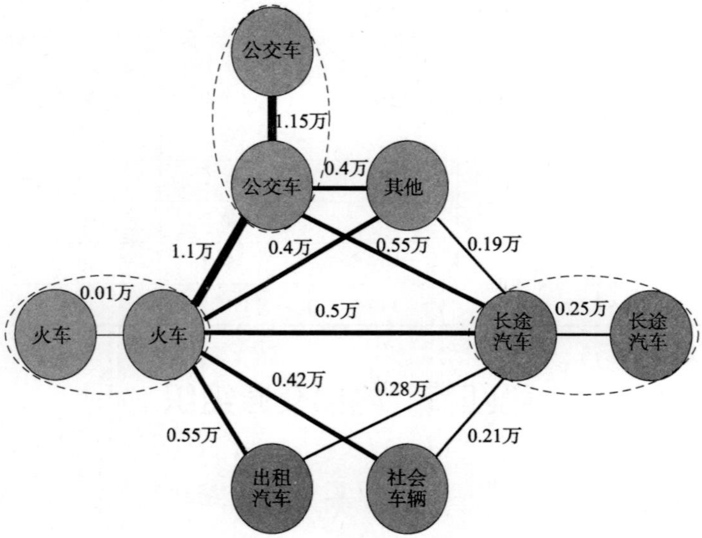

图 5-15　某综合客运枢纽内部换乘关系示意

二、基本原则

枢纽各衔接站场设施的布局方法见第三章第四节"衔接站场设施布局",合理布置静态站场设施,根据站场分离、机动车交通分类管理的特点,便利各公交车、客车、小汽车的换乘或交通组织,使枢纽核心区交通组织最优化,实现人车分流、进出站分流。

内部交通组织设计的基本依据是各机动车系统的作业流程、运营方式特点和换乘的目的,结合初步确定的建筑空间组织形态,分车辆种类进行交通组织,线路明确、互不干扰。用交通流线分析的方式逐一对枢纽内部涉及的各类机动车流线、行人流线进行分析,寻找冲突点、交织点或者容易存在安全隐患的部位,对内部交通组织方案进行优化和修正。

典型综合客运枢纽内部换乘流线示意,参见图5-16。典型汽车客运站主体业务功能流线,参见图5-17。

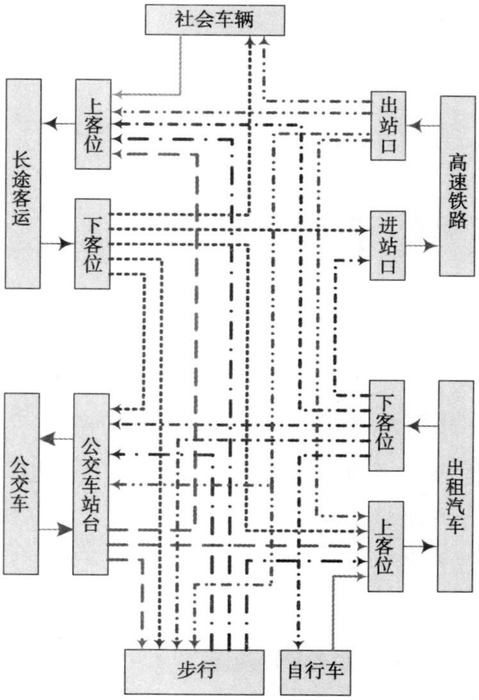

图5-16 典型综合客运枢纽内部换乘流线示意

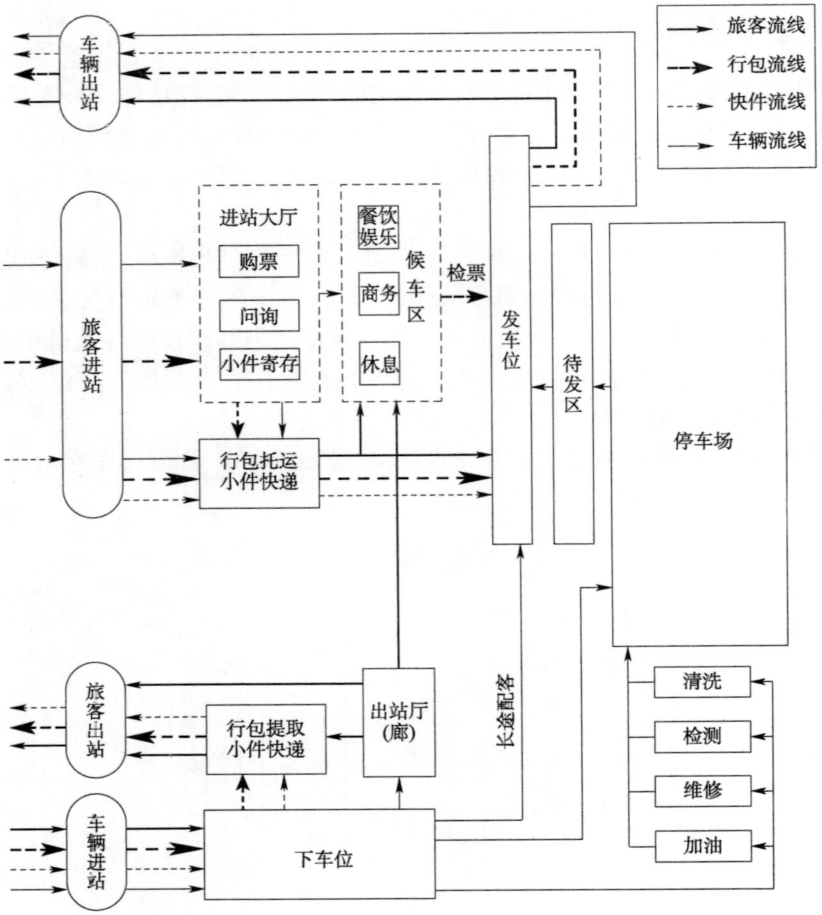

图5-17 典型汽车客运站主体业务功能流线示意

应注意,大型枢纽核心区地面道路应根据到达车道边和送客后回场道路的运行组织,内部道路组织为逆时针单向交通,减少交织。如虹桥枢纽核心区地面道路组织逆时针单向交通,减少了过境,形成东西联络道,沟通南北,见图5-18。也如南京南站的地面微循环道路,见图5-19。

三、公交车系统的布局及组织模式

综合客运枢纽中,地面公交线路较多,蓄车场占地面积大,必须合理安排蓄车场位置。由于楼前资源很宝贵,故一般不在楼前设置广场式蓄车场。为了体现公交优先的特点，考虑公交换乘的便捷性，首先安排公交站场尽量靠近综合客运枢纽主导方或公交换乘量较大的地方或直接设置于内部，通过各换乘空间转换实现换乘和接送客。

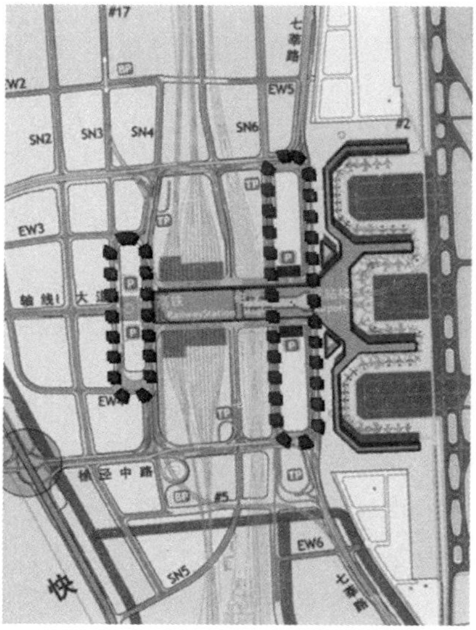

图 5-18　虹桥枢纽逆时针的单向循环圈

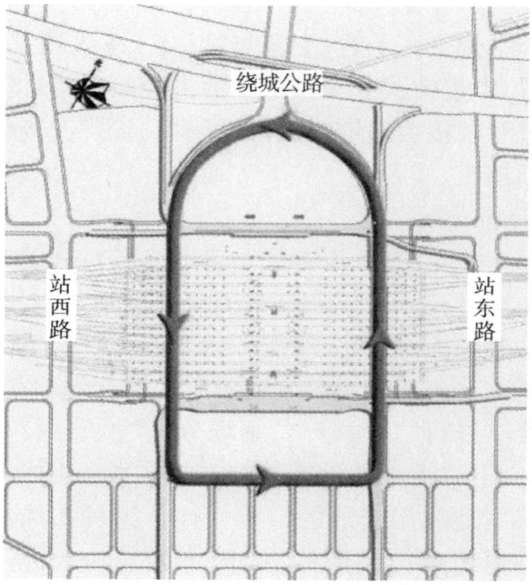

图 5-19　南京南站地面逆时针微循环

在大型客运枢纽中，若无法提供足够用地的情况下，要实行"到发分离、站场分离"，不在枢纽核心区提供站场集中式的上客方式，通过专用通道衔接至主导方，给旅客提供无缝式的接驳换乘方式。

1. *布局组织方式*

公交车的运行特点为：公交车到达下客、临时蓄车（停车）等候和上客发车 3 个基本功能。其布局和交通组织方式按照 3 个基本功能的不同组合又可分为集中式、半集中式和分离式三种。

1）集中式

三大基本功能集中布置在同一平面上。集中式占地面积大，每条线路占地至少 $700m^2$ 以上，包括 1 个发车位、1 个下客车位、1 个或 2 个停蓄车位以及公交运营调度等空间，如集中设置多条公交线路，则需占地面积更大。

由于集中式占地面积大，当枢纽内安排多条线路时，人在枢纽内换乘易产生找寻不便、人车冲突、相互干扰的现象；在用地受限制区域，由于无法集中提供集中式公交车站所需用地，往往将线路分散设置在离换乘目标相对较远的区域，这种处理方式将产生换乘距离长、换乘不便等问题。

在距离综合客运枢纽主导方较近时，可直接通过各换乘空间转换实现换乘和接送客。但是需确保集中式中内部人流、车流的相对分离。如上海火车南站。

2）半集中式

公交车上客、下客与蓄（停）车3项基本功能根据需要两两组合、相对独立布置；半集中式公交首末站的占地面积相对较小、换乘距离较短。这种组织方式将通过专用接客通道或送客后回场通道，连接综合客运枢主导方。如北京南站、深圳罗湖枢纽。

3）分离式

公交车上、下客站与蓄车区各自分散布置，可采取立体化的布局形式。分离式布局可充分发挥公交车辆机动灵活、门对门服务的优势，高效集约布置站位，减少换乘距离、提高公交服务效率、避免人车冲突，进而增加公交的吸引力。

分离式布局对公交蓄车区的交通组织和站场选址有一定要求，需要专门为公交车进行"到发分离、站场分离"的交通组织，将公交车的停蓄以及管理调度等与上、下客无关的设施集中安排在蓄车区内，同时将蓄车区位置适度外移，从而最大限度地利用楼前的宝贵用地。这种布局易产生公交车辆从下客站至上客站行驶距离相对较长的问题，因此对公交系统信息化运营调度水平要求高。如浦东机场。

2. 不同主导方的组织特点

1）以机场为主导方的组织

对于以机场为主的大型综合客运枢纽，要为旅客提供便捷的换乘（内、外换乘）服务，交通组织可采用到发分离、站场分离式布局：公交车上、下客站利用到达、出发车道边统一设置，停蓄车可几条线路合并使用公交蓄车场，蓄车场与上、下客站独立设置；公交对机场客流分担率可达到20%～40%。

2）以铁路为主导方的组织

由于铁路客站公交首末站线路多、占地面积大，往往设置在远离铁路客站的位置，给铁路与公交间换乘带来很大困难。新型的铁路客站（如北京南站、上海南站），提倡为旅客提供便利的换乘服务，突破传统由站前人行广场集中统一换乘的模式，送客车辆（出租汽车、社会车辆）可直接进入出发层车道边停靠下客，提高了换乘效率和舒适性，也为铁路枢纽内公交首末站采用分离式布局、方便公交车与铁路换乘创造了条件。一般采用集中式或半集中式布局，统一布置在铁路站前广场内或周边；公交除为铁路旅客提供换乘（内、外换乘）外，往往还与城市交通之间产生换乘（内、内换乘）。在到发分离布置、立体化的基础上，推荐采用公交设施站场分离的布局方式及相应的交通组织。公交对铁路旅客客流的分担率在25%～65%。

3）小型枢纽的布局组织

小型枢纽的公交站场应尽量贴近综合枢纽设置，直接通过交通换乘空间进行换乘和接送客。

3. 蓄车场的交通组织

1）蓄车场的外部交通组织

蓄车场进出交通组织要处理好公交车自下客站进入公交蓄车场以及由蓄车场驶入公交车上客站上客两个环节。

公交蓄车场进出交通组织应尽量减少公交车进出蓄车场绕行距离，降低营运成本；公交蓄车场宜设置在公交车下客站驶向公交车上客站的途中，而且尽量靠近公交车上客站，从而避免绕行距离过长、确保公交车上客站的准点率。若将公交蓄车场设置在枢纽外围较远处、公交车自蓄车场驶出进入公交车上客站需要折返很长距离，大大增加了公交车的空驶距离，在实际运营时公交车不愿进入蓄车场而是直接驶入上客站蓄车，使得公交蓄车场没有真正发挥作用、影响了分离式公交首末站的使用效果。

公交蓄车场进出交通组织时，还要尽量避免蓄车场出入口设置对周边道路的干扰，有条件时可设置公交专用道进出蓄车场；公交蓄车场地要灵活选择、尽可能利用枢纽换乘区域外围发展潜力有限的消极地块（如出入受限、环境不佳、零散等地块）。

2）蓄车场内交通组织

公交蓄车场为公交车辆提供短时停蓄，蓄车场内交通组织要合理布置公交蓄车位、公交调度管理用房，使得公交车辆在蓄车场内“进出顺畅、不受干扰”；同时车辆在场内“停放灵活”、确保“调度出车即走”。

四、出租汽车系统的布局及组织模式

1. 布局组织方式

1）站场集中

站场集中是利用较大空间的出租汽车排队上客通道进行上客排队，上客排队通道具有一定的蓄车功能，小型枢纽站无单独的出租汽车蓄车场作为出租汽车的调蓄场所。出租汽车上客排队通道的布局基本靠近上客车道边，见图5-20。

苏州火车站按布局布置3个出租汽车上客区，上客区含蓄车功能，属于站场集中的布设方式。3个出租汽车上客区分别对应高速铁路车站、普通铁路车站、公路长途客车站，见图 5-21。

深圳罗湖枢纽无大规模的出租汽车专用蓄车场，属于站场集中布置，3 个出租汽车上客区分散布置，分别对应码头、长途车站以及铁路，见图 5-22。

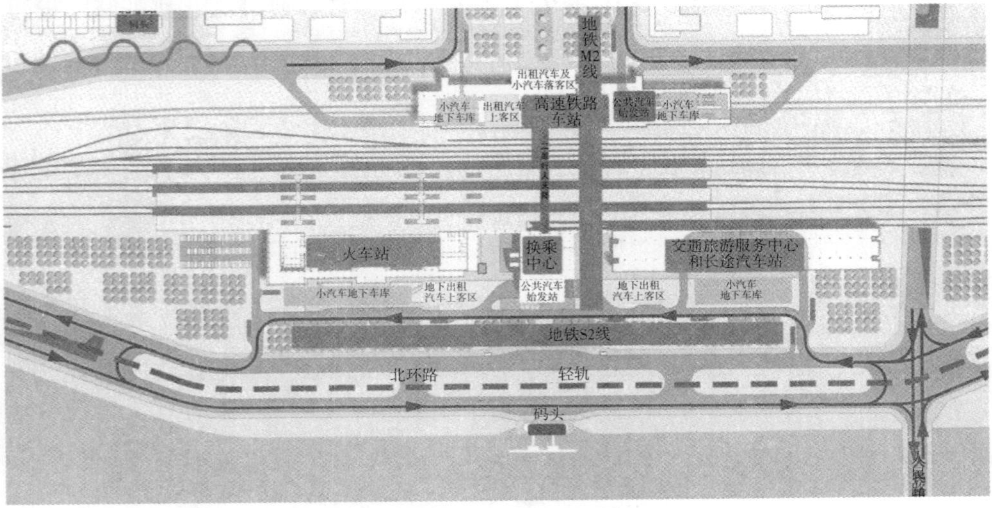

图 5-20　出租汽车蓄车场分布示意

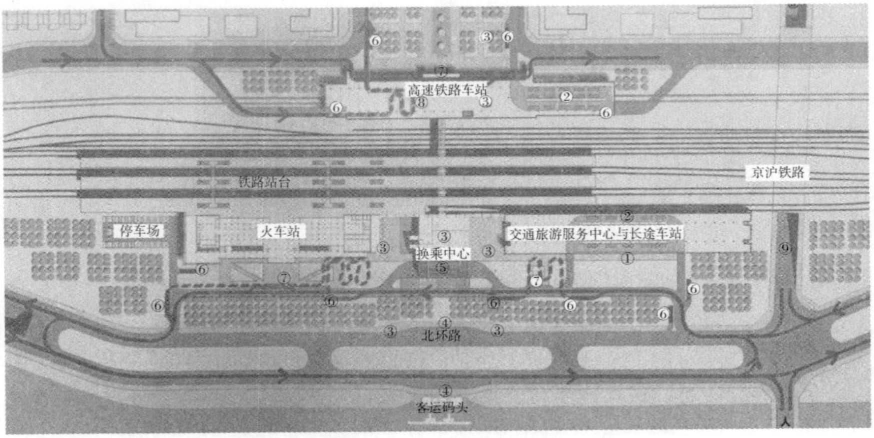

图 5-21　出租汽车流线示意

2）站场分离

站场分离有单独的蓄车场，上下客处与蓄车场是分离的，根据整个总体布局方案确定。当大型枢纽有出租汽车蓄车场布局时，其出租汽车蓄车场的选址可以选择在一些边角之处，以节约用地。如厦门火车站根据南北广场的布设，分别在南北广场各布置1个出租汽车蓄车场，属于站场分离的布设方式。2个出租汽车蓄车场分侧设置，对应服务，见图5-23、图5-24。

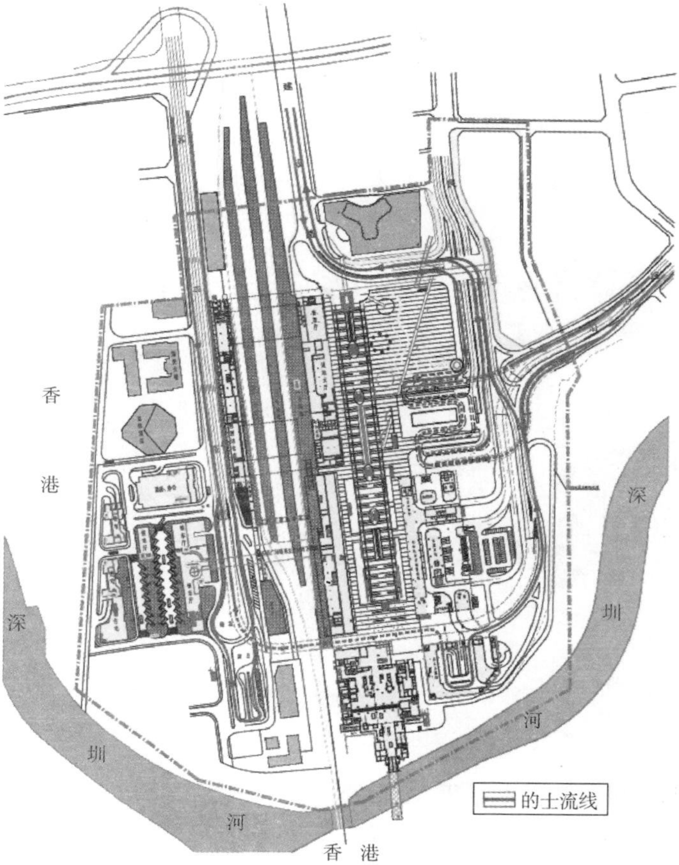

图5-22 深圳罗湖枢纽的出租汽车流线示意

2. 布局适用条件和范围

1)站场集中

对于站场集中的设置，如果未设置专用的出租汽车蓄车场，只有排队通道的长度和空间，属于传统的方式组织，即采用各条排队通道对应各上客点处的发车位，车辆到达后，按照到达的先后次序依次在各车道内排队，随着最前面的出租汽车在上客点上客后逐渐离开，排队区的出租汽车不断地一辆一辆地往前移动，车辆处于不断移动过程中。该种方法对于较小的枢纽,出租汽车总量较小,上客点个数多,出租汽车周转率很高,排队时间不长的情况比较适合。该种方法适用于高峰时出租汽车需求较小的枢纽规模。保证旅客排队时间小于15min。

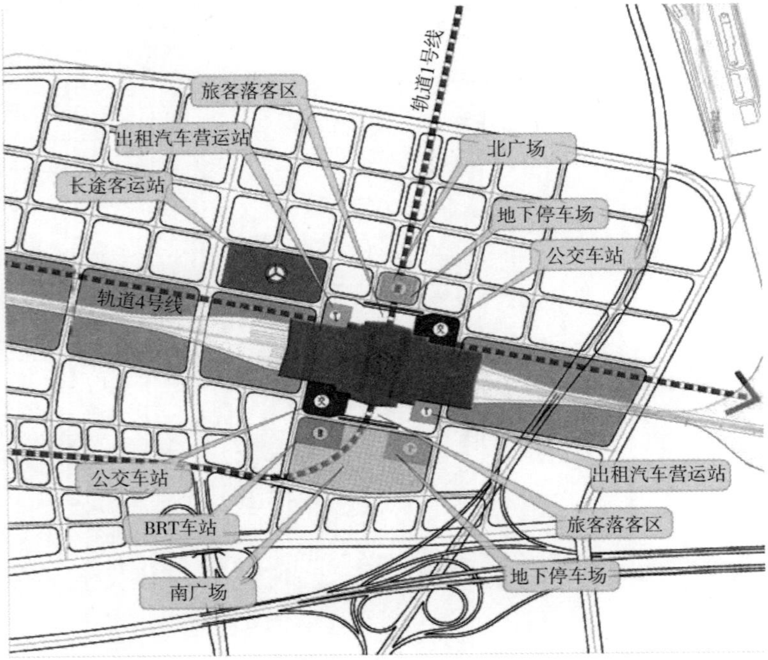

图5-23　交通设施布局图

2)站场分离

在高峰期出租汽车需求量很大、平峰期需求量小的情况下,由于缺少足够的空间用地,将所有调蓄的排队车辆均放置在排队通道内,就需要采取站场分离式的方式,将宝贵的上客车道边等地块让出来,利用边角地块等作为出租汽车的蓄车场。同时,需要有及时的调度和出租汽车储备用于调蓄不同情况下对出租汽车的需求。此种状况不能采用站场集中方法的主要原因是:

用地不节约;出租汽车一直处于移动当中,出租汽车一直在走走停停,反复“起动—行进—停车”,油耗大,排放的废气多,不仅不节能,且间接导致驾驶员心情烦躁、管理员的工作强度增加;在较长的排队时间内,驾驶员无法离开车辆进行休息,如就餐、如厕等,不符合人性化设计;出租汽车都在几条很长的车道内,一旦前面的出租汽车发生故障,后面的出租汽车难以超越,影响出租汽车供给量。

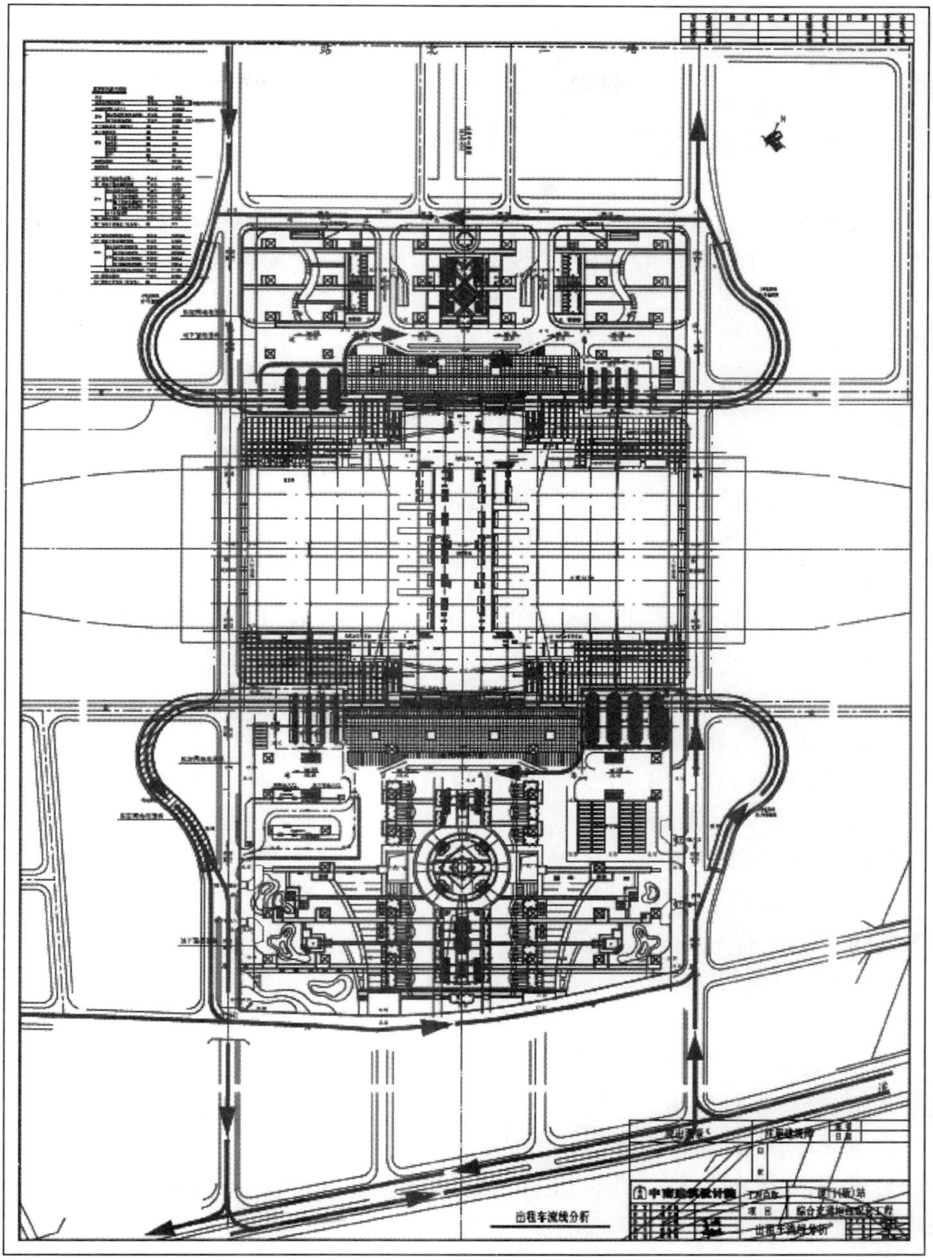

图 5-24　出租汽车流线示意

站场分离布局原则：

集约布置，节省用地。在布置出租汽车蓄车场时，尽量利用枢纽内的边角地带，以增加土地的利用率，同时与整个道路循环系统密切相连。选择在铁路轨道与道路红线的三角形夹心地等以及高架系统的桥下，实现枢纽内部土地的最大限度利用。

多点分设，对应服务。一般大型枢纽均有南北广场，或东西广场，根据南北功能定位及出口设置，需分设多点的蓄车场，防止绕行距离过远，避免一侧比较集中，另一侧出租汽车上客无法及时保证的情况，以保证对应服务。在场地许可的情况下，尽可能满足到达乘客量对出租汽车量的实际需求。尽量减少乘客等待的时间。

流线合理，减少绕行。出租汽车送客时，经快速集散系统进入出发车道边，随后通过疏散道路就近驶入对应的地面蓄车场排队。在集散道路的匝道设计中，注意匝道的分合流位置，减少送客完毕后进入蓄车场的出租汽车与其他方向车流的交织，在复杂系统下尽可能设专用回场通道，并最大限度地减少空驶车辆在集散道路系统内的绕行。

分期实施，控制规模。根据枢纽的实际运行情况，出租汽车蓄车场分为近期和远期实施，在近期可在预留空间实施绿化，控制蓄车场的实际规模。

3. 蓄车场交通组织

1）站场分离的外部交通组织

（1）出发送客：载客出租汽车从外部集疏运道路进入枢纽集散道路系统，根据进入枢纽的位置（北侧、南侧、东侧、西侧等）以及不同旅客的换乘交通方式进入对应的车道边，在出发车道边下客。

（2）进场等候：下客完毕后，空驶出租汽车通过内部道路进入对应的出租汽车蓄车场排队。在蓄车场排队期间，驾驶员可以进行用餐、休息等活动。

（3）排队接客：出租汽车在蓄车场排队驶入到达车道边匝道，进入对应的到达车道边接客。

（4）载客离场：载客后的出租汽车，驶出枢纽到达车道边，再次进入快速集散道路系统，最终驶出枢纽。

2）蓄车场内部交通组织

蓄车场内按车道顺序排队，当前一个放行车道空置以后，放行下一车道，从而循环。

出租汽车蓄车场被分割成若干条平行的车道，车辆进入停车场后，按照到达的先后顺序顺次排列在车道里面，车辆在停车车道内首尾相连。在上客点和停车场需要有管理员维持秩序，上客点管理员根据上客点车辆排空情况，通知停车场管理员是否放行车辆，停车场管理员接到指令后，开始放行停车场内的出租汽车，到达上客排队通道，上客排队通道应具有一定蓄车功能。通过上客点接客后驶离。每次放行一列。避免车辆在蓄车场处于走走停停状态，见图5-25、图5-26。

蓄车场内分为排队区和非排队区，非排队区根据号码类似社会停车场方式停车。排队区按车道方式排列，并依次放行。

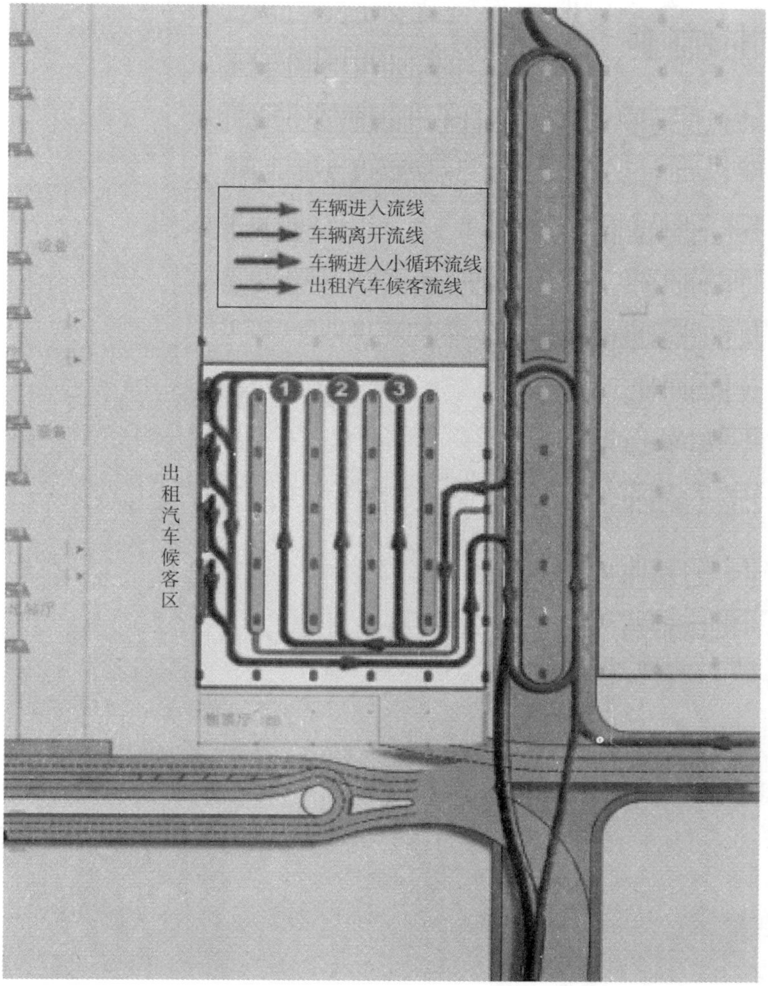

图5-25 南京南站出租汽车等候区及上客区域设计

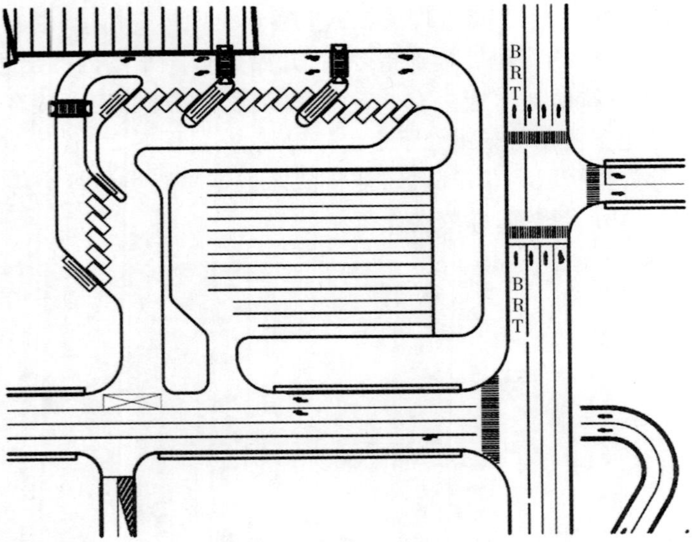

图 5-26　厦门高速铁路车站出租汽车交通组织

排队区设在蓄车场的出口处，蓄车场的入口处设有取号机，出租汽车从该取号机取号，取号后进入非排队区休息等待，再按照取号的顺序进入排队区，在蓄车场的出口处设有红绿灯或管理员，排队区的出租汽车按照红绿灯指示或管理员指挥进入上客区接客。该方式避免了车辆因抛锚等因素引起的不便，减少了其他应急措施的设备投入，见图 5-27。

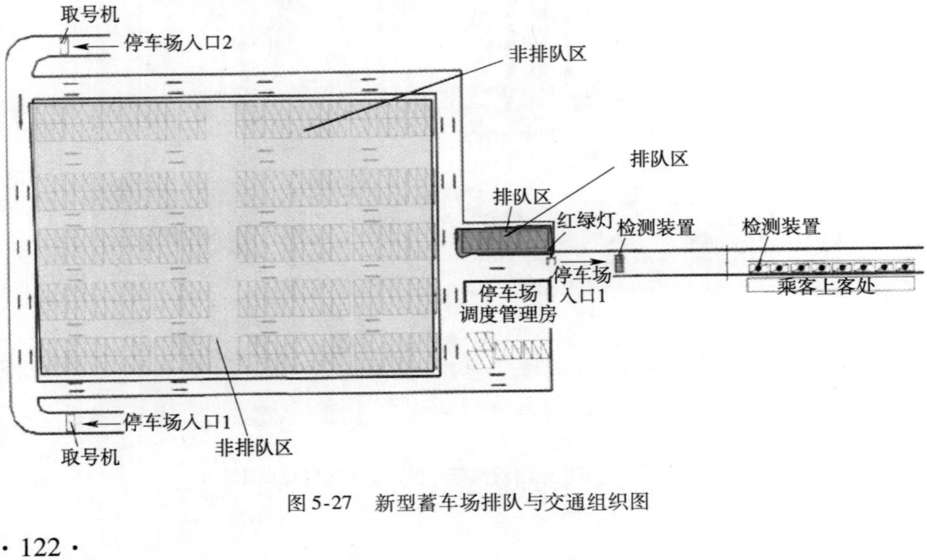

图 5-27　新型蓄车场排队与交通组织图

以上方法还可根据实际情况进行具体的改进。根据排队通道长度等进行选取和调节。

4.蓄车场内部设计要点

(1)合理布置蓄车场空间,注意环境效应,重点利用道路两侧和有效空间布置绿化。蓄车车位之间的隔离带布置大蓬径的乔木,来改善蓄车场的视觉效果,美化环境。

(2)蓄车场内交通设计方案力求做到交通均衡、出租汽车行驶方向明确。蓄车场内交通基本无冲突,出租汽车暂停、直接行驶可分可合。集中布置,统一管理等。

(3)蓄车场内配套设施齐全、运行可靠、经济合理。风格统一、协调,主要的建筑物调控管理,快餐、小超市和公共厕所等用房造型现代、简洁,用材环保、节能。

五、社会车辆系统的布局及组织模式

1.布局组织方式

停车场的布局主要有近端停车和远端停车两种。主要受用地和换乘便捷要求的影响。而近端停车根据具体情况还可以采用多种布局,独立设置停车楼,与商业设施或主导方交通建筑主体共建,设置地下停车库或对小型枢纽设置单层平面广场式停车场。

采用近端停车还是远端停车,主要与枢纽的用地控制有关,若仅为枢纽服务,则尽量靠近综合客运枢纽交通功能区。若还可以与周边商业或轨道的P+R换乘停车设施共享,则可选在几个共享主体的中间位置。若就近无条件设置,则可设置远端停车,但必须提供便捷、导向识别明确的换乘设施,方便携带大量行李的旅客出行。

2.布局适用条件和范围

1)单层平面停车场

单层平面停车场的优点是造价低、布局灵活可变,缺点是往往步行距离较长,无法遮风避雨,服务水平较低。适合停车需求量较小的枢纽。

2)停车库

多层立体停车库是用地更加集约的一种停车方式,步行距离可控,服务水平较高,但一次性投资较大,不利于解决大型车辆的停泊问题。大型综合客运枢纽对小型车辆的停车设施需求往往很大,因此对小型车辆而言,宜设置多层立体式停车楼或者结合广场、商业等,建设地下或地上集中式停车库。

大型社会车辆由于车型较大、高度高、转弯半径大、停车总量低,不宜采取停车楼的方式布局,对于大型车辆,宜采取停车场停泊或停车楼屋面停泊的方式。

集中式停车库:集中式立体停车库是将停车设施设置为一个集中的大型停车库,往往能容纳相当多的车辆。优点是用地更加集约,可适应拥挤的地形;缺点是无论对旅客还是车辆，可识别性不强，同时建设规模往往按照终期容量规模建设，一次性投资较高，无法分期建设。

单元式立体停车库：单元式立体停车库是将停车设施设置为若干小型停车单元，每个单元容纳等量的停车数。可根据大型综合客运枢纽停车设施需求量的不断增长而灵活分期建设。划分若干小型停车单元的做法，从平面布局上就保证了良好的可识别性。

集中式与单元式立体停车库对平面防火分区的要求不同。集中式立体停车库每层平面往往有不止一个防火分区，防火分区间需要进行消防分隔处理，而单元式立体停车库往往单层平面只设置一个防火分区，对于开敞式的单元立体停车库而言，按照国家现行规范，开敞的单元式立体停车库的单层平面规模最大可达 $10000m^2$，单层最大可容纳近 300 辆小型车。

日本中部机场为典型的单元式立体停车楼设计，中部机场的立体停车楼单元每单元 5 个层面，每层可停泊约 135 部小汽车，近期建设了 6 个单元，远期可扩建至 10 个单元，见图 5-28。

图 5-28　日本中部机场典型单元式立体停车楼

采用集中式立体停车库还是单元式立体停车楼,取决于用地条件和分期建设情况。若用地紧凑,首期建设时对停车位的需求量就很大,这种情况下可以考虑采用集中式停车库,但在大型综合客运枢纽中,对停车设施的需求是一个长期变化的过程,往往初期停车需求较低,而随着枢纽的发展,停车设施需求会越来越高,这就有可能需要采用单元式的立体停车库的布局方式,可以采用近期单元立体停车库+地面停车场、远期扩建停车库单元的模式,来满足停车需求。

对于大型的综合客运枢纽,建议设置近远端的停车库,并注意考虑其近远端停车设施合理规模的综合平衡。

3. 停车库的交通组织

1)停车库的外部交通组织

对于社会车辆,建议其系统到发采用动态管理措施,通常,出发送客提供车道边送客。当车道边资源短缺时,部分社会车辆入库送客,同时,可在停车楼(库)内部结合分时管理措施,应用经济杠杆于分时收费标准中(如入库停车在前30min内可免收费等优惠措施),以充分发挥道路资源功能,保障枢纽交通的通畅与安全。反之,则可放开限制,提供车道边送客;对于社会车辆的小客车到达接客,车辆均进入停车库(楼)等待,避免长时间占用车道边道路资源。

(1)社会车辆小客车外部交通组织的基本模式有以下3种。

①出发送客①:进场道路主要节点→集散道路→专(混)用车道→车道边落客→离场。到出发车道边送客后,直接驶离枢纽不进停车库。

②出发送客②:进场道路主要节点→集散道路→专(混)用车道→停车库→送客→离场。到停车库送客后直接驶离枢纽。

③到达接客:进场道路主要节点→集散道路→专(混)用车道→停车库、场→接客→离场。到停车库接客后,直接驶离枢纽。

(2)对于社会车辆的大客车,其外部交通组织的基本模式有以下2种。

①出发送客:进场道路主要节点—专(混)用车道—车道边落客—离场。到出发车道边送客后,直接驶离枢纽不进停车库。

②到达接客:进场道路主要节点—专(混)用车道—停车库(可无)—到达车道边接客—离场。先到停车库,然后去到达车道边接客后离场。

2)停车库内车流组织

停车库由于车流量大,旅客使用频率高,而且往往携带随身行李,因此对于车库的使用要求较高,若简单采用常规停车库设计,则无法提供较好的服务水平和较高的运转效率。停车库的人流、车流组织是整个车库设计的骨架,简单明了的车库流线设计能大幅度提升车库的运转效率并提供给旅客舒适的使用体验。

库内车道需分清主次车道，主车道应与出入口或换层坡道直接相连。特别是当主车道上布置有停车位时，主车道的宽度应大于次车道。在车库规模较大时，主车道上车流较多时，不宜在车道两侧同时布置停车位。

库内车道无论是主车道还是次车道，均宜采用单向行车方式，这可以避免出现库内车辆堵塞。可以通过限定地面划线、标识等多种手段对车流方向进行控制。

库内车流宜采用大循环 + 小循环的方式，不应有尽端路和盲区。

库内车流应流通顺利方便，不能有尽端路和流线盲区。车流宜采用大循环套小循环的方式，主车道上行驶大循环，次车道上行驶小循环。此种分级设置可使车辆方便地从大循环进入小循环，也有利于驾驶员对库内空间和流线的理解。

图 5-29、图 5-30 为浦东机场二期航站楼交通中心车库内景与库内车流流线，车道主次分明，行车方向单向，车行道采用大循环 + 小循环的车流方式，单向流线覆盖了各个停车位，无盲区，且主次分明，易于找寻车位和进出库。

图 5-29　浦东国际机场 P2 车库内景

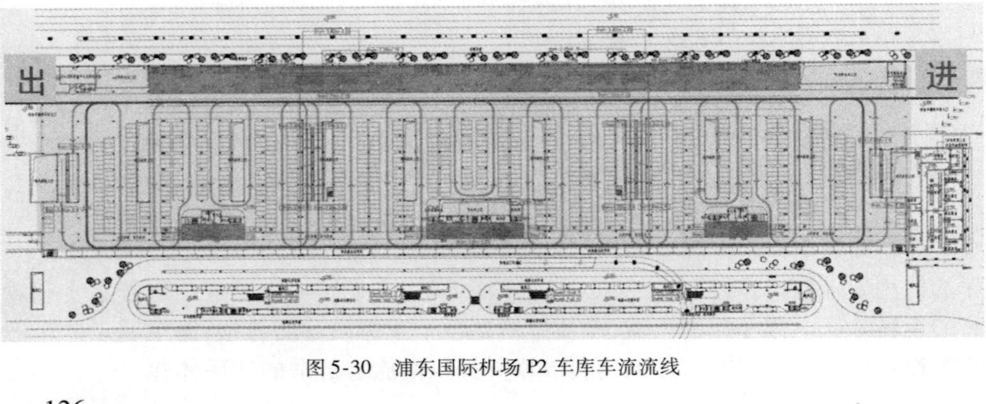

图 5-30　浦东国际机场 P2 车库车流流线

4. 出入口及换层坡道组织要素

1)停车库出入口位置明显,易于寻找,便于到达

对于大型综合枢纽停车库而言,停车库的出入口位置应当处在旅客易于理解、便于寻找和到达的位置。这有利于库内流线组织和旅客使用便利。

2)换层坡道每层位置应固定,并与主通道直接相通

对于停车库的设计而言,宜将换层坡道布置在各层的同一位置,便于寻找和识别,并且与库内主通道直接相通。

3)车库出入口宜设置在中间层

停车库布置出入口的时候,宜保证出入口到各个层面的距离均等,若库内部分车位距离出入口过远,会导致库内停车位使用不均衡。因此,对于多层停车库而言,合理的出入口位置在中间楼层。

4)出入口位置应尽量靠近一组换层坡道,便于车流疏导

出入口宜靠近至少一组换层坡道,便于从坡道上下的车辆直接使用车库出入口。

图 5-31 为西班牙马德里机场 T4 航站楼车库布局,入库主通道与换层坡道联系紧密,收费口至换层坡道关系简单明了。

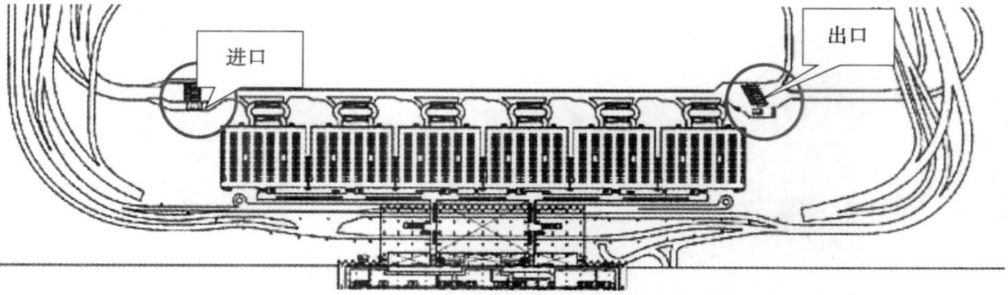

图 5-31　马德里机场 T4 航站楼车库坡道及进出口

5. 库内人流组织——建立与车流独立的人行系统

对于枢纽停车库而言,旅客和车辆共用同一通道会带来很多问题。应避免人行通道与车行通道的混用而带来的交通安全隐患。大强度的车库使用频率要求车位和车库内流线设计要有很高的运行效率,尽量避免发生拥堵,因此应尽量将旅客流线与车辆流线分开,同时保证行李手推车行驶在非车辆行驶区域。

图 5-32 为日本中部机场停车库内人行系统,独立于车行系统的人行系统为库内车辆高效运行提供了保证。

1)虚拟人行道

人行系统可以通过虚拟人行道来实现,虚拟人行道是通过地面划线等方式在车库地面上人为标记的人行区域,高程上与车行道没有差别,但是在色彩上有所区分。

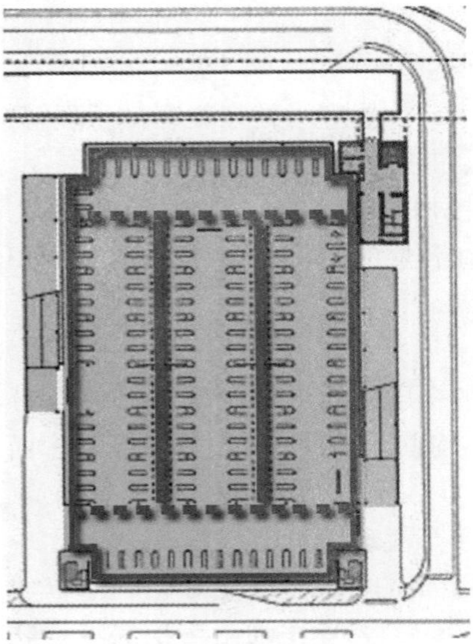

图 5-32 停车库内人行系统

专用的人行步道尺寸应满足行李小推车的行进，宽度以 1.5m 为宜；人行系统应与垂直交通节点、库内服务设施相配合，如应与自动扶梯、电梯、收费等设施结合。

2）库内车道边

库内车道边是在停车库内部设置的一条专门用于上下客的车道边，这条车道边可以给旅客使用和业主管理带来很多便利。

图 5-33 为香港机场停车库内供旅客上下车的专用车道边，黄色阴影区为停车区，右侧为步行旅客通道（库内车道边）。

库内车道边为人流提供缓冲安全区，保证安全和便利；旅客可选择在车位上车也可选择在车道边上车，以提高服务水平；与自动扶梯、电梯、收费系统相结合。

图 5-33 香港机场停车库库内车道边

案例 5-1 虹桥综合客运枢纽机动车系统设施布局与运行组织

1. 设施布局

虹桥枢纽结合枢纽建筑层次布局，所有车辆的出发与到达层面均分离设置，并实行分类管理。出发层为高架层，到达层为地面层或地下一层；鼓励社会车辆进车库。西交通中心布置高速客车始发站、公交站、地下立体停车库等；东交通中心布置高速客车过境站、常规地面公交站、立体停车库等；社会停车库是图中 P 位置。公交客车车辆蓄车场图中 BP 位置，高速客车蓄车场图中

CP 位置；出租汽车蓄车场利用枢纽夹心地等布局了 4 处，见图中 TP 位置。这种布局方式体现了集约布置、站场分离、多点分设、对应服务的特点，见图 5-34、图 5-35。

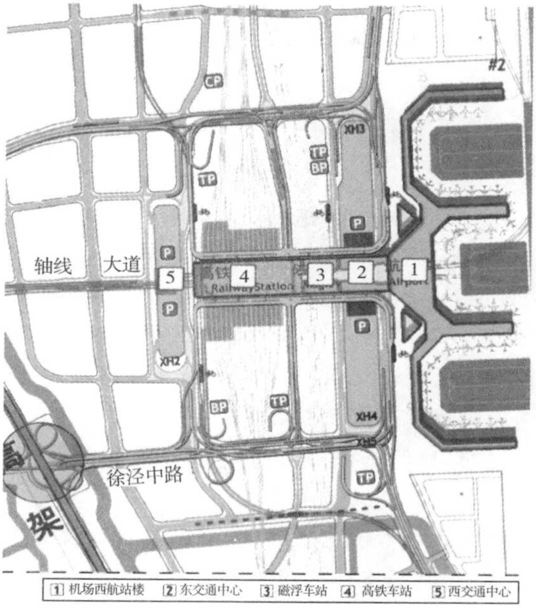

图 5-34　上海虹桥枢纽核心区各设施总体布置图

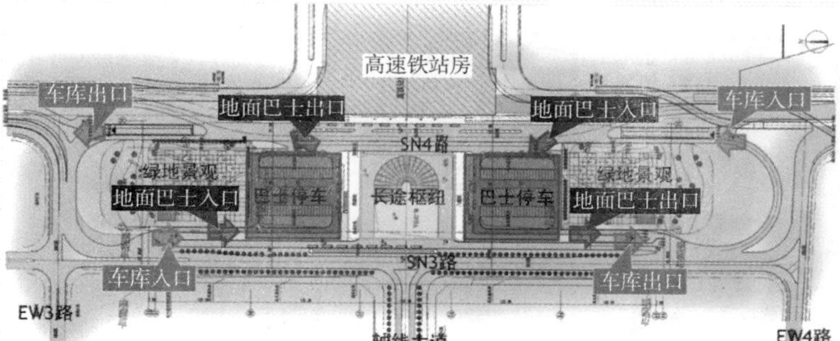

图 5-35　上海虹桥枢纽西交通中心的具体布置图

2. 运行组织

上海虹桥综合交通枢纽中各类车辆的运行组织关系，见图 5-36。

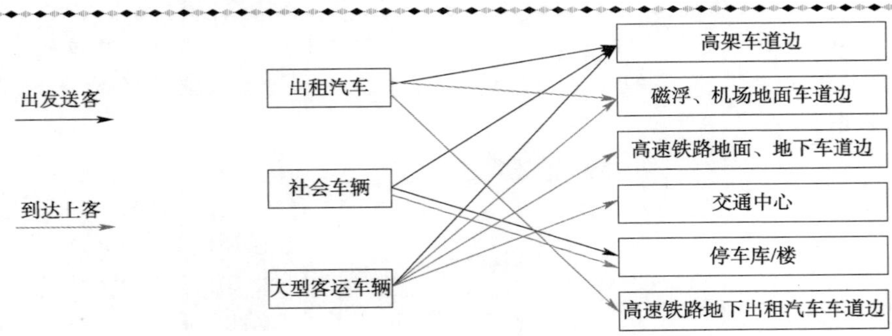

图 5-36 上海虹桥枢纽中各类车辆的运行组织示意图

1）公交车交通组织

枢纽中，公交线路采用了“北 5 南 8”的布设格局。发往上海市区北部以及西北部的 5 条公交线路通过北部高架循环系统进入枢纽，发往上海市区南部以及西南部的 8 条公交线路通过南部高架循环系统进入枢纽；公交线路进入枢纽后直接行驶至高架出发层内侧车道边（紧邻建筑入口）下客，下客站为 2 站式，分别在铁路站房和机场航站楼门前各设一站；公交车下客后，通过专用匝道分别进入枢纽内北侧和南侧公交蓄车场蓄车，等候发车调度，公交蓄车场的公交车可进入东交通广场地面层公交车上客站（北侧）和西交通广场高铁站前公交车上客站（南侧）上客，上客后车辆可通过匝道进入高架系统后经原路驶离枢纽。

公交蓄车场距离上客点均在 400m 范围内，保证公交车顺利由蓄车场进入上客站上客、准点发车。公交车交通组织示意，见图 5-37。

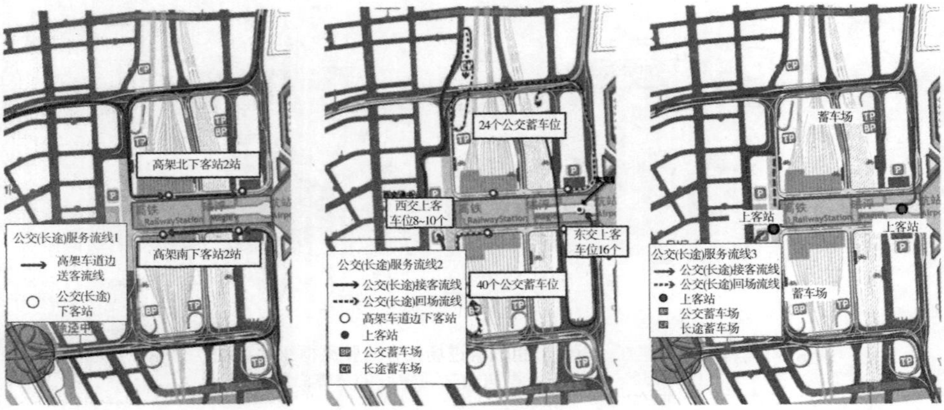

图 5-37 虹桥枢纽公交车交通组织流线示意图

2)出租汽车交通组织

出租汽车交通组织流线,见图5-38、图5-39。

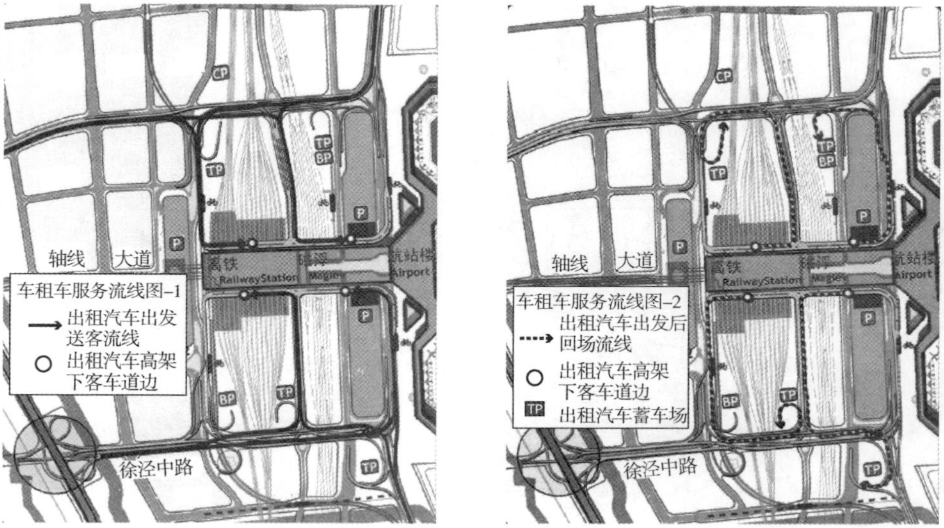

图5-38 虹桥枢纽出租汽车进入枢纽下客—蓄车场示意图

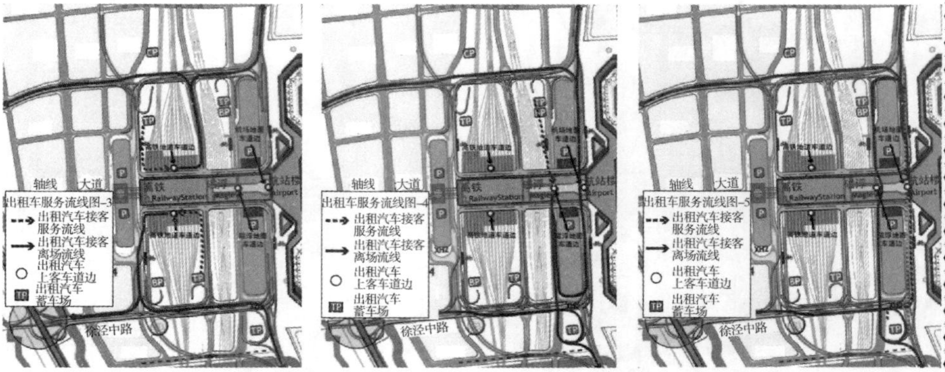

图5-39 虹桥枢纽出租汽车进场接客—驶离枢纽示意图

3)社会车辆交通组织

社会车辆交通组织流线情况,见图5-40、图5-41。

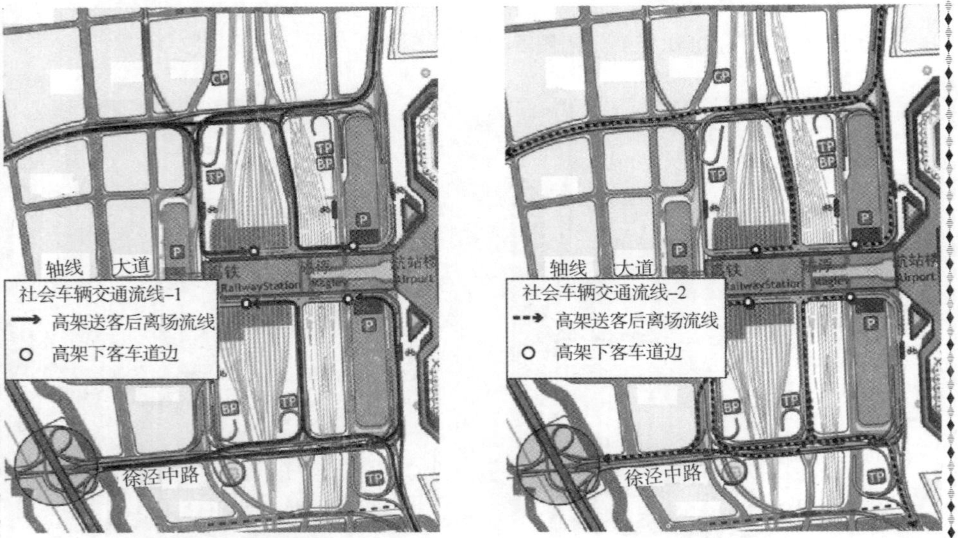

图 5-40 社会车辆高架车道边送客的进场离场流线示意图

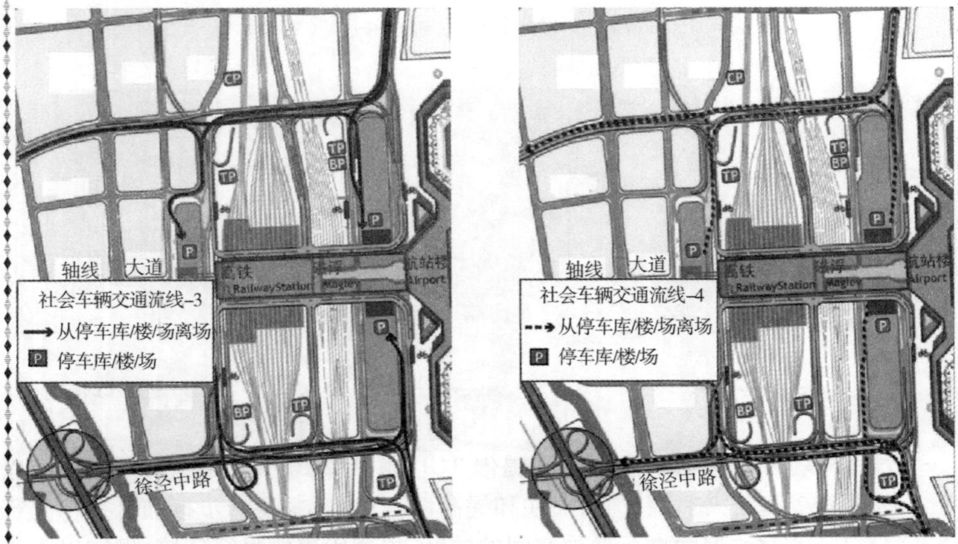

图 5-41 社会车辆进车库接送客的进场离场流线示意图

六、衔接站场出入口设置

枢纽内部交通组织时，各站场的出入口设置对内部交通组织有较大影响。根据交通组织设计，进行出入口安排时，设计要点如下：

(1)站场出入口如与枢纽主要进场道路贴近，为避免直接将出入口开在主要进出道路上，对主要交通产生较大影响时，尽量将出入口开在交通量较小道路上，通过道路等级过渡，进行交通组织。必要时，可更改交通组织方式，如部分单项交通或改变出入口位置。

(2)进入枢纽的各站场出入口，应注意考虑车辆靠右行驶习惯，尽可能安排在顺向行驶方向上，避免大量进场离场车辆影响对向行驶车辆，以造成交通拥堵。若考虑在出入口处可能形成排队情况时，必要时应预留出入口处排队等候空间。

(3)出入口的设置，避免在道路上形成大量的穿插车流，避免形成严重的短距离交织车流。可通过各种交通组织方式，如单向交通、信号控制、环形交叉口等，减少冲突点。

(4)进入枢纽的车流，注重分层分流的交通引导原则来设置衔接站场入口，入口的设置便于各种方向的车流汇集进入。离开枢纽的车流，注重直接、导向明确、迅速汇集离场的特点，避免进行多次迂回绕行。出口的设置还必须有利于多路径的选择，配合的导向指示要明确。

(5)各站场出入口尽可能分设、进出分离。交通流线明确、顺畅。避免因为管理简化的原因，合并出入口，造成车流交通组织混乱。

(6)站场出入口与城市人行过街天桥、地道、桥梁或隧道等引道口的距离宜大于50m；距离主要道路交叉口宜大于80m。条件困难的情况下，可辅以交通需求管理的手段做适当调整。

第五节　慢行系统交通组织

一、设计目的与内容

现代化的综合客运枢纽设计应当提倡TOD发展模式，构建以枢纽为核心、以慢行系统为搭接的公共换乘空间，关注和提高慢行主体（主要指步行和自行车出行者）出行换乘的安全、保障慢行换乘空间的顺畅、构建优美的慢行环境，贯彻以人为本的设计理念。综合客运枢纽慢行系统交通组织设计内容主要考虑两方面：第一，枢纽周边的步行系统设计。第二，乘客集散换乘等待空间的设计。

二、设计原则

研究慢行系统设计的主要原则有：

(1)鼓励和引导市民更多采用“慢行＋公共交通”的出行模式。

(2)围绕综合客运枢纽等慢行主体集中的区域构建慢行活动区域。

(3)加强公共交通与慢行系统的衔接，提高慢行系统对出行交通的影响。

(4)切实解决好慢行空间的通行安全和通行效率问题。

三、设计要点

(1)在枢纽与城市衔接的道路上应给予自行车和行人专用通行道，保证自行车出行畅通，枢纽内设置专用自行车停车设施，保证自行车与公共交通换乘的便利性。

(2)根据枢纽周边用地性质、开发强度，测算步行者出行总量，据此提供不同程度、不同类别的步行道路设施，并测算道路宽度或长度是否可以满足步行客流需要。

(3)步行道路上不应设置障碍物，并通过绿化等环境构筑高品质步行空间。

(4)为保证过街行人的安全和考虑减少对道路交通的影响，应在枢纽周边设置平面或立体行人过街专用设施；平面过街设施可利用中央分隔带建立行人过街安全岛，并在安全岛前设置保护区；立体过街设施可通过设置行人过街天桥，并注意设施的无障碍设计。

(5)枢纽外围可结合广场、等候站台等设施，统一考虑设置休憩、观赏、驻足和活动的慢行空间。

(6)枢纽内部应设置贯通枢纽空间的通道，以保证对城市慢性系统的连续性，不因枢纽的存在而割裂与周边城市功能联系。

(7)对于设置在建筑体外的换乘通廊，应设置挡风避雨设施，提升旅客换乘舒适度。

四、应急疏散交通组织

综合客运枢纽是一个人口高度密集、多种交通工具中转的空间，一旦出现灾害或突发事件，组织不力，将会造成社会影响极其严重的后果，加上我国特有的国情和文化现象，春运、节假日客流高度集中，因此在综合客运枢纽设计中一定要强调应急疏散交通组织设计。主要设计要点如下：

(1)保证不同类型的机动车出入口在紧急状态下的共享，在出入口设计时应考虑以上各类车型的宽度、高度等因素。

(2)换乘平台设计中,要考虑旅客的快速对外疏散,主要换乘空间对外通道的大门均应设计为向外开启方式,步行楼梯的设计等均要考虑以上因素。

(3)站前广场必须预留足够的疏散空间。

(4)为应对节假日等客流突发高峰,注意长途客车、公交车等发车位的弹性设计,必要时可通过交通管理方式将部分停车区或站前广场改做临时发车区,但要有很好的枢纽整体交通组织设计方案。

第六节 标准与要求

一、枢纽外部技术标准

1.道路主要技术标准

1)道路等级

明确枢纽周边各道路规划等级。

一般情况下,根据中小型枢纽的具体客流情况,枢纽集散道路应确定为城市主干路或快速路。

2)设计车速

明确枢纽周边各道路设计车速。

根据道路等级及其在路网中的定位,其中起到集疏散作用的快速路或主干路,其设计车速宜取高值,快速路宜取 80km/h 及以上设计车速,主干路宜取 50km/h 及以上设计车速。进出场道路的设计车速宜取高值,其中次干路宜取 40km/h 及以上设计车速,支路宜取 30km/h 及以上设计车速。

3)车道宽度

明确各市政道路(地面道路、地下隧道、高架道路)的车道宽度。明确枢纽周边交叉口的进口道及出口道宽度。

单侧双车道及双车道以上的情况时,一条大车车道宽度按 3.5m 设计,一条小车专用车道的宽度可按 3.25m 设计;单侧单车道有中央分隔带的情况下,一条车道宽度应按 3.5m 设计,加左侧路缘带和右侧硬路肩后的单侧路面宽度不小于 5.5m;每侧单车道但无中央分隔带的情况下,每侧车道应按 3.5m 设计。上述车道宽度应根据行驶的车种和道路平曲线半径进行适当加宽,车行道路面的宽度均应包括路缘带的宽度。

枢纽周边交叉口应严格按《城市道路交叉口设计规程》(CJJ 152—2010)设计,对渐变段及展宽段均应留有充分的空间。

4)净高标准

明确市政道路(地面道路、地下隧道、高架道路等)的净高标准。

市政道路大小车混合通道净高应满足 4.5m,仅限中、小型车通过的道路净高可适当减小,但不宜小于 3.4m。

5)道路纵坡

明确市政道路(地面道路、地下隧道、高架道路)的道路纵坡选取标准。

若城市冬天有较多的冰雪天气,路面易发生结冰或积雪现象,其纵坡度不宜超过4%。若城市冬天基本没有冰雪天气,路面基本不会发生结冰或积雪现象,其纵坡度可根据《城市道路工程设计规范》(CJJ 37—2012)中的要求,具体见表 5-8。

道路最大纵坡度 表 5-8

计算行车速度(km/h)	80	60	50	40	30
最大纵坡度推荐值(%)	4	5	5.5	6	7
最大纵坡度限制值(%)	5	6		7	8

2. 其他主要技术标准

1)轨道交通

轨道交通线形应满足《城市轨道交通设计规范条文说明》(DGJ 08-109—2004),其中平面线形中,最小曲线半径见表 5-9。

平面线形最小曲线半径(m) 表 5-9

线 路	一般情况		困难情况	
	大型车	小型车	大型车	小型车
正线	350	250	300	200
辅助线	250	200	150	
车场线	150	150	110	

纵断面线形中,区间正线最大坡度不宜大于 3%,困难地段不应大于 3.5%,联络线及车辆段(场)出入线不应大于 4%。

2)快速公共汽车交通(BRT)

BRT 种类繁多,其爬坡性能及外廓限界根据车种不同而应有所区别,在具体规划设计时,若已经确定 BRT 所采用的种类,可按实际车辆性能确定线路经过的道路线形指标;在无规划具体 BRT 种类时,可根据城市内其他已有的 BRT 车辆特性来设计本枢纽涉及范围内的 BRT 线形指标;在无以上所述资料时,宜按道路纵坡不宜大于 4%、车道宽度不小于 3.5m、净空高度不小于 4.5m,进行规划设计。

车站处纵坡不应大于 2%,且不宜设置在凹曲线底部,港湾停车道的宽度不应小于 3m，中央整体式专用道的总宽度不应小于 8m，分离式单车道专用车道的总宽度不应小于 4.5m。

一般情况下，BRT 在道路路段上要求独立路权，但困难情况下也存在混行车道的可能，根据路权级别，其优缺点见表 5-10。

快速公共汽车交通专用车道形式 表 5-10

专用级别		优点	缺点
一级	混行车道	容易实现	易受干扰
二级	路外侧专用车道	便于公交站点布设；符合乘客使用习惯	受右转车辆和出租汽车上下客干扰，不利公交车辆左转
三级	路中央专用车道	免受出租汽车、右转车以及行人、非机动车辆的影响，运行车速高	对左转车辆通行有影响；车站用地不易保证；乘客到站不变
四级	路面快速公共汽车交通专用道	运行环境良好且容易得到保障	受路网条件的限制，实施困难
	高架道路或地下隧道	保证快速公共汽车交通运行不受任何外界影响	造价（改造）成本高

当规划选取快速公共汽车交通为路中式时，应根据具体情况选取左开门或右开门车型，根据车型不同，在路中预留的停靠站点的形式应相应进行调整。

一般情况下，快速公共汽车交通停靠站要求独立车站（部分低地板车辆可与常规地面公交混用），可在停靠站处与常规站台合建，通过物理分隔快速公共汽车交通站台与常规地面公交站台。

3）常规地面公交

若周边存在公交专用道，应在规划设计阶段进行预留。

二、枢纽内部技术标准

1. 道路主要技术标准

1）道路等级及设计车速

枢纽内部道路取 30km/h 或 20km/h。

2）车道宽度

明确场内道路（车库通道、上下高架平台匝道等）的车道宽度，并明确单车道通道的断面宽度。

车库通道中，单侧双车道及以上的情况下，若为小车专用道，宽度最小可按每车道 2.8m 计，若为大小车混用车道，宽度最小可按 3m 计。单侧单车道且有中央隔离的情况下，若为小车专用车道，车行道路面宽度最小应按5m计，若为大小车混用车道，车行道路面宽度最小应按5.5m计。

3）净高标准

明确场内各通道（含普通机动车、小型机动车、人行通道）的净高选取标准。

大小车混合通道净高应满足4.5m，中、小型车通道的净高可适当减小，但不宜小于3.4m。

4）道路纵坡

明确场内匝道的纵坡度选取标准，并区分场内直线坡道与曲线坡道的不同选取标准，明确人行梯道及无障碍坡道坡度选取标准。

若城市冬天有较多的冰雪天气，路面易发生结冰或积雪现象时，其上匝道纵坡度不宜超过4%，下匝道纵坡度不宜超过5%。若城市冬天基本没有冰雪天气，路面不会发生结冰或积雪现象时，其纵坡度可根据《城市道路工程设计规范》（CJJ 37—2012）中要求的执行，具体见表5-11。

道路最大纵坡度 表5-11

计算行车速度（km/h）	30	20
最大纵坡度推荐值（%）	7	8
最大纵坡度限制值（%）	8	

2. 其他主要技术标准

1）轨道交通

轨道交通车站站台平面线形应为直线，纵断面线形应在一个坡道上，车站站台计算长度和道岔范围内不设置竖曲线。

车站预留尺寸可根据规划的车型及编组数进行计算，根据《城市轨道交通设计规范（条文说明）》（DGJ 08-109—2004），大型车车体计算长度为22.1m，小型车车体计算长度为19m，若无规划编组情况，宜按大型车车型、8节编组预留，同时需考虑停车误差，规划站台长度不宜小于180m。总车站长度除站台长度外，两端还应设置信号机组等其他设备，并预留工作井的位置，一般情况下，规划车站长度不宜小于250m。

根据规范，计算出站台最小宽度见表5-12。

站台最小宽度表 表5-12

站台设置模式	最小宽度（含楼梯）（m）
岛式站台	8
侧式站台（长向范围内设梯）	5
侧式站台（垂直于侧站台开通道口设梯）	6

根据上表,考虑站台两侧还需设置轨道交通车辆,规划车站总宽度不宜小于22m。

2)快速公共汽车交通

快速公共汽车交通车站应根据具体规划车辆选用情况,进行具体的规划设计,其原则为:站台高度尽量与车辆地板高度相同;站台候车区域的服务水平评价结果应不小于C级。

3)常规地面公交

进入公交枢纽站后的转弯半径不宜小于12m,不允许小于10.5m。

4)长途客运站

应明确长途客运站的主要技术指标,其中包括:发车位数、停车位数、下车位数、候车站房面积以及整体占地面积等。

5)出租汽车场

应明确出租汽车蓄车场车位数、上客位数、占地面积和建筑面积。

6)社会车辆停车场库

应明确社会车辆停车场(库)的总规划车位数,应分大小车统计,并明确停车库的出入口数量、占地面积和建筑面积。

第六章　导向系统

第一节　系统功能

综合客运枢纽是一个多种交通方式共存的公共空间，而导向标识系统是枢纽空间内非常重要的视觉导向线索，是从人的心理和视觉认知角度出发，通过各类图案、文字、色彩和符号等形象直观的、人们易记忆和识别的方式来反映枢纽内交通建筑、道路系统的到发、中转换乘等功能，重点为不熟悉枢纽情况的旅客提供导向服务，使旅客能够快速准确定位并知晓有关自己行程所需要的信息，轻松找到目的地，提高出行效率、节约出行时间。

综合客运枢纽集众多对外及城市交通模式于一体。一方面，在综合体内会根据交通属性划分为多个不同交通方式的建设项目，各项目之间从建设主体、审批程序、设计阶段、技术标准到实施进度往往不一致，会造成枢纽导向系统设计缺乏系统性；另一方面，进出枢纽的旅客要完成出行和换乘，客观上要求枢纽导向系统完整连续，特别是对枢纽布局不熟悉旅客，对枢纽导向系统将会更加依赖。因此，综合客运枢纽的导向系统往往成为枢纽建成后，整改幅度最大的内容之一。

鉴于组成综合客运枢纽的各种交通方式均有各自适用的导向标识规范标准，本指南重点针对枢纽内部公共换乘空间的行人导向以及进出枢纽的社会车辆所需的车行导向标识提出相关设计建议。

第二节　导向标识形式及种类

根据服务对象、设置区域以及信息发布形式，综合客运枢纽导向标识可按服务对象、设置区域、信息发布形式和功能以及运行使用工况等进行分类。

1. 按服务对象分类

可分为行人服务、车辆服务两大类。其中，直接人行导向标识系统一般位于建筑内部，直接为行人提供交通导向信息；车辆导向标识一般位于道路和停车库、场内，为机动车辆进出枢纽及停靠提供导向信息服务。

(1)人行导向标识。人行导向标识根据设置形式的不同，主要有门式、悬挂式、落地式、吸墙式、地面式、辅助式等方式。

①门式：布置在建筑进出门的上方，帮助乘客辨别方向、了解换乘信息。

②悬挂式：悬挂在换乘通道内、行人换乘路径的上方，提供导向和指示信息，一般设为灯箱形式。

③落地式：发布的信息量较多，一般与枢纽地图、交通动态信息发布等结合使用。

④吸墙式：与建筑墙体相结合，帮助旅客辨别方向，分小型以及大型(信息提示墙)两类。

⑤地面式：通过镶嵌、喷涂等方法将标识以平面方式固定在地面或地板上。

⑥辅助式：在公交车、长途客车、出租汽车的下客站，航站楼、铁路的到达出口以及磁浮、地铁的出站口，社会车库的人行出口，除设置统一的、体量较大的导向设施外，可配发供随意拿取的枢纽导向手册，方便乘客随身携带、查阅，及时引导出行路线。

⑦其他：问询台、信息服务台以及触摸式终端等，为旅客提供交通信息问讯、查询等信息服务。

上述安装方式中，悬挂式的标识安装观看效果最好，地面式、附着式的标识安装较为经济，在实际设计设置过程中，应根据建筑空间特点及其内部有利条件选择安装方式，如立柱、横梁等，减小标识设置对所在空间的影响。

(2)车行导向标识。直接为机动车服务的导向信息。其设置种类主要有门架式、悬臂式、立柱式和附着式四种。

①门架式。标志安装在门架上，标志下缘距离路面高度按照该道路规定的净空高度确定，一般应不小于6m。门架式适用于道路较宽、交通量较大、外侧车道大型车辆阻挡内侧车道小型车辆视线时，车道变换频繁、出口匝道为多车道时，多车道道路(同向3条车道以上)需要分别指示车道去向以及受空间限制其他形式安装有困难时。

②悬臂式。标志安装在悬臂上，标志下缘距离底面高度一般不应小于5.5m。悬臂式适用于立柱安装有困难时，道路较宽(大于双向4车道)、交通量较大、外侧车道大型车辆容易遮挡内侧驾驶者视线以及视距受限制时。

③立柱式。分为单柱式和双柱式。标志安装在单柱、双柱上，一般安装高度为1.8~2.5m；安装在隔离带、绿化带等非行人通行的地点时，安装高度不应低于1.0m，标志外缘距离路面侧石线或路肩边缘不应小于0.25m。

④附着式。在标志支撑安装有困难等情况时使用，一般安装在路侧路灯等构造物上时，安装高度为1.8～2.5m；安装在隧道入口或上跨跨线桥路侧立面上时，安装高度为1.0～2.5m。标志板外缘距路面侧石线或路肩边缘不应小于0.25m。

2. 按设置区域分类

可分为专属区域和公共区域。专属区域属于各交通方式子系统内部管辖，标识要服从交通子系统的系统化管理及行业标准。公共区域是指各交通方式子系统外部，综合客运枢纽内行人换乘的区域、具有公共属性，如车道边、枢纽内部不同交通工具之间的换乘通道、大厅等区域，在公共区域内设置的标识主要为换乘指引、各类服务信息发布等提供服务，综合客运枢纽公共区域内的标识应能被组成枢纽的各交通方式子系统所认同、接受，因此一般服从国家或国际标准，要求与专属区域有所不同，为本指南关注重点。

3. 按信息发布形式和功能分类

除广播之外，大多数发布信息都通过标识直接为旅客提供视觉引导，标识可分为静态和动态两种。

静态标识是指静态不变的引导模式，静态标识中最重要的是导向标识，是本章关注的重点，可细分为流程导向标识（如出发、到达、航站楼、城市公交、长途汽车、轨道交通站等）和非流程导向标识（如餐厅、卫生间等）；定位标识：又称为“目的地标识”，用以标明特定位置的名称（如地图、地标等），以及用以指示或禁止某种行为的指示标识（如旅客止步、手推车禁止通行等标识）。

动态标识是指电子显示屏等动态信息可变的引导模式（包括：动态航班显示信息、陆侧交通显示信息等），这里不做阐述。

导向标识按照功能又可分为引导性标识、识别性标识、综合方位标识以及辅助性标识等，见表6-1。

按照功能分类的导向标识内容、功能及示例一览　　表6-1

分　类	内容及功能	示　例
引导性标识（Direction Sign）	此类标识是将空间活动者引导至特定目标或方向的视觉标识，主要以线条、线标及箭头指示方式呈现，对环境中的目标进行序列性、连续性引导	
识别性标识（定点标识）（Location Sign）	该类标识表征事物本身，载明对象物名称，让使用者能对特定目标进行辨识和认知。此类标识具有明显的点状性质，能够增强所表征对象的认知印象	

续上表

分　类	内容及功能	示　例
综合方位标识 （区域指示标识） （Guiding Sign）	该类标识多以大中型地图或平面、立体示意图等方式呈现枢纽内某个层面、区域或者整体的空间设施相对位置关系，以及枢纽外围重要交通空间信息	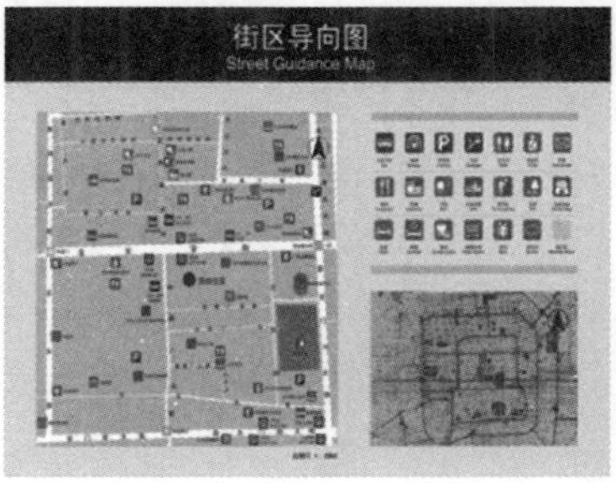
辅助性标识 （Auxiliary Sign）	该类标识包括了说明、警告、管制、装饰以及无障碍设施的系列标识，起到完善空间环境、安全疏散引导、扶助特殊人群等作用	

4. 按运行使用工况分类

可分为一般使用状态（或正常使用状态）和紧急突发状态两种。

综合客运枢纽在正常使用状态下，满足使用者在枢纽内的定位和路径引导需要，即为一般使用状态下的标识系统，是本章的重点。应急状态下的引导主要应对于客流突发事件，如火灾事故；因航班或火车延误、换乘公交停运等引起步行空间人流剧增；因春运、长假等引起步行空间人流剧增；恐怖暴力等突发事件。应急状态下人流快速、及时地安全疏散是整个安全体系中极其重要的内容，相关内容参见第7章。

第三节　设计流程和基本原则

综合客运枢纽具有多功能、多层次、多维度等特点。从系统整体入手、有序集散是枢纽设计的目标之一，而导向系统正是这一设计目标最直接的反映，因此在其设计时要遵循一定的流程和基本原则。

一、导向系统设计流程

综合客运枢纽导向系统通过各类图案、文字、色彩和符号等形象直观的、人们易记忆和识别的标识反映枢纽总体布局、换乘流线，是枢纽旅客直接找寻换乘信息的非常重要的视觉线索。为使枢纽导向系统设计满足使用要求,并能及时反馈枢纽总体布局、换乘流线等设计成果,需要采用合理的设计流程,避免因忽视导向系统而产生疏漏。本指南在总结当前综合客运枢纽导向标识设计经验基础上提出枢纽导向系统设计流程,见图6-1。

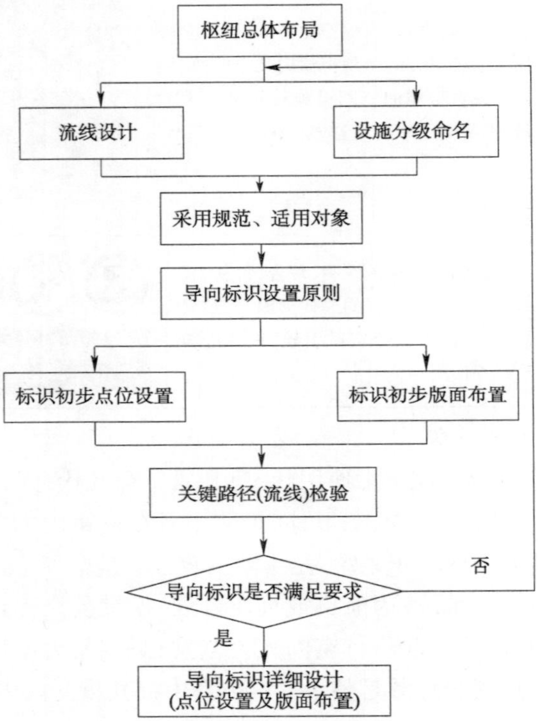

图6-1 导向标识设计流程图

二、导向系统设计的基本原则

导向系统要遵循以流为主、统一协调、规范高效的设计原则。结合综合客运枢纽固有的作业流程,从旅客心理和行为特点等出发,进行导向系统设计。基本原则如下:

1. 导向标识布点与枢纽流程及功能流线相结合的原则

枢纽内使用者一般都可以被纳入到达或出发流线中。对于出发流线,其目的地是对外交通的服务区域:机场航站楼或铁路客站的出发大厅及检票口等;对于到达流线,其目的地为各类城市交通的换乘区:出租汽车候车区、公交车站、社会车库、地铁站等。

根据乘客的心理，对于展现在乘客面前的各类交通信息，乘客往往会忽略与目的地无关的、直接寻找指向目的地的信息。除在建筑设计和空间布局上需要采取增加交通空间的方向感和引导性措施外，导向系统应从旅客对其目的地信息的专注度出发，尽量简洁明了、突出枢纽主流程信息。为方便使用者选择枢纽内各类交通工具和换乘路径，按照到达和出发流程，枢纽内的各个交通子系统之间需要做到交通信息间的相互融合、渗透。在布置导向信息时，应尊重标识与建筑等空间结构之间的一致性，形成以建筑设计、空间布局为主，以导向信息标识为辅的目的地引导方式。在主体建筑和高架等方案设计构思时，重视导向的需求；在导向系统设计时，注意弥补圆形构造、地下空间等建筑空间布局将导致使用者不易辨识方向等的功能缺陷。

2. 导向标识信息唯一性、一致性、连续性的原则

从使用者的角度出发，枢纽范围内针对同一对象的命名应该始终保持一致，不同的命名会误导乘客。由于枢纽包涵项目众多，涉及不同建设主体、设计单位，因此对枢纽范围内交通设施命名的唯一性和信息发布一致性就需要结合枢纽的具体情况予以总体控制、统筹安排。

尽管使用者会在各交通信息中主动挑选并接收适合自己要求的信息，但在寻找信息过程中一旦信息链断裂，将会导致使用者无所适从。这种信息链断裂最容易出现在信息决策点处，如建筑物通道的交叉口、建筑进出口含（垂直通道的出入口）上，交通中心与轨道交通站厅的交汇处等。岔道存在的地方就需要旅客对路径做出选择和判断，必须明确告知目的地指向，使旅客的信息需求保持连贯；一般对于同一个目的地，各节点的标识在文字和图案上均应表达一致。信息链的建立首先依靠静态标识的连贯引导，动态交通信息链的使用，则更加体现了“以人为本”的理念，丰富了交通信息的表达方式和内容。

3. 统一标准、统一分类及分级发布的原则

由于综合客运枢纽内换乘方式多样，导致主流程的信息量很大。除此之外，枢纽内还包括餐饮、宾馆等其他服务类信息，这些信息类型各异，如不加区分和筛减，将产生信息量过大以及信息发布紊乱的现象。随着信息量的增加，行人对信息的敏感度会下降，同时对信息的视觉混淆性将会提高，因此信息发布要求精且分清主次。枢纽中最为重要的信息是（公共）交通信息，需要突出显示；其次是与人出行相关的服务设施信息；最后是商业设施等其他信息。在需要做出路径选择的进出口、通道交汇处等位置，垂直于旅客视线方向尽量设置悬挂式主流程引导信息，作为枢纽最重要的引导标识，悬挂式标识的牌底标高根据人行走的目视习惯设为离地2.4m、高大空间立地3m。主要信息均宜采用醒目的发光设施，易于识别，可根

据信息分类管理原则，制订标识设置的相关要求，枢纽标识所采用的图形符号、色彩、文字与阿拉伯数字等应符合国家或国际规范和标准，在不影响辨识的基础上，个别标识可进行适当变通、优化。

4. 清晰直观、易于接受和识别的原则

由于使用者是在行进中接收信息，对标识的解读时间有限，所以要求标识的表现形式（文字形式、大小、字体等）和效果必须直观，尽可能简单、清晰，易被接受和理解。导向标识应适合任何人，任何不熟悉枢纽情况的陌生人都可以平等地使用。注重对不同人群的关怀、照顾，确保各类使用者在不同环境下，能够自由便利地使用导向系统。尽量避免因标识的缺失和不明确而产生人流疏导低速、慢效的现象。

对于导向标识而言，箭头的指引必不可少，设置时应与引导方向一致明确、大小符合国家标准。对于地点描述，除使用文字外，按照国际惯例和国内规范，还必须同时采用国家规范规定的图例加以补充说明。

5. 信息发布多样性的原则

尽管听觉引导是导向系统的辅助手段，但它的一些特殊功能是视觉引导所不具备的。通过调查发现，实时广播在交通性建筑内并不会干扰行人对视觉信息的接收，反而会对行人造成深刻影响。其优势在于通过广播可以向行人提供实时动态交通信息、换乘信息及其他相关信息服务（一般是在有紧急情况或需要重点提示情况下才在楼外进行广播），使旅客在交通建筑的任何位置都可以知道枢纽实时运营情况。听觉引导同时为视障人士提供了人性化的信息服务。

第四节　导向标识设计的标准化、系统性

一、规范标准的选用

大型综合客运枢纽往往位于（高速）公路与城市道路的接合部，考虑到枢纽对外交通服务功能的定位，与一般规范使用优先顺序有所不同，综合客运枢纽公共区域标识系统设计采用以国家规范（标准）为主、城市和地方性规范（标准）为辅，通用规范为主、行业规范为辅的方式。主要的通用及行业标准，见表6-2。

对于某些交通功能多、规模大以及分期建设的综合客运枢纽，可统一编制枢纽导向系统标准化手册，对导向信息的名称、编码、布置原则、色彩标准、文字标准、标志符号等进行规范，各组成部分共同遵照执行。如虹桥综合客运枢纽在设计之初，就专门编制了整个枢纽的导向系统标准化手册，以供枢纽公共区域和各子系统设计单位参照执行，见图6-2。

国内各交通方式导向标识的国家和行业规范标准一览　　表 6-2

编号	相关标准规范	标准编号
通用标志系统规范		
1	公共信息图形符号　第 1 部分:通用符号	GB/T 10001. 1—2012
2	公共信息导向系统　导向要素的设计原则与要求　第 2 部分:位置标志	GB/T 20501. 2—2013
3	公共信息导向系统设置原则与要求　第 1 部分:总则	GB/T 15566. 1—2007
4	标志用图形符号表示规则　第 1 部分:公共信息图形符号的设计原则	GB/T 16903. 1—2008
铁路旅客车站标志系统规范		
5	标志用公共信息图形符号　第 3 部分:客运与货运	GB/T 10001. 3—2011
6	公共信息图形符号:第 10 部分:通用符号要素	GB/T 10001. 10—2014
7	公共信息导向系统设置原则与要求　第 3 部分:铁路旅客车站	GB/T 15566. 3—2007
8	铁路旅客车站导向标志系统设计指南	原铁道部运输局,2010 年
公路客运站标志系统规范		
9	交通客运图形符号、标志及技术要求	JTT 471—2002
城市轨道交通标志系统规范		
10	城市轨道交通客运服务标志	GB/T 18574—2008
城市公交标志系统规范		
11	城市公共交通标志　第 1 部分:总标志和分类标志	GB/T 5845. 1—2008
12	城市公共交通标志　第 2 部分:一般图形符号和安全标志	GB/T 5845. 2—2008
13	城市公共交通标志　第 3 部分:公共汽电车站牌和路牌	GB/T 5845. 3—2008
14	城市公共交通标志　第 4 部分:运营工具、站(码头)和线路图形符号	GB/T 5845. 4—2008
城市道路、公路标志系统规范		
15	道路交通标志和标线	GB 5768

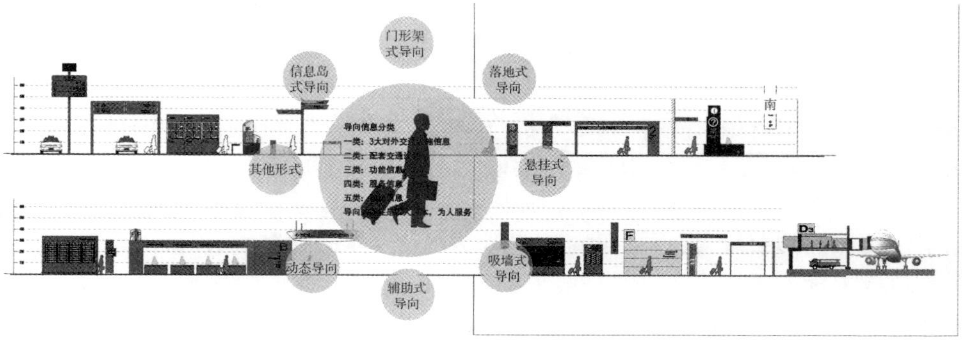

图 6-2　虹桥综合客运枢纽导向标识构成一览

对于轨道交通系统(付费区以内、站台层)、铁路系统(进出站检票口内)、公路长途站、水运客运码头以及机场空侧等内部专属区域,可采用各子系统的行业标准。但需要注意的是,不同行业标准之间需要采取逐步过渡的衔接方式,衔接位置一般位于公共与专属区域的分界面处及周边,设计过程中要做好相互间的协调衔接。

二、枢纽导向信息的系统性

综合客运枢纽导向标识的信息内容应清楚、简明和易读,做到让所有进入枢纽的使用者都能一目了然。然而,由于枢纽内人流量大,进出、换乘流程较多,存在导向信息复杂多样的特点,因此在导向系统设计时,就需要结合枢纽的功能特点,强调系统性的管理,对标识内容合理分类分级,归并或核减信息量,避免在导向系统设计中发生信息过量的问题。通过对枢纽信息分类、分级,既可突出枢纽功能、各交通模块间的相互关系,又能够突出重点、合理简化各类标识承载的信息内容。

1. 根据使用者对导向标识依赖程度分类

根据导向系统使用者的特点对信息进行分类。导向系统主要服务的对象是对其依赖性最强的人群。如道路信息导向主要使用对象为社会车辆驾驶员,其次为出租汽车驾驶员,由于常规地面公交和长途客运线路和站点固定,驾驶员并不需要特别依赖道路信息导向标志。同样,对于枢纽站主体交通建筑及周边的标识的使用者,主要对象是进出枢纽的乘客,其次为接送客者,在条件受限时,可以不考虑枢纽内的工作人员。在此基础上,导向标识设计时,就可以相应核减其信息内容和数量。

2. 根据枢纽的区域和组成功能分级

对于引导综合枢纽主体服务设施及进出站乘客提供导向的标识信息,需要把枢纽作为一个整体建筑进行系统性命名,特别是对于楼层名、入口编号以及车库序号等应该统一规划编排,并加以分级分类:首先为主体交通功能区,包括铁路客站和机场航站楼、水运客运码头、公路汽车站等;其次为交通配套功能区,包括地铁站、公交站、出租汽车上客点、社会车库等;最后为依附于主体交通功能区的地点信息(如进出口、检票口、办票柜台、停车位等)。

对于引导进入枢纽区域以及区域内部各功能区的车辆的导向标识信息,可根据枢纽功能区的布局,由远及近将信息分为三级:第一级为区域级,用于枢纽外围市域范围内标志板面设计;第二级为主体交通功能区,主要包括机场航站楼、火车站、汽车站、水运码头等对外交通站点名称;第三级为交通配套功能区,包括枢纽内到发车道边和社会停车库等内容。

如在虹桥枢纽设计中，就进行了相应的分级以及规范化统一命名，用于道路指路标识等的设计，见图6-3。

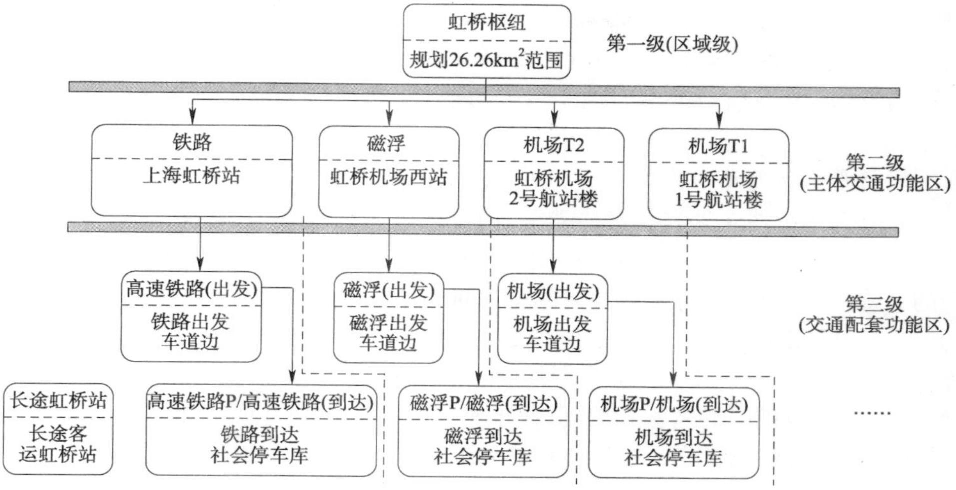

图6-3　虹桥枢纽各交通建筑体分级命名示意

3. 按枢纽到发和换乘流程系统性整合信息内容

按照综合客运枢纽的到达和出发流程，系统性地对导向信息内容进行分类和归并。

对于客运枢纽内的出发流程（市内交通进入枢纽、换乘枢纽内的市域交通离开），单一目的地的特性决定其具有合流（“集”）的交通特性，其流量相对均匀。进入枢纽后，在各道路分、合流点，换乘区、车道边下客点和枢纽内的水平和竖向通道的节点上，信息引导标识要遵循连贯性和一致性的原则：统一指向目的地。为使行人明确易懂，引导方向从远及近，信息按照内容由大到小、由抽象到具体的次序发布，如虹桥枢纽—虹桥机场2号航站楼（下客车道边或车库）—2号航站楼出发—办票柜台、行李托运、检票等。

对于综合客运枢纽内的到达流程（市域交通进入枢纽、换乘市内交通离开），多种市内交通出行方式的选择决定其具有分流（“散”）的交通特性，到达流程在高峰小时的突发人流量要大于出发流程，这种短期人流突增现象迫使对到达流程的分流引导成为信息引导的主要方面；同时，到达层面旅客可采用的交通方式种类较多，换乘点布局分散，易造成引导方向相对分散。因此，要采用信息标识分流引导人流通过不同路径到达所选择的各交通站点的位置，达到对人流快速、安全分流的目的。导向标识可采用先全面后单一，先总体后细分的方式：在旅客到达大厅向外引导时，采用较为全面、综合性的标识，如地图等，尽可能地列出可供选择的各类交通方式;在标志板布置时,采用重要信息在前、类似信息合牌的原则;随着不断分流,流线上的信息逐渐减少、内容针对性增强,在流程末端就可对有些信息再次进行细分。如铁路虹桥站到达—地铁站、公交站、出租汽车上客点、社会车库、市域道路、轨道交通网络布置图,常规地面公交和轨道交通发车班次表—社会车库—外围路网信息(动态、静态)—枢纽内主、次干路—北翟高架、嘉闵高架、A9—A5、A11、A8、A20。

4. 信息名称的编码系统

综合客运枢纽包括多种交通功能,内部设施目的地多、设施资源多,有多栋建筑、多层、多出入口、多车库、多车道边、多柜台的特点,需要建立一套简洁、清晰、完整的名称及编号系统,对换乘公共区所指向的各类枢纽资源(航站楼和车库等建筑物,楼层以及出入口等)进行系统命名,使得每一座建筑(如航站楼、公交站、车库)、每一个目的地(如办票岛,出入口)、每一套旅客设备设施(如检票口、售票柜台等)都有自身唯一的名称和编码,便于旅客和工作人员的使用和管理。

编码一般都以数字和字母来表达,编码应该尽量简单、具有逻辑性、有序性、唯一性,便于记忆。编码不能重复也不宜过长,数字字母的组合不宜太复杂,字母的个数有限,如何使编码简单、有序是综合客运枢纽导向系统设计的难点。

目的地命名具有唯一性,才能有效地避免旅客犯错或误解。如浦东国际机场3幢航站楼的名称命名为T1、T2、T3,车库命名为P1、P2,门牌号1~19为T1航站楼服务、20~29门牌号为T2楼服务、30~39门牌号为T3楼服务,既有逻辑性又十分简单。

避免字母和数字的组合过于复杂。如在出现100以上的数字和字母数字组合三次以上时,要特别分析此种命名的必要性,使编号尽量简单。如在虹桥枢纽中,高铁、磁浮、东交通中心、机场航站楼连为一体,如果各个单体分别对出入口命名,名称编号必定重复,引起旅客混淆。因此,就应考虑对出入口统一命名,见图6-4。

枢纽建设往往有分期建设的特点,在后期投入使用时,前期编码系统已经使用多年,编码的修改将会涉及大量标识的修改,不中断运营修改编码将非常困难,因此在设计前期就要对编码体系做出统一规划,对编号有所预留,便于日后扩展。

5. 名称的审批和发布

为避免混淆,要求综合客运枢纽内导向系统发布的各个交通模块名称具有唯一性和系统性,其正式名称的确定除要满足枢纽内部的要求外,对于机场、铁路、地铁以及公交车和长途客车等有组织运营的交通站场子系统而言,还要满足各自系统内站点命名的要求,并在系统内部统一使用,因此有必要将各个交通模块的名称统一上报主管部门审批后正式发布,枢纽内各子系统共同遵照执行。

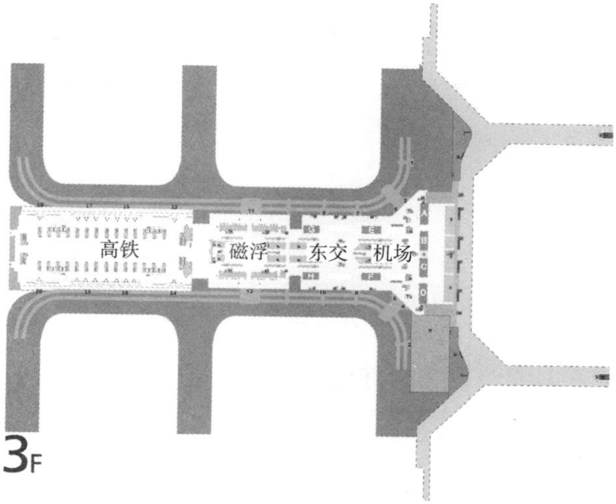

图 6-4 虹桥综合交通枢纽对外出入口资源编码

第五节 导向标识设置要点

一、设计范围及界面划分

1. 设计范围

受工程范围所限，综合客运枢纽导向标识的设计只能包含枢纽新建范围以内区域，但综合客运枢纽往往作为城市道路指路系统的重要方向性结点之一，名称一旦确定，涉及的各条主要进城公路（主要是高速公路、一级公路）、市域道路（城市快速路和主、次干路）的引导标识需要统一协调更新。例如，由于铁路虹桥站的建设，原虹桥机场与铁路虹桥站及其他方式站场共同组成了虹桥综合交通枢纽，经主管部门认可后，在上海市域范围内的相关道路上对指路标志就进行了统一调整，将原虹桥机场改为虹桥综合交通枢纽。虹桥枢纽外围路网在建的配套道路工程，其指路标识也都与虹桥枢纽内部进行了相互协调，共同满足了枢纽道路集散功能标识的需求，见图 6-5。

2. 设计界面

导向标识总体设计中，需要重点考虑的区域，主要是枢纽内道路与枢纽建筑综合体内标识系统的衔接、与外围道路交通标志设计衔接，以及枢纽建筑综合体内部各交通方式子系统站点与公共区域间的设计界面处理。

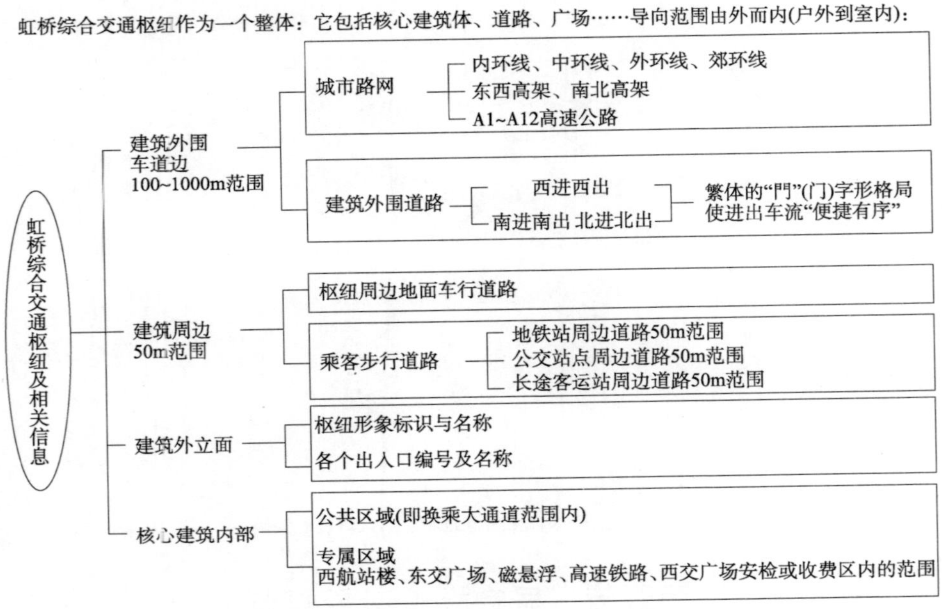

图 6-5　虹桥综合交通枢纽导向标识设计范围

1）道路与建筑综合体标识系统的衔接

在出发车道边的出租汽车和公交车下客点处人行道上，布置枢纽建筑入口及室内出发层功能分区总体布局图以及对外交通实时信息，提供换乘对外交通的旅客使用；在到达车道边和社会停车库，布置出租汽车、公交车和社会车辆上客点（站），其分布位置，公交线路分布、沿途停靠站点、行程时间以及票价等信息应作为对外交通旅客到达层指路标识重点发布的内容，注意应优先设置在航站楼的到达大厅、铁路、公路的出站口，提供旅客换乘市内交通决策使用，并在出站口至上客点保持连续的信息指引，见图 6-6。

2）枢纽道路与外围道路交通标识设计衔接

大型综合客运枢纽内的建筑模块常有分散布局的情况，枢纽对外往往通过多通道、多出入口集散，因此需要考虑在进入枢纽的通道、入口处设置相应静态及动态的交通引导标识，提前告知旅客枢纽信息；在机动车停车场内以及驶离枢纽的通道上，采用动态诱导标志，告知外围高（快）速路网的拥挤状况，帮助离场车辆提前选择路径。

虹桥枢纽专用道路集散系统通过连接道和 5 个出入口立交与外围高（快）速路网连接，见图 6-7。

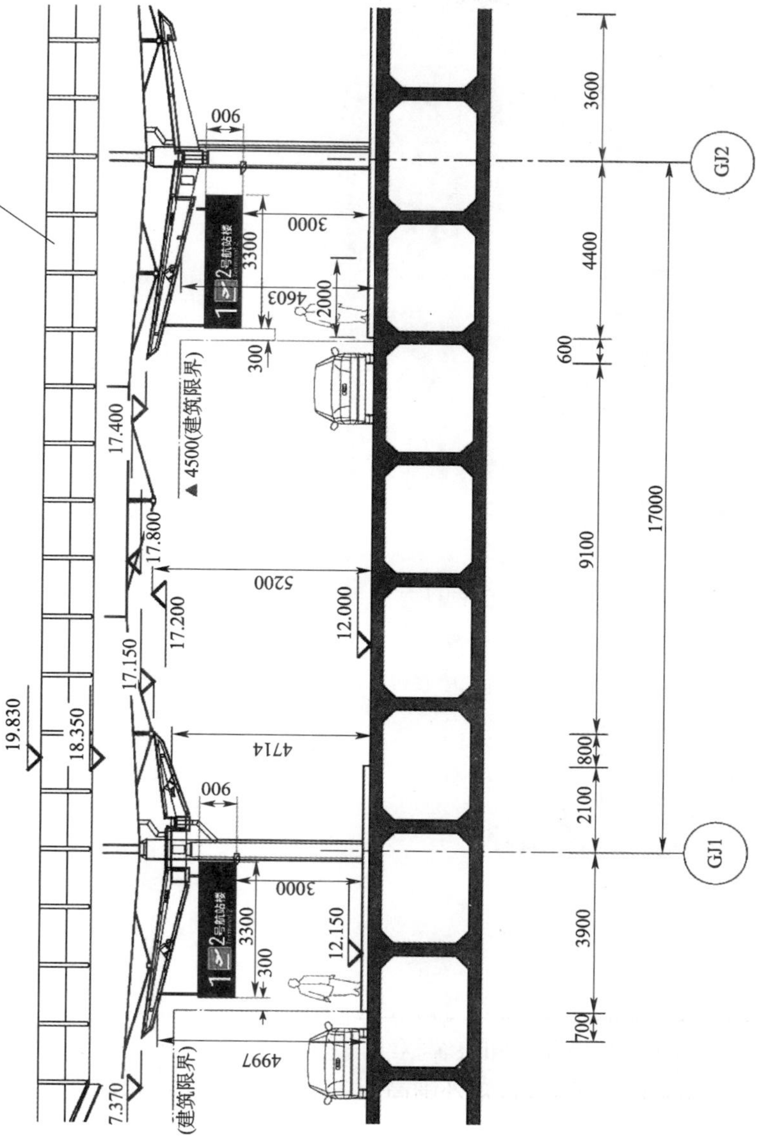

图 6-6　某枢纽车道边标识布置示意（尺寸单位：mm）

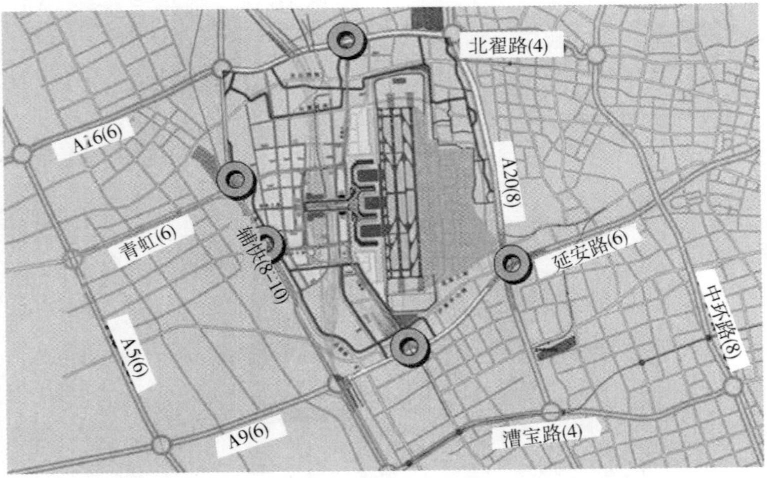

图 6-7 枢纽内外道路网络布局

针对枢纽内 1、2 号航站楼分散布局在机场跑道两侧的状况，在进入枢纽区域前，就需要设置必要的引导标志，引导车辆选择去往 1 号航站楼（T1）或者是 2 号航站楼（T2）/铁路虹桥站。机动车从延安高架自上海市区驶入虹桥枢纽，在虹桥枢纽东入口前对虹桥枢纽双航站楼的引导标识，见图 6-8。

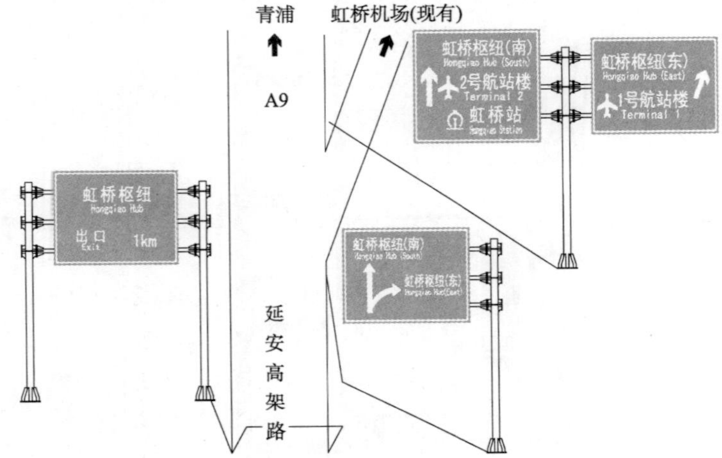

图 6-8 枢纽东入口双航站楼引导标志布置

3. 内部各交通子系统站点与公共区域间的衔接

要处理好枢纽内部机场航站楼、铁路车站、长途客运站、码头等城市对外交通系统站点以及枢纽内部地铁站、公交站、出租汽车站以及社会停车库等市内各交通系统站点与枢纽内部的公共区域间的衔接。枢纽出发流程，首先需要明确枢纽内各城市对外交通系统出发设施位置，在枢纽内各系统站点专属区域就要提前告知，并与公共区域导向标识合理衔接。枢纽到达流程，由于城市对外交通系统到达枢纽后，往往一次换乘的短时客流量较多，而且枢纽内可供选择的市内交通系统站点也比较多、布局相对分散，因此在对外交通站点的专属区域内部，就有必要提前告知乘客相关交通系统信息，并与公共区域间导向标志合理衔接、提前分流。

二、设计的系统性整合

由于大型综合客运枢纽内交通模式多，经营主体也多、一般各个行业都会有自己的行业标准，但各方式子系统在公共区域内应服从大局，在枢纽公共区域实现导向标识采用统一的系统和风格。公共区域内的标识宜统一规划设计，保证标识的布点原则、编码、颜色设计、尺寸设计、图形设计、文字排版设计等在枢纽的不同部位一致。当综合客运枢纽投入使用后，往往会发现标识设计中一些欠缺、错误，对这些问题的处理以及标识牌的修改，同样应遵循系统性、统一性原则。在综合客运枢纽扩建后，也应保证扩建前后标识风格的连贯性。

综合客运枢纽内目的地多、流线多，为避免空间内标识信息过多过乱，应在保证标识信息完整的同时抓住重点，将信息控制在最少。这就要做到：要对信息分层发布，区别对待主流程信息和非主流程信息，防止广告对标识阅读产生影响，见图 6-9。

日本成田空港的导向与广告的有机结合，避免了广告的混乱，集中投放的广告让人感到在设计中体现了协调有序的管理意识

图 6-9　导向与广告的结合

（1）信息分级分层发布。这主要指对信息在人流不需要分流之前模糊处理，在到达信息分叉点再出现下一层次的信息，比如，枢纽内从某一点指向火车站的信息链中，火车站的出发厅和到达厅处在不同位置，但在枢纽公共通道中方向相同，就没有必要在这里显示火车站出发厅和火车站到达大厅的细节，仅仅指示火车站即可，应在流线的分叉点再显示下一步的细节信息。因此，在设计方法上要通过流线分析，寻找信息分叉点，把握信息内容重点。

（2）交通主流程信息优先。综合客运枢纽内需要指示的信息量大，既包括和换乘功能直接相关的信息，如指示换乘方向、指示换乘点名称的信息；也包括一些辅助信息，如商业信息，指示卫生间等服务设施的信息。在标识设计时，要区别对待主流程信息与非主流程信息，强调主流程信息，使主流程信息都安排在醒目、垂直于流线视线方向的通道主要位置，弱化非主流程信息，可安排在平行视线位置，或者设在通道的次要位置，或者以不同图文设计版面发布，避免它们对主流程信息造成干扰，见图 6-10。

图 6-10　主流程信息优先设置示意图

虹桥枢纽内流程信息繁多，枢纽标识系统设计时明确仅对主流程信息进行引导，但是公共换乘区要指引机场、磁浮、汽车站、高速铁路、地铁、公交车、车库等多个主体的到发流程，信息仍过于繁杂，标识系统整合明确公共换乘通道内仅指引火车、T2 航站楼、磁浮等各个主体功能子项名称，如指向机场的流线仅指引 T2 航站楼，旅客到达航站楼内部再通过内部标识区分到发流线。为强调换乘通道中的主体换乘设施指引，换乘通道内通过色彩强调对高速铁路、机场的指引，对这两种换乘信息赋予颜色，颜色的选择结合各交通单体室内色彩的特点，高速铁路为蓝色、机场为绿色，便于旅客快速识别；同时，在导向性信息牌上显示主流程的换乘距离，便于旅客判别。

（3）交通导向标识优先。综合客运枢纽内商业开发和广告会对标识造成干扰，设计中要把导向标识的可识别性放在首位，保证重要的主流程标识垂直于流线视线方向，占据最居中的位置，广告、店面应处于流线一侧，或者平行于流线设置。在色彩、亮度等方面，也应尽量使主流程信息最醒目。由于广告的收入是枢纽收入的重要组成部分，对广告的限制不仅要在设计中得到重视，更要在投入使用后严加管理，才能实现标识系统始终清晰指示。

三、导向系统空间布局

导向标识系统的空间布局是指基于交通流线和建筑特征，确定标识布设位置，包括枢纽周边区域（枢纽周边交通诱导范围）的空间布置要求和枢纽内部公共换乘区域的空间布点要求。

1. 整体布局

根据调查，我国所有枢纽内的不同交通方式站场都是分区布置，同一种交通方式的业务流程都集中于同一个分区或楼层内完成。这是由我国长久以来各交通方式分块管理体制所决定的，也比较符合广大旅客的习惯认知。针对枢纽内旅客主要的三种出行流线（出站流线、换乘流线、进站流线），相应的交通导向标识可按照不同流线的特点进行整体布局。

根据标识的不同功能，可以分为引导性标识、识别性标识、方位性标识和辅助性标识，详见表6-3。具体来看，前两类标识的布置数量大、重要性高，且有许多共同点：引导性标识和识别性标识应该按照旅客流线布设在各交通方式站场进出站通行区域及换乘通道、换乘大厅、站前广场等枢纽公共区域。在主要旅客通道上，交通导向标识必须从该旅客通道的起点连续设置至终点，间距控制在30m范围以内，并在该旅客通道的终点处设置识别性标识，形成“引导—确认”系统，为旅客营造连续且完整的信息带。在次要旅客通道上，导向标识必须从该通道的起点连续设置至与之相连的主要旅客通道入口，在进入主要旅客通道的前一块导向标识的箭头指向须与主要旅客通道前进方向一致。

不同功能标识的空间设置 表6-3

分类	说明
引导性标识（Direction Sign）	此类标识设置在进出站及换乘公共区域。在规划和设计上需要形成系统，即明确统一的指示信息（包括图标、文字等元素）、一定间隔的连续指示作用直至到达目的地，反向引导同样有这些要求
识别性标识（定点标识）（Location Sign）	此类标识的设置在规划和设计上要保证位置醒目、平面元素的象征性和易识别性，让所有类别的使用者（文化层次差异、国籍差异等）都能在一定距离范围内迅速认知

续上表

分　类	说　　明
方位性标识 （区域指示标识） （Guiding Sign）	此类标识多出现于重要空间出入口、转换大厅等交通要冲点，在规划和设计上要求沿重要人流方向设置、位置醒目，平面元素详细而不纷杂、简易而不缺漏，目的是提高使用者的查阅效率和正确率
辅助性标识 （Auxiliary Sign）	采用单独的一套系统设置，体现标识使用的公平性，体现对弱势群体的关怀；对于服务性信息，应该采取就近引导的原则，避免绕行或者远引；安全类信息的引导需要特别谨慎；无障碍设施也可以放到导向标识中进行引导

2. 换乘大厅

综合客运枢纽的换乘大厅通常是各种出行流线汇聚的地方，且该范围内往往还布置有众多的功能性设施，大批需要引导的乘客和众多需要指示的设施需要设置大量的交通导向标识，如果把各种标识同时设置在换乘大厅，会导致乘客视觉混乱，反而起不到向乘客准确、迅速地传达相关信息的作用。因此，在换乘大厅的交通导向标识布设中，有如下建议：

（1）对于有条件的换乘大厅，在规划布局乘客进出站流线时，应尽量考虑将进出站流线分开设置，以有效降低导向信息量，同时尽量减少流线之间的交叉点，以消除移动干扰。

（2）为能够充分发挥标识的作用，对于大面积、高净空的换乘大厅，应增大识别性标识的醒目程度（增大字高），乘客可以直接观看识别性标识到达指定位置，从而减少相关引导性标识的设置，见图 6-11。

（3）采用分级引导的原则设置交通引导标识，为旅客提供不同级别的引导信息服务，可有效降低导向信息量。

（4）为减少交通导向标识的设置对建筑空间使用的干扰，在大面积的建筑空间内，可根据实际情况，采用悬挂、附着、地面式等立体导向标识系统，方便乘客观看。图 6-12 即为在主要乘客流线上设置的地面式交通导向标识。

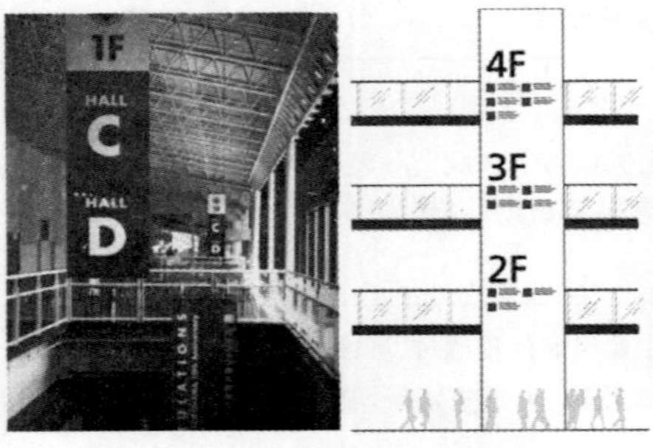

图 6-11　悬挂式识别性标识设置示意

图 6-12　地面式交通导向标识

四、设置位置及方法

在选择交通导向标识的设置地点时，首先应保证所设标识的信息有足够的可辨性、可识别性和易读性，以便完整、顺利地向使用者传递信息。

综合客运枢纽人行导向标识系统和车行导向标识系统的设置方法如下：

1. 人行导向标识

（1）人行导向标识应设置在旅客的视线范围内，标识版面也应与旅客视线基本垂直，以方便旅客提前获取导向信息，图6-13。

a)

b)

c)

d)

图6-13　标识设置位置示意

a)通道正中间；b)某交通方式站场入口处；c)扶梯口正上方；d)楼梯口正上方

（2）人行导向标识应该设置在能够被猜测和轻易看到的位置，以及乘客需要做出方向决定的地方，如出入口、交叉口、楼梯等人流必经之处，并且其位置宜统一，使人易于寻找，应连续进行设置，使之成为序列，人们不需要搜寻整个空间，而只需注视部分固定的区域即可找到，其间不能出现标识视觉盲区。由于记忆的短暂性造成信息记忆的不准确，容易引起使用者的不安，因此信息的连续性非常重要，通常在当前导向标识与下一个相同导向标识之间的距离不应超过30m，以实现对使用者的连续导向作用。

（3）占地面积超过$5000m^2$以上的枢纽，应在主要出入口附近设置枢纽布局图,入口位置的枢纽布局图应提供枢纽内候车室、售票处、换乘口、公交车停靠站等各个枢纽组成要素的名称、位置及行走路线等;出口位置的枢纽布局图应提供主要的步行通道、周边主要建筑物或景点的位置等。

案例 6-1　常州综合客运枢纽

在常州综合客运枢纽中,设计单位在布局阶段,按照使用功能不同将枢纽划分为四个主要区域,分别使用不同颜色进行区分。将不同区域的色彩设计运用在交通导向标识的图案中,使整个标识更加醒目,同时将颜色与目的地联系起来,便于乘客识别记忆,见图 6-14。

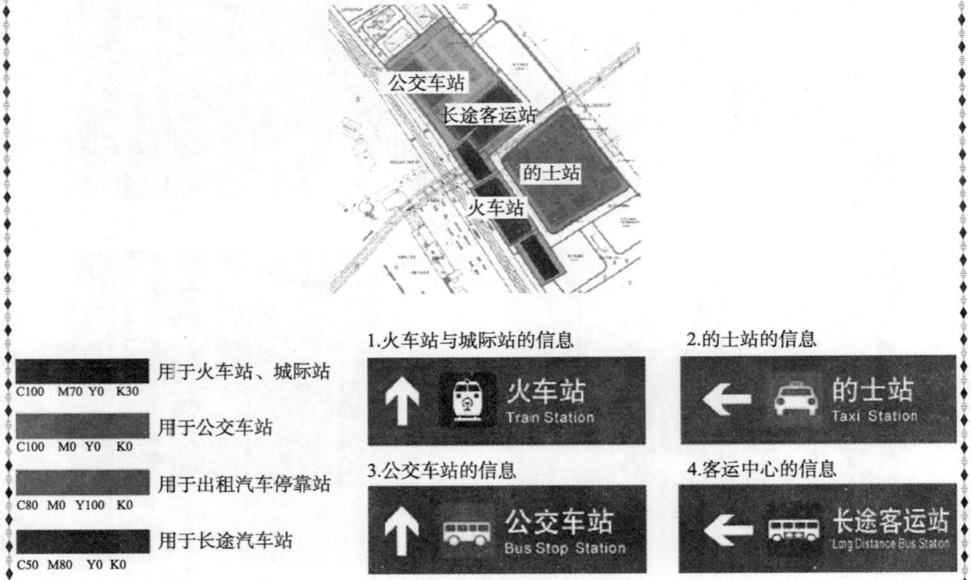

图 6-14　常州综合客运枢纽导向标识

(4)综合客运枢纽内由于有多种运输方式,通常建筑规模较大,需要指示的地点也较多,相应的各种标识也较多。在众多标识中,如何使乘客能够轻易找到自己需要的信息,由于颜色、图案属于表象符号,容易被受众区分、记忆,并且一旦与被标识体建立联系,受众的印象较深刻,对被标识体记忆相对持久。因此,在交通导向标识设计时,为了方便乘客识别记忆,可根据综合客运枢纽总的设计风格,灵活选用不同的色彩、图案与指示地点相对应。

(5)综合客运枢纽中无障碍出入口、无障碍坡道、无障碍售票窗口、无障碍卫生间、无障碍厕位、无障碍电话、无障碍停车位、轮椅爬楼车等无障碍设施均应设置醒目的识别性标识,无障碍标识的设置高度应满足使用轮椅的乘客的需求。

2. 车行导向标识

(1)机动车导向标识主要包括标识和标线,我国已经有统一的标准,综合客运枢纽的机动车导向标识的设计、布点与设置可参照《道路交通标志和标线》(GB 5768)执行,同时结合综合客运枢纽交通设施布局、交通组织设计及所在地区周边路网布局的特点,设置交通导向标识,对车辆进行诱导。

(2)一般道路上的指路标识,所包括的四大信息按重要性排列依次为道路名、地点名、方向和距离。对于离开枢纽的车辆,这种排列方式是正确的,然而对于进入枢纽的车辆,这种排列方式需要调整,原因在于进入枢纽的车辆,其更加关心的是主体功能建筑的位置,此时交通建筑所对应的地点名(火车站、航站楼、汽车站、水运码头)以及相关联的车道边和车库将是需要重点指示的对象。

根据车辆驶入枢纽的路径,虹桥枢纽采取由远及近分四级逐级指示引导,见表6-4。

进入枢纽的指路信息等级划分 表6-4

信息等级	引导目的地名称	作用范围
1	虹桥枢纽	枢纽外部
2	机场、磁浮、高速铁路	枢纽内部
3	各交通单体(出发、到达)、社会停车场	枢纽内部
4	出租汽车蓄车场、工作区等	枢纽内部

(3)由于枢纽停车场泊位数有限,对进入枢纽的车辆可考虑采用分级诱导的方法:

①第一级诱导:进入区域内。在区域周边主干道上设置动态停车诱导标识,提供停车场位置、动态车位、行车方向及通行状况提示等详细信息。

②第二级诱导:路途中。在停车场周边1~4个路口处,提示停车场的动态空余车位及方位的信息。

③第三级诱导:目的地。于停车场入口处实时发布本车场空车位数量。

大型停车场可以考虑实行车辆分区停放,各区在停车场内的位置分布、各区当前的泊位数都可通过动态和静态标识加以说明,见图6-15。

(4)出租汽车诱导。枢纽附近宜设置一定的出租汽车车位,应在周边区域利用交通宣传标识,对出租汽车进行引导,及时通报火车、飞机航班到站信息以及枢纽内出租汽车运行情况,对空驶出租汽车进站进行诱导和控制。

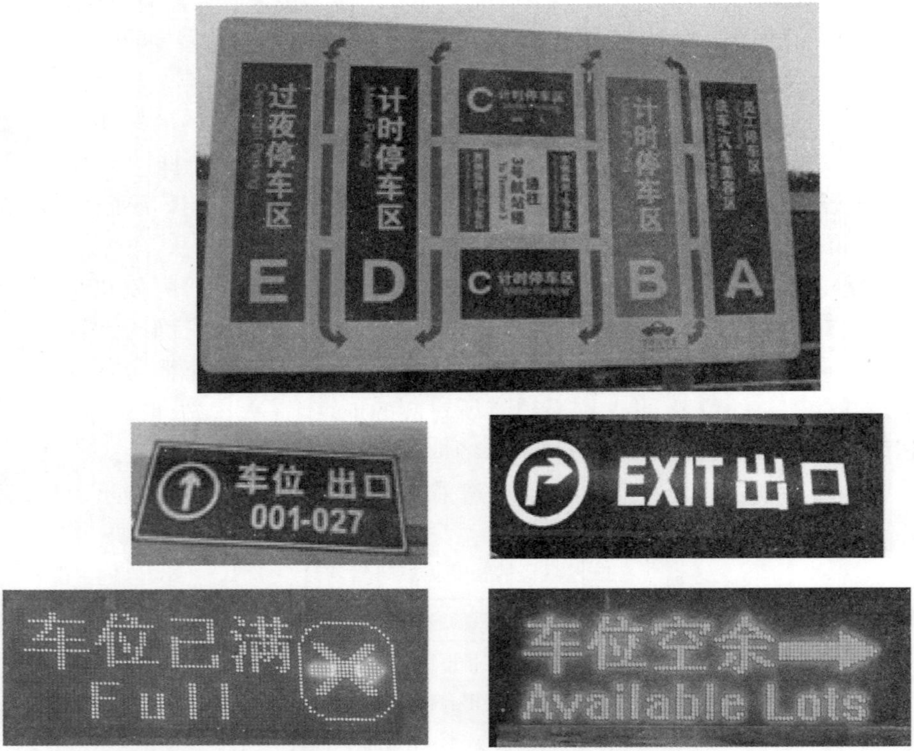

图 6-15　停车设施标识示意

案例 6-2　大型枢纽停车场引导

某大型枢纽,在车辆进入停车场前,有标识信息提示,显示当前停车场停车区分布情况以及行车方向,沿线设置方向指示标识,引导车辆顺利进入停车区。

车辆进入停车区后,停车场在不同停车区入口处设置了停车泊位提示信息,提示目前该区域是否还有停车位,使驾驶员提前了解泊位信息,减少因车辆来回寻找停车位而对其他车辆行驶造成的影响。

由于停车场较大,为方便使用者在较短的时间找到车辆所在的位置,停车场将不同停车区用不同颜色或图案进行区分,在该区域的地板和柱子上用相应的颜色进行标记,同时设置停车场分区布置图及车辆当前所在位置示意图等,方便使用者使用,减少人的行走对车辆行驶的影响。

案例 6-3 出租汽车诱导

大型客运枢纽周边，根据当地的地形特点，采用不同的指示标识，引导出租汽车及乘客有序流动，见图 6-16。

图 6-16 出租汽车标识示意

在出租汽车下客处可通过增设标识牌提醒驾驶员注意临时停车的时间等，并辅以必要的管理手段。

出租汽车在乘客下客后，根据流线指向，可以直接驶出枢纽，也可进入枢纽继续载客。因此，在出租汽车下客点及离场通道增设出租汽车排队系统指示标识，引导下客后希望载客的出租汽车前往蓄车排队系统排队。

3. 标识预告次数及间距

大型综合客运枢纽专用道路系统界于高速公路和一般城市道路之间，车速没有高速公路快，一旦走错，绕行距离将会很长，同时驾驶员大多数对枢纽内的设施布局不甚熟悉，为避免驾驶员走错绕行，有必要通过探究使用者获取标识信息记忆量随时间变化的规律，进一步完善枢纽专用道路指路标识的设置，乃至指导专用道路的设置。

1）记忆

记忆包括三个基本过程：信息如何进入记忆——编码、信息如何在记忆中保持——储存、信息如何从记忆中恢复——提取。遗忘具有“先快后慢”的规律。

2）标识信息

标识信息传递过程包括两个阶段，一是编码阶段：即交通管理者把需要传递给驾驶员的信息通过标识等设施来体现；二是译码阶段：即驾驶员接收、记忆、处理标识信息的过程。驾驶员在进行“译码”时，客观地要求不能出现过多的与原交通管制信息的误差，以保证信息传递的准确性。

3）交通标识设置原则

驾驶员对交通标识的视认时间主要划分为四个时间节点：7s、10s、13s 和 18s。在标识被视认的 7s 内，驾驶员依然具有较为清晰的短时记忆；而在 10s 时，短时记忆则出现下降，需要及时提醒；13s 时，短时记忆降为较低水平；直到 18s 短时记忆基本稳定。因此，可以考虑按这四个时间节点分级设置导向标识。

枢纽内道路引导标识布点要满足三次预告一次指示，困难路段至少实现二次预告（含地面文字）与一次指示，道路设计车速为 40km/h 时，为确保分流点间距，宜按照表 6-5 进行控制，一般取 C 级及以上服务水平，见表 6-5。

导向标识设置等级及服务水平 表 6-5

等级/服务水平	道路分流点间距（m）	等级/服务水平	道路分流点间距（m）
1/A	>200	3/C	>120
2/B	>150	4/D	>80

五、标识版面要素设计

导向标识一般通过形状、颜色、图形、文字、版面等要素来传递信息，如图 6-17 所示。这些要素之间相互配合，才能保证信息的有效传递，完成导向标识的功能。

1. 形状

导向标识的视认性与显示程度是否良好与交通标识的形状有重要关系。效果好又容易识别的顺序是：三角形、菱形、正方形、正五边形、圆形等。国际标准《安全色和安全标志》草案中关于几何图形的规定是：正三角形表示警告，圆形表示禁止和限制，正方形、长方形表示提示，国家标准《道路交通标志和标线》（GB 5768）规定的交通标识的几何形状与国际标准《安全色和安全标志》的规定基本一致，综合客运枢纽中的导向标识牌的形状设计也应符合《道路交通标志和标线》的相关规定。

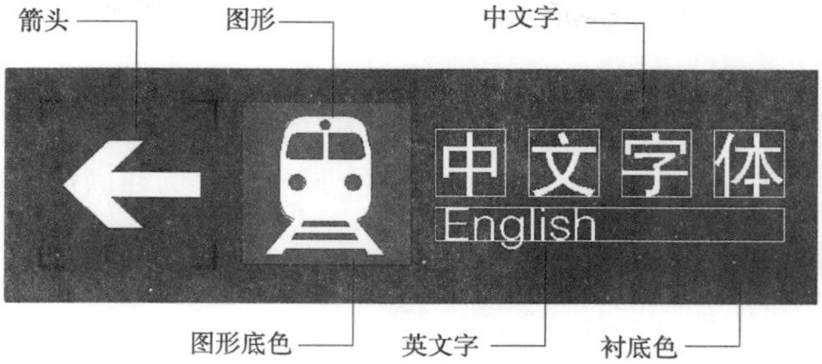

图 6-17 枢纽标识示意

2. 颜色

从色彩学研究看，外界的一切视觉形象，都是通过色彩和明暗关系来反映的，色彩的识别作用比造型强，即所谓"远看颜色近看花"。从视觉对物体的感知效果看，在大面积同色背景上的具有其他颜色特征的图案更容易吸引注意力。同时，人对色彩的记忆率与背景色有关，与背景对比强烈者易记，对比微弱者难记，即所谓"万花丛中一点红"。根据发达国家的经验，为不同交通方式或线路赋予不同的标识色，有利于旅客快速识别乘车换乘路线及所处空间位置。

对于导向标识的颜色，目前还没有一个明确统一的国际标准，国内对此也没有明确规定，但有些国际公认的准则供大家参考，如红色表示禁止、黄色表示警告、绿色表示安全、蓝色表示命令等。

3. 图形（含箭头）

标识图形（含箭头）是一种既有感性，又有理性内容和含义的符号，在一定的范围内能迅速准确地传达出特定的视觉信息，起到文字和色彩都不能替代的作用。标识图形（含箭头）已经形成比较统一的概念，超越了语言的障碍，无论走到何处都能通过图形符号感受到基本相同的信息。在国际交流日益频繁的形势下，规范、统一的标识图形（含箭头），对于更好地服务中外旅客具有重要意义。因此，在综合客运枢纽交通导向标识设计时，应采用规范、统一的标识图形（含箭头）。

4. 文字

作为一种视觉符号，文字有着十分完善和严密的信息表达功能，其在视觉信息传递中的地位和作用是不可替代的。导向标识是一种服务于活动中旅客的标识系统，标识文字应采用人眼更容易识别的字体。根据欧美国家的长期研究和使用效果来看，无装饰线字体以其简洁明了、易于识别、具有极强传达性的特征，更适合于公共设计类项目中。汉字黑体作为一种汉字无装饰线体,由于笔画粗细统一,间架结构方正明确,在视觉上易被识别而传达信息快速明了,同时在一定的尺寸和距离范围内,易于使人记忆深刻,过目不忘。

标识中使用的文字宜同时使用中文和英文,中文和英文一一对应,中文和英文应位于不同的行且中文应位于英文上方,英文中实意单词的首字母应大写,其他字母小写。无论是中文还是英文,文字都必须按照国际惯例和国内规范设计,考虑到观看中文的行人数量较多,同时英文较中文更易辨识,建议一般中文字体大小是英文字体的两倍。

标识字体的大小,人行导向标识和车行导向标识有不同的确定方式。

1)人行导向标识

针对行人使用的文字大小可以按照 ADA 法则,在公共性交通建筑内采用相对更大的文字,根据识别距离的远近,采用合适的字体大小和宜于识别的设置形式,以增加标识的可识别性和可读性。具体文字大小的确定:可以按照近距离(1.5m)识别,应用于导向地图和说明等,字体大小可采用 1 ~2cm;中距离(3m)识别,应用于指引和指示标识,字体大小可采用 2 ~3cm;以及远距离识别(大于等于 5m)识别,悬挂标识,指引设施名称以及指引方位等标识,字体大小可采用 3.5cm 及以上,见图 6-18。

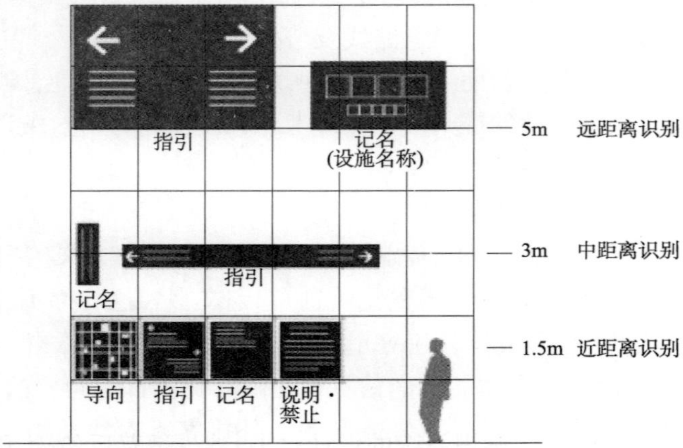

图 6-18 文字字体大小的确定示意

综合客运枢纽标识导向系统布点设计要与合理的建筑人流流线和交通车流流线及作业流程相匹配,做到科学引导;在强调总体性的同时,又要注重细节的把握。

2)车行导向标志

综合客运枢纽的标识一般采用国内通用的中文简体字。

对于快速道路,车辆高速行驶时,由于动视力下降,必然导致驾驶员视认反应时间增加，同时，字体大小、字数多少与行车速度、驾驶员的理解时间之间也均有相应的关系。如路名数不大于5时，能极大降低视认难度。汉字高度与计算车速的关系见表6-6，汉字字数与所需理解时间的关系见表6-7。

汉字高度与计算车速的关系　　表6-6

计算行车速度(km/h)	100~120	71~99	40~70	<40
汉字高度(cm)	60~70	50~60	40~50	25~30

不同字数所需理解时间表　　表6-7

字数	理解时间(s)			
	白天40km/h	夜晚40km/h	白天60km/h	夜晚60km/h
3	0.62	1.08	0.73	1.03
6	1.13	1.94	1.54	1.99
9	1.53	2.57	2.21	2.71
12	1.83	2.97	2.76	3.18
15	2.03	3.13	3.19	3.41
18	2.12	3.06	3.38	3.49

5. 版面

交通导向标识的版面由颜色、文字、图形、边框等要素组成。在交通导向标识的版面设计中，要合理布局应用这些要素，应满足以下要求：

版面应美观得体、简洁明了，这是交通导向标识获得良好可辨性和易读性的前提。

同类标识宜采用同一类型的标识版面，风格统一。

为了避免标识尺寸的众多，而影响标识的制作、施工、维护以及美观等，标识版面尺寸宜适当归类。

第六节　成果评估

为了提高综合客运枢纽标识系统的设计水平，减少运营后给使用者的不便，避免不必要的浪费，有必要对设计成果进行评估、审核。

评估、审核可以请专家或设计单位进行；也可以组织实战模拟，请对枢纽不熟悉的人群在枢纽正式运营之前进行。

根据影响标识系统设计的主要因素，提出以下可用于对综合客运枢纽导向系统设计成果进行评估的6项标准和具体要求。

(1)导向系统设置的系统性、一致性以及连续性：整个综合客运枢纽标识系统的设计是否与枢纽流程及功能流线结合;标识内容、发布信息及版面布置标准是否统一、设置风格是否保持一致,能否形成一个较为稳定顺畅的体系,能否有效地引导人流连续移动。

(2)导向系统的视认性:导向系统的设计,必须考虑标识的视认性,如字体大小是否合适、颜色是否醒目、版面布局是否合理、信息是否准确无歧义等,以保证希望传递的信息能轻易地被乘客发现并迅速认读,有效地引导乘客到达目的地。

(3)导向标识布设的合理性;主要标识布设是否便于观看,在正常行进的情况下是否能方便地阅读和理解标识上的内容,而不必停下来细看,造成不必要的阻塞;标识设置是否存在盲区,设置过多会造成寻路者混淆、设置过少则因显示信息不足造成路径断链。

(4)导向标识的优先性、统一性、标准化:导向标识位置设置优先、突出显示,信息发布、设施名称和编码统一,标识系统使用的符号、文字、材料等是否符合国家或国际标准。

(5)信息发布的多样性:信息发布是否多样性,通过静态、动态、交互式以及广播系统等发布相关信息,为综合客运枢纽旅客服务。

(6)标识与环境的协调性:标识能否与整个枢纽的风格协调统一,能否起到对区域空间环境的美化和点缀作用。

第七章　安 全 应 急

综合客运枢纽是人流密集的公共场所，一旦发生安全事件，将会给人民群众的生命、财产带来巨大的损失，因此应充分重视安全应急设计，努力构建完善的安全应急系统。

由于综合客运枢纽规模大小不一、组合的类型不同，影响到的综合客运枢纽的安全因素也各异。本指南所指安全应急系统的设计，主要强调：

（1）综合客运枢纽各功能区常态下的安全应急，应按国家或行业的有关规定执行，但应注意加强在区域内或一个建筑体内各功能区之间安全应急的协调管理。

（2）考虑到综合客运枢纽多为超大规模建筑群体，工程复杂、人流聚集，对于建筑体内非常态、大尺度空间涉及的安全设计问题，如消防问题必须引起足够重视，必要时需要专项研究，报请有关部门审批。

（3）加强安全预警和救援，强调灾后的重建以及与城市安全应急系统的衔接。

（4）配置必备的安全应急设施设备、安全应急专用通道，并在项目投资概算中有适宜的资金储备。

第一节　设计内容与总体要求

一、设计内容

安全应急理念应贯穿于综合客运枢纽的规划、设计、建设和运营整个过程。从设计方面讲，安全应急设计的内容主要包括：

1. 突发事件分类识别

安全风险因素主要包括：自然灾害事件、事故灾害类、公共卫生类、社会安全类。

1）自然灾害类

主要包括地震，地面沉降、塌陷等地质灾害，台风、大雾、暴雨、龙卷风、冰冻雨雪、雷击、高温等气象灾害。

2)事故灾难类

主要包括:

(1)大面积延误事件:因强降雨、降雪、大雾等恶劣天气或突发事故引起航班、列车大面积延误,导致枢纽正常运行受到影响。

(2)大客流事件:因航班、列车大面积延误或市内交通停运引发大量旅客滞留;大型公共活动引发大客流爆满。

(3)火灾:包括枢纽内各类建筑物火灾、交通设施火灾、地下空间火灾等。

(4)化学品事故:指枢纽区域内各类化学爆炸、危险化学品泄漏等。

(5)设备故障:包括运营设备故障、能源系统故障、信息系统故障、辅助设施故障等。

(6)交通工具事故:列车脱轨、冲突、颠覆等;航空器紧急事件,包括航空器失事(坠毁、爆炸、起火、严重损坏等)、空中故障、冲出或偏离跑道;公交车、长途车辆爆燃等。

3)公共卫生类

主要包括传染病疫情、重大动物疫情、群体性不明原因疾病,食品安全和中毒,以及其他严重影响公众健康和生命安全的公共卫生事件。

4)社会安全类

主要包括:

(1)群体性事件:包括冲突、非法集访、滋事等引起的群体性事件等。

(2)恐怖性事件:包括交通工具遭受爆炸物威胁、枢纽内建筑物受爆炸物或不明物体威胁等恐怖袭击事件。

上述各类突发事件在发生过程中往往相互关联,某类突发事件可能与其他类别的事件同时发生,或引发次生、衍生事件,应具体分析,统筹应对。

突发事件按照其性质、严重程度、可控性和影响范围等因素,一般分为四级:Ⅰ级(特别重大事件)、Ⅱ级(重大事件)、Ⅲ级(较大事件)和Ⅳ级(一般事件)。

2. 安全风险事件的工程应对措施

主要包括自身结构安全、防火和消防安全、安全疏散和救援以及为构建安全应急系统所采取的安全防范、运营监控、应急预警、应急指挥系统和灾后重建的各项工程措施。

3. 安全预警、应急指挥和应急救援系统的建立

主要是根据《国家突发公共事件预案体系》及相应的《国家专项应急预案》和《地方应急预案》的要求,所建立的应急预案体系和应急组织体系、为构建预警和应急指挥系统所制定的运行机制和应急保障系统以及在应急预案范畴内的恢复与

重建。安全预警、应急指挥和应急救援系统涉及社会的方方面面。简要的工作流程,如图7-1所示。

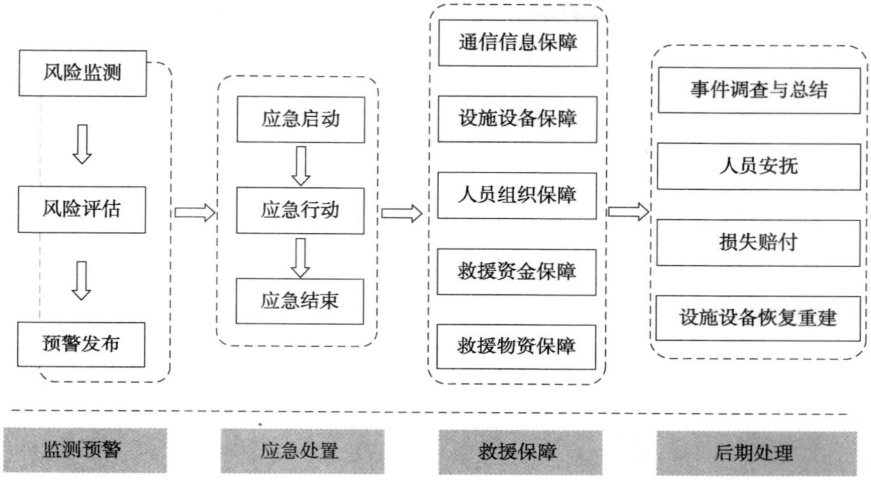

图7-1　综合客运枢纽应急救援系统工作流程

4. 安全风险事件发生后的恢复与重建等

由于综合客运枢纽是重要的公用建筑,中断运营将给人民群众的生产生活带来很大不便,因此设计阶段在布局、选材、结构及设备选型等各方面要充分考虑安全风险事件发生后的恢复与重建的便利性。

安全应急设计理念还应贯穿综合客运枢纽设计的各个环节,包括选址要求、空间布局、交通组织、建筑材料选择和设备配备、消防设计、安全防范、监控系统、应急预警和应急预案、应急指挥系统、紧急救援与灾后的恢复与重建等。

二、工作原则及总体要求

1. 工作原则

(1)以人为本,安全至上。应将枢纽安全运行、保障公众健康和生命财产安全作为枢纽建设管理的首要任务,最大限度地减少突发事件及其造成的人员伤亡和危害。

(2)保障运行,预防为主。高度重视枢纽应急管理工作,常抓不懈,防患于未然。增强忧患意识,坚持预防与应急相结合、常态与非常态相结合,做好枢纽应对突发事件的各项准备工作。

(3)各司其职,协同应对。建立以"统筹规划、综合协调、分类管理、分级负责、条块结合、单元处置为主”的枢纽应急管理体制与运行机制。

(4)信息共享,应急联动。建立健全枢纽应急管理信息系统,充分发挥枢纽各运营管理单位的作用,形成“统筹指挥、反应快速、协调有序、运转高效”的应急联动格局。

(5)依法规范,加强管理。依据有关法律和行政法规,加强应急管理,维护公众合法权益,使枢纽突发事件应对工作规范化、制度化、法制化。

2. 总体要求

安全应急系统设计时,应首先对综合客运枢纽所在地区的安全因素进行分析与识别,确定不同安全因素防护级别。当枢纽所在地区对某种重要因素没有指导性的防护标准时,可对该重要因素的防护标准进行专题研究,经评审验收后的研究结论可以作为设计依据。安全应急系统设计的总体要求是:以人为本,内外协调,预防为主,预防与救援相结合。安全应急系统设计,应做到安全适用、技术先进、经济合理。

枢纽内主要应对火灾、恐怖袭击、水灾、风灾、地震进行防御,并分别对以上灾害的防御能力进行评估。

作为一个整体建筑,应针对各不同功能空间的安全应急设计提出统一设计原则,在强调内部应急联动的同时,还应该加强和地方政府的应急联动系统相协调统一。

三、技术要求

综合客运枢纽对安全应急系统的技术要求是:

(1)综合客运枢纽选址和空间布局必须要合理,自身结构安全,能够抵御设计标准的灾害,做到小灾不乱、中灾不断、大灾可修。

(2)综合客运枢纽的安全应急系统设计,还应置于城市的应急联动大系统之中考虑。城市应急联动系统是将城市的公安、交通、通信、急救、电力、水利、地震、人民防空、市政管理等政府部门纳入一个统一的指挥调度系统,处理城市特殊、突发、紧急事件和向公众提供社会紧急救助服务的信息系统,实现跨区域、跨部门、跨警种之间的统一指挥,快速反应、统一应急、联合行动,为城市的公共安全提供强有力的保障。综合客运枢纽的安全应急系统设计应充分重视与城市应急联动系统的衔接。

(3)综合客运枢纽建筑体量巨大,因此提倡采用性能化设计方法进行防火设计,即运用消防安全工程学的原理和方法,首先制定整个防火系统应该达到的性能目标,并针对各类建筑物的实际状态,应用所有可能的方法对建筑的火灾危险和将导致的后果进行定性、定量的预测与评估，以期得到最佳的防火设计方案和最好的防火保护。综合客运枢纽内各功能分区、各纵向系统（如电力、通信等）还需要满足各自的设计防火等规范。消防设计文件应依照《消防法》的要求，报送公安机关消防机构审核或备案。此外，大型枢纽在设计过程中应考虑在枢纽周边是否有消防站，必要时应设计专用消防站。

（4）在进行空间布局和设备配备时，既要满足常态下的正常运营需要，也必须要考虑到在应急状态下消防、通信、供电、指挥、疏散、救援的需要，同时考虑到在特殊时期条件下空间拓展和设备升级的便利性。

（5）在进行空间布局和设备配备时，应考虑到安全防范的需要。日常的安全防范是发现和消除事故隐患、落实安全措施、预防事故发生的重要手段。安全防范的手段有出入口安全检查、巡逻安保、监控系统等。由于综合客运枢纽的特殊性，不同运输方式的防范级别可能存在差异，当低防范级别区域向高防范级别区域流动时，应增设安全检查系统。安全防范的数据备份应按照公安部门要求，配备相应的设备。

（6）综合客运枢纽各功能分区的安全应急系统应在满足总体设计原则的同时，根据其功能和属性分别满足各自的设计规范。在涉及建筑结构自身安全标准和布设各功能分区内的防火分区、烟气控制系统、疏散通道以及枢纽内的应急联动系统时做到协调统一。既要做到各功能分区出现紧急情况时不对相邻功能区造成严重影响，又要便于安全疏散、救援和应急指挥。

（7）安全保障系统是综合客运枢纽的正常运营和减少安全事故的前提和保障，即通过对旅客、交通工具、工作人员的安全管理，以及对生产设施设备和信息系统的检查维护，保障旅客安全，保证设施设备正常运转、生产运营正常进行和信息系统正常运行，并通过安全保障工作检查和反馈及时修正系统工作中的问题和失误，实现安全保障系统的良性循环。

（8）综合客运枢纽安全应急系统设计时，应特别加强换乘空间的安全应急措施，国内正在新建的综合客运枢纽，例如组合式或立体式综合客运枢纽，建筑特征均为体量大、功能复杂，尤其是公共换乘空间往往大于2000m^2，涉及消防、紧急疏散通道等多个问题，要在设计中逐一研究。

（9）综合客运枢纽的安全应急系统应考虑枢纽所在区域内可能发生的自然灾害，如枢纽所在区域内含有河道，就应考虑河道排水等级和排水安全性等。

（10）综合客运枢纽安全应急系统还应在及时防止主灾发生的同时，防止次生灾害的产生或蔓延（及时控制灾害链的蔓延）。有时次生灾害的最终破坏远胜主灾，因此在设计时应尽量形成多个分区，控制灾害蔓延，在枢纽内可能由主灾产生的次生灾害有:爆炸(恐怖袭击)产生火灾(或水灾)、地震产生火灾等。由火灾引起次生灾害过程示意,如图 7-2 所示。

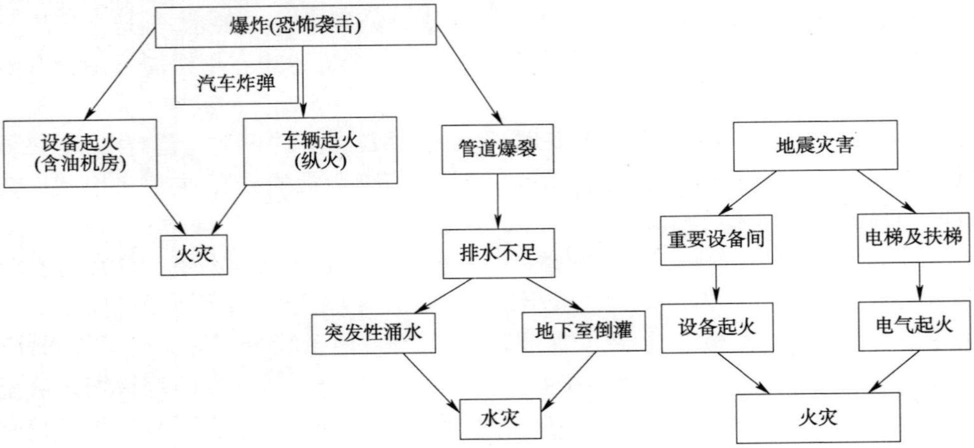

图 7-2　主灾引起次生灾害过程示意

第二节　监测预警系统

综合客运枢纽应建设灾害监测系统、灾害预警系统。

一、灾害监测系统

灾害监测是对灾害或危险状态的一种实时信息采集与反馈,灾害监测系统是一个开放的集成平台,实现枢纽各灾害管理子系统间联动信息的统一发布和管理、对所集成的各子系统进行数据采集、联动处理和综合监视管理,是枢纽防灾的核心和集成平台。

灾害监测系统可通过监控系统将受控区域视频、音频等第一手资料传输至监控中心,监测中心可以在第一时间内发现安全隐患,并通过指挥调度系统予以消除。在应急状态下,还可以通过视频系统更直观地了解到受控区域的情况。

在枢纽建设时应加强监控系统布设,尽量少留监控“死角”。

二、灾害预警系统

在建立完善的监控系统基础上,应根据所应对的应急因素进行综合分析,进而建立完善的灾害预警系统。

灾害预警系统的逻辑结构一般可分为监测信息收集、明确警义、分析警源、预报警情及防控措施启动五个步骤。

灾害预警系统是对各种单灾害的报警信息进行级别预设，当防灾指挥中心收到不同级别的报警信息时，启动不同级别的应急预案，从而快速、高效、准确、经济地采取措施，控制灾害的发生或减少灾害的损失。

第三节　应急响应救援系统

一、应急响应

基于目前综合客运枢纽管理的现实情况，综合客运枢纽的安全应急系统是由各个不同功能区安全应急区域共同组成。因此，应在不同运输方式衔接的公共区域的安全应急与各个安全应急区域之间建立起协调指挥和信息共享的制度。每个综合客运枢纽站应成立应急响应中心，负责管理紧急情况下对各功能区组织管理工作。

一般在枢纽应急领导小组下应设枢纽应急响应中心（ERC），作为枢纽应急联动的工作平台。枢纽应急响应中心（ERC）承担枢纽应急工作的常态管理、信息汇总、应急值守、综合协调和指挥平台等职责；与枢纽各运营管理单位建立应急联动关系，是枢纽各运营管理单位之间日常应急管理与应急处置信息交互平台，负责枢纽应急管理信息汇总、分析和发布。

枢纽突发事件响应分级应依据枢纽突发事件性质、规模、影响范围制定。枢纽应急领导小组应根据突发事件性质、规模及影响范围，由小到大划分为涉及枢纽内单个单位或部门、涉及枢纽内两个及以上单位或部门、涉及枢纽地区全域、涉及枢纽外围地区或超出枢纽应急处置能力 4 个应急响应级别。枢纽突发事件分级响应示意，如图 7-3 所示。

响应程序如下：

（1）突发事件发生后，枢纽内事发相关单位或部门要立即将突发事件信息及处置方案报告枢纽应急响应中心（ERC）。

（2）枢纽应急响应中心（ERC）将接收到的突发事件信息进行分析汇总并形成枢纽响应信息后，连同突发事件信息一并及时上报给枢纽应急领导小组。

（3）由枢纽应急领导小组根据突发事件对枢纽影响的程度和范围，确定应急响应等级，并通过枢纽应急响应中心（ERC），将该应急响应等级信息迅速发布给枢纽应急办公室各成员单位，启动应急响应预案。

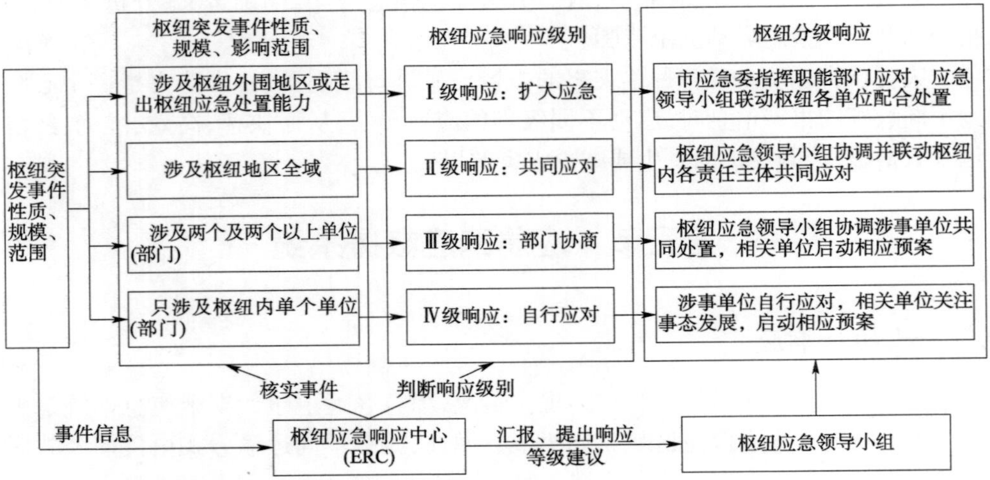

图 7-3　枢纽突发事件分级响应示意

二、应急预案

综合客运枢纽运营前，应制定完善的应急预案，并与所在城市的紧急预案系统相衔接。

应急预案的作用是对已经发生的灾害或突发事件，根据事先制定好的方案进行紧急行动，控制或者消灭正在发生的灾害或突发事件，减轻灾害危害，保障系统的运营，保护人民生命和财产安全。

应急预案编制应做到有的放矢、分门别类，针对不同的灾害的不同特性制作不同的应急预案。

应急预案分为总体应急预案和分项应急预案。每个综合客运枢纽应有一个总体应急预案，并根据应急因素的差异制定分项应急预案。

总体应急预案主要内容一般有：总则、应急组织体系、运行机制、应急保障、监督管理和附则。总则包括：编制目的、编制依据、分类分级、适用范围、工作原则、应急预案体系等；组织体系包括：领导机构、办事机构、协调机构、地方和不同运输方式机构、专家组；运行机制包括：预测预警、应急处置、恢复与重建、信息发布、应急保障；监督管理包括：预案演练、宣传与培训、检查与表彰、责任追究；附则包括：预案管理、发布实施。

总体应急预案框图一般如图 7-4 所示。

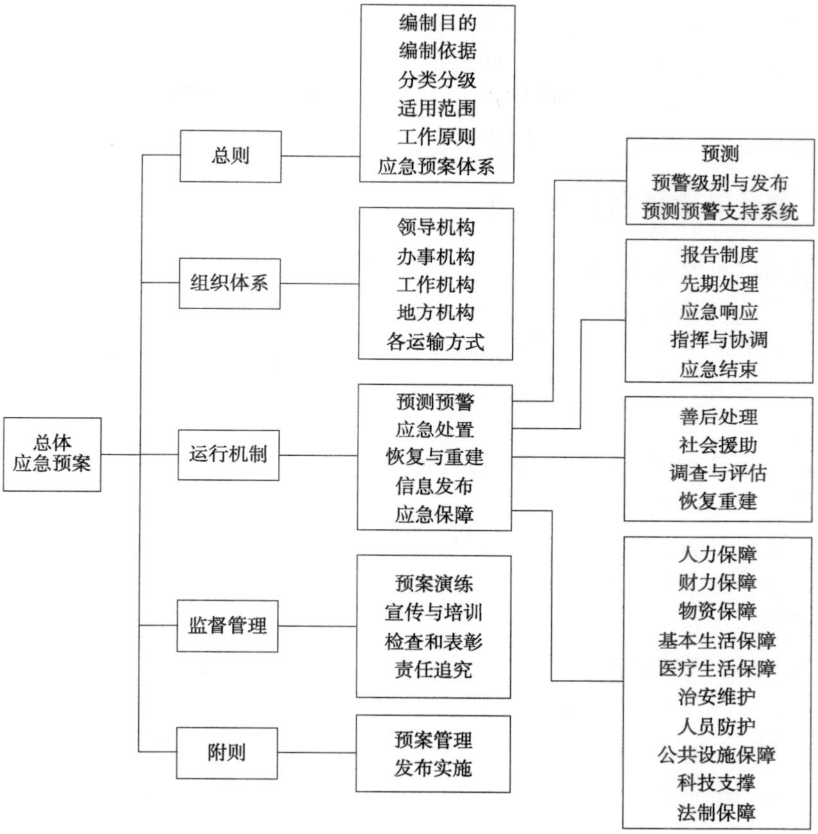

图 7-4　总体应急预案框图

三、应急救援

应急救援系统是指通过对人员组织、设施设备、通信信息、救援资金、救援物资等方面的事先安排，保障综合客运枢纽应急救援工作的顺利开展。主要包含以下内容：

（1）人员组织保障：组建指挥组、救护组、事故排除组、通信保障组、疏导保畅组、后勤保障组，具体执行时根据安全事故类型赋予各组以不同的职责。

（2）设施设备保障：提供安全应急设施如监控机房、医疗卫生室、保安室、紧急疏散通道等，安全应急设备如消火栓、灭火器、急救箱、防爆毯等紧急救援器械等。

（3）通信信息保障：提供包括信息收集、处理、分析和评价，监控报警、视频监控、指挥调度、现场指挥、辅助决策等功能的通信信息保障。

(4)救援资金保障:在综合客运枢纽每年的营业额中划出一部分资金作为救援储备资金,以备不时之需,并定期进行安全应急预案的演练。

(5)救援物资保障:综合客运枢纽内定期储备一定的食品、饮水、日常医药、车辆防护器材及常用维修工具等救援物资。

四、疏散通道设计要点

疏散通道主要包括防灾疏散通道和救灾疏散通道,大部分情况下两通道可合并。但若无法合并时,必须设置救灾通道。

防灾疏散通道主要包括疏散走道、安全出口和疏散楼梯等。综合客运枢纽各功能区域内的疏散通道须同时满足安全应急总体设计要求和各自功能分区疏散通道设计标准。

紧急疏散设计的基本原则是:各自独立、分区域疏散,避免疏散方向与正常人流云的方向冲突,双向疏散,疏散照明、疏散标示信息量充足、连续、到位。

对于以主导方为主的综合客运枢纽的换乘空间,可以执行主导方功能区的标准或总体设计要求提出的标准,若需要通过计算确定时,应按照主导方的高峰换乘人数确定。

当紧急情况发生时,旅客往往会在慌乱中寻找避险通道,而换乘空间联系着各功能区域,对于立体式结构的综合客运枢纽来说,换乘空间又往往位于整个建筑结构的中间部分,因此可能存在紧急情况下换乘空间的人数高于正常换乘人数的情况。鉴于此,建议换乘空间的疏散通道设计标准适当提高。

第四节　设备配备

综合客运枢纽采用的所有设备必须满足国家标准,没有国家标准的,必须符合行业标准。依法实行强制性产品认证的产品,还必须通过具有法定资质的机构认证合格后采用。新研制的尚未制定国家标准、行业标准的设备,应按照国家法律和相关规定经过相关部门的技术鉴定后采用。安全应急系统所采用的主要设备如下。

一、安检设备配备

安检设备的配备要与综合客运枢纽的类(级)相适应。运营期间,安检设备的开启程度应与应急状态相关。

安检设备的配备数量,应根据客流规模通过计算确定。

安检设备主要包括:人检类安检设备(如安检门、X 射线机、手持金属物探测器、鞋底检查仪等)、物检类安检设备(自动视频车底检查仪、便携式视频车底检查镜、便携式车底检查镜、红外伸缩观察镜、光学天棚检查镜、柔性纤维内窥镜等)、探测类安检设备(炸药探测器、液体检查仪、非线形节点探测器)、防排爆类安检设备(排爆罐、防爆毯和阻车器),见图 7-5。在应急状态下,安检设备的配备和应急因素相关。

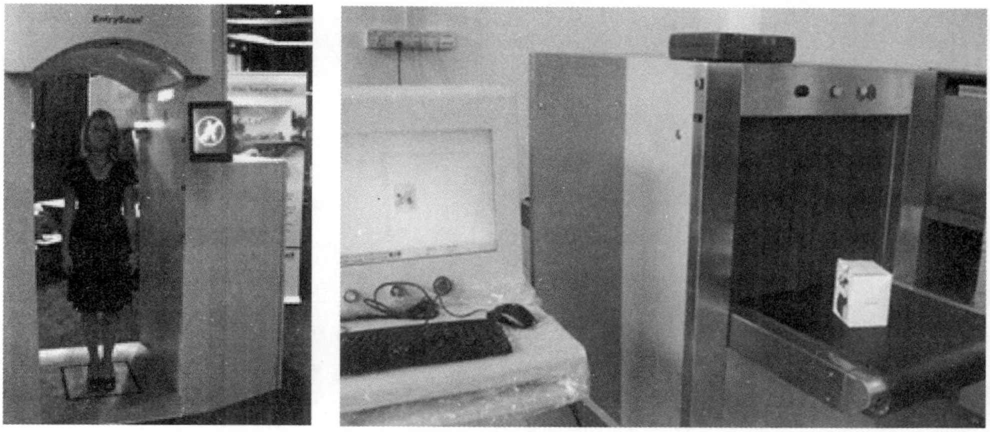

图 7-5　安检设备示意

二、消防设备(器材)配备

消防设备(器材)应根据综合客运枢纽的重要程度、过火特性等因素综合进行配备。应根据需要设置防火电梯、防火门、防火卷帘、消防给水、(自动)灭火系统、火灾自动报警系统和消防控制室,见图 7-6。

图 7-6　消防设备(器材)示意

应按照综合客运站场的等级选择与之相应的供电等级,并按照消防要求配备应急照明、灯光疏散标识等。

综合客运枢纽在运营期间，应配备齐全的灭火器材。具体配备种类和数量通过计算确定。

三、其他应急设备、器材或物资

综合客运枢纽内，应储备一定的食品、饮水、日常医药、车辆、防护器材及常用维修工具等救援设备、器材或物资。在设计期间，对储备的应急设备、器材或物资应提供存储空间，并为综合客运枢纽运营期内储备的食品、药品提供较好存放条件。

四、其他特种设备

综合客运枢纽采用的特种设备除满足国家强制性标准和行业标准外，设计中应特别重视设备的使用环境（条件）与设备适用的环境（条件）相一致，设备与设备之间的技术标准也需要协调一致，确保运营中不发生安全事故。

综合客运枢纽的电梯属于特种设备，使用频率高。根据有关资料分析，电梯事故发生主要原因包括设计与制造、安装、使用与维护等方面。因此，综合客运枢纽设计时，应根据国家《特种设备安全监管条例》，对其安装、使用等提出明确要求，为日后的安全运营提供保障。

第五节　组织方案要点

一、客流组织方案要点

应急状态下，客流交通组织方案应根据应急因素制定。在不需要紧急疏散的应急状态下（如SARS时期、北京奥运会时期、上海世博会期间），客流组织方案应根据应急要求增设必要的设备、人员。在出现紧急疏散的情况时，客流组织方案应与疏散通道的布设及应急标识紧密结合。

综合客运枢纽设计时，应充分考虑为应急状态客流组织方案提供空间和相应的设施、设备等。制定应急时的交通组织方案。

二、车流组织方案要点

为确保运营安全和应急状态下的需要，综合客运枢纽进行设计时，应重视车流组织方案的设计。从安全设计的角度出发，车流组织方案应注重以下三点：

（1）新建综合客运枢纽必须实现人流与车流完全的物理隔离。对既有站场改造为综合客运枢纽时，由于道路阻隔不能实现完全隔离时，也应适当加大投资，通过天桥或地下通道等方式尽量减少交织或冲突点，以确保人流与车流在时间或空间上的隔离。

(2)在进行车道布设时，单车道通道应在行车道之外布设应急车道，以确保应急车辆通行。应急车道的宽度，应满足消防和救援车辆的通行要求。

(3)不同车流间尽量分离，尤其枢纽的几种不同主流向车流，宜空间分离，同时应注重车行系统的容错能力。

三、主要设计要点

(1)保证不同类型的机动车出入口在紧急状态下的共享，在出入口设计时，应考虑以上各类车型的宽度、高度等因素。

(2)换乘平台设计中，要保证旅客能够快速向外疏散，主要换乘空间对外通道的大门均应设计为向外开启方式，包括步行楼梯的设计等均要考虑以上因素。

(3)站前广场必须预留足够疏散空间。

(4)为应对节假日等客流突发高峰，注意长途客车、公交车等发车位的弹性设计，必要时可通过交通管理方式将部分停车区或站前广场改做发车区，但要有很好的枢纽整体交通组织设计。

参考文献

[1] 交通运输部规划研究院课题组. 综合客运枢纽项目可行性研究指南[M]. 北京:人民交通出版社股份有限公司,2014.

[2] 中华人民共和国交通部. “十二五”综合客运枢纽建设规划[R],2011.

[3] 中华人民共和国交通部. 国家公路运输枢纽布局规划[R],2007.

[4] 胡思继. 交通运输学[M]. 北京:人民交通出版社,2011.

[5] 郑健,沈中伟,蔡申夫. 中国当代铁路客站设计理论探索[M]. 北京:人民交通出版社,2009.

[6] 刘志军. 铁路旅客车站设计指南[M]. 北京:中国铁道出版社,2006.

[7] 吴念祖. 虹桥综合交通枢纽开发策划研究[M]. 上海科学技术出版社,2009.

[8] 吴念祖. 浦东国际机场一体化交通中心[M]. 上海科学技术出版社,2008.1.

[9] 李鹏林. 浅析综合客运枢纽的概念内涵与分类分级[C] //王德荣. 中国交通运输中长期发展战略研究. 北京:中国市场出版社,2014:121-127.

[10] 李鹏林,王压帝. 综合客运枢纽规划设计中的六大关键问题及解决方案[J]. 城市建筑,2015(5):24-26.

[11] 王昊,胡晶,赵杰. 高铁时期铁路客运枢纽分类及典型形式[J]. 城市交通,2010(7),Vol. 8,No. 4:8-15.

[12] 唐热情,李鹏林,郝满炉,等. 长三角地区综合客运枢纽发展的经验与启示[J]. 重庆交通大学学报,2012(6),Vol. 12,No. 3:15-18.

[13] 上海现代设计集团华东建筑设计研究院有限公司,等. 大型综合交通枢纽规划设计关键技术研究[R],2010.9.

[14] 上海虹桥综合交通枢纽工程建设指挥部. 虹桥综合交通枢纽工程建设和管理创新研究与实践[M]. 上海:上海科学技术出版社,2011.

[15] 交通运输部规划研究院. 长沙汽车南站综合交通枢纽方案设计[R],2012.4.

[16] 韩宝明,李得伟等. 铁路客运专线换乘枢纽交通设计理论与方法[M]. 北京交通大学出版社,2010.

[17] 王建聪. 城市客运枢纽换乘组织关键问题研究[D]. 北京交通大学,2007.

[18] 刘小丹. 综合客运枢纽内部换乘组织研究[D]. 西南交通大学,2008.
[19] 黄岩,黄夏飞,李彬. 虹桥综合交通枢纽地区内部驳运公交规划[J]. 城市规划学刊. 2009(05).
[20] 郭峰. 城市综合交通枢纽的衔接换乘研究[D]. 华中科技大学,2004.
[21] 吕慎,田锋. 大城市中心区客运交通换乘枢纽选址模型研究[J]. 交通标准化. 2007(04).
[22] 上海虹桥综合交通枢纽交通中心工程可行性研究[R]. 上海市政工程设计研究总院(集团)有限公司,2008.
[23] 交通运输部规划研究院. 四平东综合客运枢纽可行性研究报告[R],2011.
[24] 交通运输部规划研究院,等. 大连普兰店市皮口陆港客运中心可行性研究补充报告[R],2012.
[25] 中华人民共和国交通部. 西部地区综合客运枢纽规划设计与运营管理关键技术研究[R],2011.
[26] 齐岩,战国会,柳丽娜. 综合客运枢纽功能空间组合设计—理论与实践[M]. 北京:中国科学技术出版社,2014.
[27] 张三省,姚志刚. 公路运输枢纽规划与设计[M]. 北京:人民交通出版社,2007.
[28] 彭一刚. 建筑空间组合论[M]. 2 版. 北京:机械工业出版社,1998.
[29] 张文忠. 公共建筑设计原理[M]. 2 版. 北京:中国建筑工业出版社,2001.
[30] 建筑设计资料集编委会. 建筑设计资料集[M]. 北京:中国建筑工业出版社,1994.
[31] 日本建筑学会. 建筑设计资料集成[M]. 天津:天津大学出版社,2003.
[32] 王雪晴. 铁路旅客车站站前广场面积指标专题研究[J]. 铁路标准设计,2007(5).
[33] 罗霞,陈方红. 大型综合客运枢纽换乘需求预测研究[J]. 铁道运输与经济,2009(08).
[34] Mao-Chang Shih,Hani S. Mahmassani,M. Hadi Baaj. "Trip Assignment Model for Timed- Transfer Transit Systems." Transportation Research Record [J], Volume1571/1997:24-30.
[35] Airport Handling Manual [R]. International Air Transport Association (IATA),2013.
[36] Transportation research board,National research council,Washington,D. C. Highway capacitymanual(HCM2010) [R],2010.

[37] Fruin J J. Pedestrian Planning and Design[M]. New York: Metropolitan Association of Urban Designers and Environment Planners Inc, 1971.

[38] ZhuCanghui, Jin Jingdong, Li Penglin, Wang Yadi. Research on the demand building scale in the public transfer region of the comprehensive passenger center[C]. The 7th Advanced Forum on Transportation of China, AFTC 2011, No. 587: 86-91.

[39] 文雅. 综合客运枢纽交通规划与设计的关键技术[D],上海市政工程设计研究总院博士后科研论文,2008.

[40] 王皓. 郑州新客运综合交通枢纽规划研究[D]. 武汉理工大学硕士学位论文,2008.

[41] 王小奇,李方豫. 大型综合交通枢纽规划研究[J]. 铁道工程学报. 2007,9(9): 75-77.

[42] 何少平,廖海峰. 大型综合交通枢纽指路标志系统设置研究[J]. 行业管理. 2009(4):79-83.

[43] 邱丽丽,顾保南. 国外典型综合交通枢纽布局设计实例剖析[J]. 城市轨道交通,2006(3):55-59.

[44] 穆辉,王先军. 客运专线综合交通枢纽换乘[J]. 交通科技与经济. 2008(6): 83-84.

[45] 张胜,黄岩. 上海虹桥综合交通枢纽总体设计[J]. 上海建设科技,2007(5): 1-6.

[46] 李旭宏,唐怀海,等. 综合客运枢纽车道边通行能力分析[D]. 南京:东南大学,2009.

[47] 陈振武. 城市客运枢纽导向标致空间布置评价研究[D],2009.3.

[48] 曹冬清. 大型综合交通枢纽站旅客向导标识的布设方案及评价方法研究[D],2008.5.

[49] 张海晔,晏克非. 上海南站综合客运枢纽的换乘诱导标识研究[J]. 交通设计,2007.12.

[50] 杨颖. 特大型城市综合交通枢纽应急策略研究[D]. 上海:上海师范大学,2013.